Biblioteca de Filosofía del Derecho

Carlos Alarcón Cabrera
(Director)

Carlos Antonio Agurto Gonzáles
Sonia Lidia Quequejana Mamani
Benigno Choque Cuenca
(Coordinadores Generales)

WERNER GOLDSCHMIDT
Profesor de la Universidad Nacional de Tucumán
(Argentina)
Doktor der Rechte por la Universidad de Hamburgo
(Alemania)

CONDUCTA Y NORMA

Edición al cuidado de
Carlos Antonio Agurto Gonzáles
Sonia Lidia Quequejana Mamani
Benigno Choque Cuenca

Ediciones Olejnik

Título: Conducta y norma

Primera Edición en Ediciones Olejnik: 2019.

Ediciones Olejnik
Huérfanos 611, Santiago-Chile
E-mail: contacto@edicionesolejnik.com
Web site: http://www.edicionesolejnik.com

ISBN: 978-956-392-511-1

Diseño de carátula: Ena Zuñiga

Diagramación: Hayden Méndez, yiset_mendez@hotmail.com

Impreso en Argentina 2019 Printed in Argentina

¡A Carlos Cossio,
Con la gratitud que le debo,
Con la admiración que merece,
Con la amistad que nos une!

ÍNDICE

Índice

Prologo

Todos los estudios reunidos en este volumen giran en torno al problema de la adaptación de la norma a la conducta. Por esta razón se inspiran en la tesis del egregio yusfilósofo Carlos Cossio de que la norma es el concepto a través del cual captamos la conducta.

Siendo ello así no causará asombro de que se reproduzcan, a título de introducción, dos trabajos consagrados a la problemática egológica y tendientes a poner en claro las relaciones existentes entre orden, norma e imperativo.

"La construcción jurídica de la paz dictada" se afana a hallar una forma jurídica de la indudable realidad que a veces consiste en la imposición de la paz por el vencedor sin tener en cuenta la voluntad del vencido. "Controversias y soluciones: guerra, duelo y proceso", anhela poner de manifiesto la concatenación de sentido inherente a las conductas bélicas, caballerescas y procesales y hallar su traducción normativa. También el estudio intitulado: "Normas individuales y normas generales", contempla las conductas, y encuentra la diferencia categorial entre asuntos vitales y asuntos cotidianos, aprehendidos los primeros por normas individuales, por normales generales los segundos. El trabajo acerca de "Goethe y la axiología jurídica" continúa el tema iniciado en el anterior, y enfrenta conducta y norma haciendo especial hincapié en el sentido axiológico de la primera. "La imparcialidad como principio básico del proceso (la «partialidad» y la parcialidad)" distingue por medio de un análisis concienzudo la conducta de formar parte de un proceso de la de comportarse en él con imparcialidad. Cossio ha recogido y ampliado esta idea (en "La Ley" del 21 de marzo de 1953 y en "Teoría de la verdad jurídica", Losada, 1954, p. 201): "Es inexacto que los jueces no sean partes del proceso. . . La imparcialidad de los jueces, sobre la que necesariamente gira la Ciencia del Derecho, sólo es la expresión axiológica del hecho de que el juez es el canon del sujeto cognoscente en este dominio Las páginas dedicadas a "El último proletario" desean escudriñar las conductas entretejidas de editor y autor a fin de dar con las formas jurídicas adecuadas. "La justicia sin venda", el estudio sobre "Medida por medida" de Shakespeare, así como el acerca del estado de necesidad ante el Derecho Natural, siguen investigando el sentido deontológico de varias conductas en interferencia intersubjetiva demostrando la inidoneidad de las normas aplicadas por los tribunales. Los últimos dos trabajos enfocan la problemática procesal.

Agradecemos a las diversas entidades el habernos permitido reproducir nuestros trabajos en este volumen que, en apariencia multifacético, en realidad elabora un solo tema; el de la dependencia de la norma de la conducta. Dejemos constancia, por último, de nuestra obligación para con el señor Juan Carlos Abeledo por la comprensión manifestada en todo momento.

San Miguel de Tucumán, el 5 de Abril de 1953.

WERNER GOLDSCHMIDT

Introducción

1)

a) los juristas y sus preguntas[1]

Sobre la naturaleza del Derecho existen numerosas controversias. Para unos el Derecho es conducta social, para otros conducta captada mediante normas, para otros normas lisa y llanamente; las normas, a su vez, son para unos imperativos, para otros juicios. ¿Qué norte nos guía en este mare magnum?

Toda pregunta supone a una persona que la plantea y que en la ciencia es idéntica a la persona que responde; una cuestión; un material del que hay que desprender la contestación; y, por último, la contestación como resolución de la pregunta. Si aplicamos este esquema lógico de la pregunta a las diversas interrogantes que las diferentes clases de juristas suscitan, llegamos al siguiente resultado:

I. El jusfilósofo:

El que pregunta es el jusfilósofo. El jusfilósofo no es, en el fondo, un jurista sino un filósofo que contempla el Derecho filosóficamente, es decir desde el punto de vista de la totalidad del universo.

El jusfilósofo pregunta por el Derecho como tal. No pregunta por el Derecho de un País determinado en un momento histórico determinado; tampoco pregunta por la solución de un caso concreto o por la interpretación de una norma especial.

El material que el jusfilósofo investiga para hallar la solución, es el conjunto de fenómenos que vulgarmente se denominan Derechos. Entre ellos busca, por abstracción o intuición eidética, la esencia del Derecho.

La contestación es: El Derecho se refiere a conductas directivas, conductas que prescriben ejemplo o conductas ellas mismas ejemplares por su obediencia a la prescripción o por merecer imitación por otro motivo. El conjunto de todas estas conductas es el Derecho. Nuestra contestación es de cierto modo incompleta, puesto que el valor directivo de una conducta depende de una axiología.

1 "Sarmiento", Tucumán, vol. II, n" 16, febrero de 1952.

II. EL JURISTA TEÓRICO:

El jurista teórico, todo aquel que se ocupa del estudio del Derecho sin finalidad práctica inmediata, también plantea su pregunta.

Esta pregunta reza del siguiente modo: ¿Qué sentido tiene un Derecho positivo vigente determinado, p. ej: el Derecho Argentino en este momento?

Para resolver esta duda el jurista teórico acude a las fuentes. Liba en las normas legisladas vigentes y en el Derecho consuetudinario, conforme plasma en práctica oficial y conducta de los ciudadanos. Su tarea consiste en iluminar el sentido de las normas abstractas que son juicios imaginándose esquemas de casos. Esta iluminación se realiza mediante un enlazamiento de las normas abstractas (que constituyen objetos culturales mundanales) a las conductas de sus autores al darlas y a las conductas de los que las manejan (o sea a objetos culturales egológicos). Esta reconducción de las normas a las conductas de sus autores, destinatarios y realizadores, se llama "interpretación".

El sentido de un Derecho determinado en el espacio y en el tiempo es el que nos da su interpretación.

III. EL JUZGADOR:

¡Otras personas, otras preguntas! Ahora nos interesa el juzgador. El juzgador no es idéntico al juez; pero en todo juez se halla un juzgador. Sin embargo, también en ciertos funcionarios administrativos, en árbitros y amigables componedores vive la figura del juzgador. El juzgador se enfrenta con una controversia y la resuelve declarando a cuál de las partes corresponde la razón, más sin ordenar nada a nadie.

Con ello sabemos ya la pregunta que el juzgador plantea: ¿Cuál de las partes que intervienen en esta controversia posee la razón?

Para poder encontrar una respuesta, el juzgador se basa en el caso de autos en toda su concreción. Pero, además, acude a las normas jurídicas en su verdadero y auténtico sentido, conforme se revela al intérprete, o sea al jurista teórico. La actividad del juzgador es, pues, algo más complicada que la del intérprete, puesto que incluye en su examen el caso de autos. He aquí la aplicación del Derecho a un caso pasado o sea la aplicación "ex tune".

Para el juzgador el Derecho es, por ende, la captación de las conductas sociales por medio de las normas jurídicas. El concepto de "conducta social" es más amplia que el de "conducta directiva". El último comprende una valoración positiva respecto a la que el primero es neutro. El crimen así como el ejercicio de la libertad en su concreción es conducta social, mas no conducta directiva. En cambio sí es conducta directiva la prohibición, la abstención, la supresión y el castigo del crimen, como asimismo lo es la concesión, el respeto y el ejercicio de la libertad como tal ejercicio.

IV. EL CIUDADANO

Todos somos ciudadanos aun siendo jusfilósofos, profesores de Derecho, juzgadores, etc.

Como tal ciudadano me pregunto: ¿Cómo me manda actuar el Derecho en este caso presente en el que soy protagonista?

El ciudadano acude al mismísimo material que el juzgador. Pero mientras que para el juzgador (como para el intérprete) las normas constituyen juicios —deidades mudas que pesan, miden y cuentan—, al tocarlas el ciudadano las normas cobran vida y ordenan y mandan, prohíben y permiten. El juez p. ej. al dictar sentencia, funciona en la parte declarativa como juzgador; pero después actúa como ciudadano (por cierto, no como ciudadano cualquiera) y obedece a los imperativos subyacentes a las normas, cuando condena o absuelve. He aquí la aplicación "ex nunc".

Para el ciudadano el Derecho es, por consiguiente, un conjunto de imperativos. Este punto requiere aún algunas precisiones. La prescripción de ejemplos se realiza en el Derecho innumerables veces por órdenes concretas. Así mandan diariamente sin interrupción los funcionarios administrativos, los militares, los patronos, los padres, los maridos, etc. Pero aún en los casos en los que no existe una orden, con destinatario concreto, existe una orden con destinatario determinado en abstracto. Quien niega la existencia psíquica de tales órdenes, desconoce la vida discontinua de los actos psíquicos, por una vertiente, y las posibles extensiones de su sentido, por la otra. Si en una oficina el patrón fija un cartel a la puerta de un despacho que pone: Se prohíbe la entrada sin previo aviso, dicho patrón da una orden aun mientras que duerme y las muchas veces que en vigilia no vuelve a pensar en ella; y da la orden a alguien, aunque ignora su personalidad concreta, al menos por el momento.

V. EL SOCIÓLOGO DEL DERECHO

El sociólogo estudia la realidad cultural de las sociedades humanas.

Por ello pregunta por lo que se observa como Derecho en una determinada sociedad en un determinado momento.

Para encontrar una contestación, el sociólogo investiga cuanto se denomina Derecho, con tal que sea efectivamente observado.

El Derecho es, por ende, para el sociólogo el conjunto de las costumbres llamadas jurídicas, conforme existen en un momento dado en una sociedad determinada. Al aplicar Derecho extranjero, mejor dicho: al imitarlo, el jurista está obligado a actuar como un sociólogo.

***

No creemos que no se pudieran aún plantear nuevas preguntas por nuevos personajes; pero sí esperamos haber analizado las situaciones realmente difíciles. El legislador p. ej. no ofrecerá grandes complicaciones. Su pregunta reza del siguiente modo: ¿Qué ejemplos debo prescribir en esta situación temporal y espacialmente determinada? A este efecto el legislador analiza el sector social como es, como políticamente conviene que fuere, como técnicamente es posible que sea, y como en justicia (Derecho Natural) debería ser. Su respuesta ha de contener la reglamentación buscada.

¿Qué es el Derecho? Creemos sinceramente que quien no observe por lo menos las distinciones indicadas, no puede encontrar una contestación medianamente satisfactoria.

B) COSSIO CONTRA KELSEN[1]

(Apostillas a "Kelsen-Cossio, Problemas escogidos de la teoría pura del Derecho, Teoría Egológica y Teoría Pura", Kraft, Buenos Aires, 1952, ps. 161)

SUMARIO: Introducción. — I. El axioma ontológico. 1) El axioma de la división dicotómica de las conducías humanas en el plano lógico; 2) La indeterminabilidad de la libertad; 3) La indeterminabilidad de toda realidad presente o futura, a) El derecho del obligado, b) Divisiones dicotómicas. 4) Resumen. II. La lógica del deber ser. — III. La intuición del Derecho. 1)Exposición de la controversia; 2) Objeciones infundadas contra la tesis de Cossio (distinción entre "ratio essendi" y "Vatio cognoscendi"); 3) Precisiones de la tesis de Cossio. a) Distinción entre la delimitación intuitiva del objeto y la intuición de su esencia, b) Tesis y procedimiento de Cossio. a') Delimitación del objeto a intuir, b') Intuición del objeto ya delimitado. c') Conclusión. — IV. Norma y regla del Derecho. 1) Exposición de las dos tesis en pugna; 2) La solución, a) Análisis de las proposiciones legales y la insuficiencia de este método, b) Superación de la insuficiencia del método anterior, a') Doble duplicidad de la lógica, b') Esfera óntica: Interferencia intersubjetiva de conductas, c,') Vivencias psíquicas fundantes, a") Actos cognitivos del juzgador-legislador (el juicio de Cossio). b") Actos imperativos, c) La objetividad (= intersubjetividad) de nuestro resultado, a') Carácter imperativo del Derecho, b') Doble función de la norma, d) Relación de la tesis desarrollada con la "teoría egológica": a') Con la crítica lógica del imperativismo. b') Con la concepción egológica del Derecho, c'') Con la concepción egológica de la relación entre norma y conducta, d') Con la concepción egológico de la ciencia del Derecho y de la Lógica Jurídica. — V. Estática y dinámica del Derecho. — Conclusiones.

INTRODUCCIÓN

El autor de una reseña bibliográfica se da fácilmente aires de juez. Esta tentación sube de punto en el caso de autos en el que, en el libro a reseñar, no aparece el pensamiento de un solo hombre de ciencias sino una auténtica

1 Este trabajo fue publicado en "La Ley" de 26 de agosto de 1952 y en "Información Jurídica", Madrid, número 118. Con respecto a otra controversia, planteada con motivo de la que es objeto de nuestro estudio y a la cual cuadraría el nombre: Kelsen contra Cossio, véanse "La Ley" del 18 de diciembre de 1952 y del 10 de noviembre de Í953 así como "La Ley" del 7 y del 8 de octubre de Í954.

controversia entre dos partes. La petulancia de irrogarse funciones judiciales se halla, sin embargo, atenuada por el hecho de que todo enjuiciamiento científico, cual otro juicio sumario, no termina sino con una sentencia carente del efecto de cosa juzgada material, quedando ella sometida, por consiguiente, a infinitas rectificaciones.

El volumen que tenemos a la vista contiene el texto completo y definitivo de las conferencias pronunciadas por Hans Kelsen, durante el año 1949, en el paraninfo de la Facultad de Derecho de Buenos Aires. Integran igualmente el libro las respuestas que Carlos Cossio dio a Kelsen en los diálogos motivados por las referencias del último a la Teoría Egológica del Derecho. Las conferencias de Kelsen tratan de tres temas: La ciencia del Derecho como ciencia social normativa* el Derecho como objeto de la ciencia del Derecho; y el Derecho como orden constructivo. Como el experto lector ya coligerá de los títulos de las disertaciones, ellas formulan en la forma concisa y diáfana a la que Kelsen nos tiene acostumbrados, las ideas fundamentales de la llamada "Escuela de Viena"[2]. Por este motivo soslayaremos en lo que sigue las cuatro conferencias bonaerenses de Kelsen, no aludiendo a ellas sino con ocasión del pleito: Cossio contra Kelsen.

He aquí el contenido verdaderamente importante de la obra: Teoría Egológica y Teoría Pura (ps. 81 hasta el final). El título es correcto, puesto que en la controversia planteada Cossio actúa como actor y Kelsen como demandado. Esta situación se explica por la sencilla razón de que Kelsen, por ignorar el castellano, desconocía la casi totalidad de la literatura egológica (v. 1. c p. 96), mientras que la obra de Kelsen había sido estudiada en Buenos Aires con gran profundidad y magistral dominio de la materia[3] Como en todo proceso, también en éste ha habido entre las partes hechos admitidos, hechos discutidos y problemas aplazados. Kelsen admitió el axioma ontológico conforme lo formula la teoría egológica; e igualmente concedió que la teoría pura del Derecho es, al menos también, una lógica del deber ser. Al lado de los dos hechos admitidos se encuentran tres discutidos: La intuición del Derecho; el distingo entre norma y regla de Derecho; y él entre estática y dinámica

---

2 Algunas veces se habla también de la "Escuela Austríaca del Derecho" (p.ej.: Eduardo García Maynez, Introducción a la lógica jurídica, Fondo de Cultura Económica, 1951, p. 9). Ambos términos, por extraño que ello aparezca a primera vista, no son equivalentes. El primero es legítimo, el segundo lo es. En efecto, no hay inconveniente en indicar con motivo de la doctrina de un autor la ciudad donde ha nacido o en la que ha expuesto su teoría. Tal mención es estrictamente biográfica, aunque pueda provocar el justo orgullo de sus compatriotas. Al contrario, adscribir una doctrina a una comunidad política constituye siempre una reivindicación de la soberanía nacional. Y semejante pretensión es ilegítima e inoportuna: ilegítima, porque es inexacto afirmar que una doctrina científica es un producto puramente nacional —recuerdo los hermosos versos de Delimel: "Ich hab ein grosses Vaterland: Zehn Völkern schuldet meine Stirn ihr bisschen Hirn. Ich habe nie das Volk gekannt, aus dem mein reinster Wert entstand"—; e inoportuna, porque introduce en la discusión un elemento emocional constrictivo.

3 Cossio (1. c. p. 98) afirma que Kelsen actuaba por primera vez a la defensiva. No creo que se pueda mantener que el ataque de Cossio fuese el primero realmente fundado. Recuerdo las embestidas llevadas a cabo por Smend, Verfassung und Verfassungsrecht (1928), basadas en Litt, y las efectuadas por la "politicología" de Heller, Staatslehre (Leiden, Sijthoff, 1934).

del Derecho. Por último, existen cuatro hechos cuya discusión se aplazó: La coordinación horizontal de las normas; las antinomias científicas de la dogmática; los juicios indefinidos; y la norma jurídica como juicio disyuntivo. Como en esta causa no rige el principio dispositivo sino él de la oficialidad, analizaremos tanto los puntos admitidos como los discutidos. Por el otro lado, omitimos un examen de las cuestiones aplazadas en cuanto no afecten directamente a los temas litigiosos, a fin de no ampliar desorbitadamente esta modesta reseña. En. todos los casos nos atenemos exclusivamente a lo que consta en los autos sin tener en consideración los relatos sobre lo alegado en las conversaciones, con tal que el tema haya sido abordado en las conferencias; solo en los supuestos en los cuales la discusión narrada es nuestra única fuente, hemos de libar forzosamente en ella. La razón de esta conducta cautelosa está en el hecho de que una conversación no puede sino rozar la superficie de los temas tratados.

Una última observación: El ser juez no significa siempre falta de interés en el asunto discutido: Ser parte, no es ser parcial[4].

EL AXIOMA ONTOLÓGICO

1) El axioma de la división dicotómica de las conductas humanas en el plano lógico.

Desde la época de la codificación, o sea desde el momento en que los autores de las reglamentaciones jurídicas aspiran a dar a ellas carácter exhaustivo, el principio de que todo lo no prohibido está permitido o vi ce versa, se hizo

4 V. del autor: "La imparcialidad como principio básico del proceso: La 'partialidad' y la parcialidad" (en "Publicaciones del Instituto Español de Derecho Procesal", Serie 2ª núm. 1°, Madrid, 1950). La llamada ciencia del protagonista ha sido descubierta por la filosofía de la cultura y su obertura: la historiografía. Palabras ocasionales de Kant (Anthropologie in pragmatischer Hinsicht, Reclam, Leipzig. 1943, p. 10) carecen de toda importancia, Kant desea esbozar una ciencia de lo que el hombre puede hacer de sí mismo. A este efecto distingue entre "conocer el mundo" y "tener mundo". Pero lo segundo no da una ciencia privilegiada: la del protagonista, sino que constituye una manera de ser especial: la de actuar en un ambiente que por otro no es sino comprendido. Aún en este último supuesto que es, por lo demás, el del antropólogo, "mundo" significa la coexistencia histórica del hombre y no su vida zoológica. Por este motivo la cita de Heidegger (Vom Wesen des Grandes, en Homenaje a Edmund Husserl, 2° ed., Halle, Niemeyer, 1931, ps. 93, 94) es totalmente inoperante. El autor, en efecto, ha tratado con frecuencia de los puntos en litigio. V. Comentarios acerca de la sistemática cossiana de la Filosofía Jurídica (Assandri. Córdoba, 1946)En torno a la Escuela Egológica del Derecho (en "Revista Crítica del Derecho Inmobiliario" 1946, ps. 648 a 656); Sistema y filosofía del Derecho Internacional Privado (Bosch, Barcelona, t. I: 1948, t. II: 1949); Normas individuales y normales generales (en "Rev. de la Fac. de Der. y Ciencias Sociales", Buenos Aires, año IV, núm. 16, 1949, ps. 1187 a 1209), La naturaleza del Derecho y sus problemas (en "Revista de Estudios Políticos", vol. 29, año 10, núm. 49, 1950, 141 a 155); Beziehungen zwischen Ontologie und Logik in der Rechtswissenschaft (en "Oesterreichische Ztschrít. f. Oeffentl. R.", t. III, Heft 2, ps. 186 a 201 y en t. IV, Heft 2, ps. 121 a 133); Los juristas y sus preguntas (en "Sarmiento", vol. II, núm. 16; y en el "Boletín Informativo del Instituto Español de Derecho Procesal", núm. 14).

necesario a fin de cerrar el sistema o, dicho de otra manera, a fin de evitar las llamadas lagunas. Este principio puede ser denominado "principio del sistema"; y en esta forma se encuentra en muchos autores y también en Kelsen[5]. Adviértase bien que al efecto de ser un principio pantónomo, no importa, si el punto de partida es lo lícito o lo ilícito[6].

2) LA INDETERMINABILIDAD DE LA LIBERTAD.

Cossio[7] da a este principio una base ontológica, relacionándolo con la libertad del ser humano. El principio de la expansión pantónoma del sistema descansa ahora en el principio de la libertad[8]. Cossio lo describe como "un juicio sintético a priori en el sentido de la Estética Trascendental de Kant. A priori, porque es eidético para la libertad constitutiva de la experiencia jurídica al basarse en su intuición esencial, resultando de ello que la libertad lo impone, queramos o no queramos, como la única manera posible de referimos jurídicamente en la experiencia a la libertad misma. Y sintético, porque, además, de la correlación lógicamente convertible entre los términos recíprocos 'prohibido' y 'permitido', el axioma enuncia la libertad como prius"[9].

Poco es lo que Kelsen sabe decir al respecto (1. c. p. 38). Hélo aquí: "Es la Teoría Egológica de Cossio la primera que ha mostrado la importancia teórica del mencionado principio". Estas palabras han de referirnos forzosamente al principio ontológico y no al lógico, porque este último no es monopolio de la Teoría Egológica. Sin embargo, las palabras que Kelsen pronuncia a continuación, atañen al principio lógico, puesto que centra el mérito del principio en estatuir que toda conducta humana está jurídicamente determinada. Comprendernos, por tanto, la insatisfacción de Cossio[10] acerca de ésta primera de las dos concordancias.

3) LA INDETERMINABILIDAD DE TODA REALIDAD PRESENTE O FUTURA.

A pesar de la incomprensión de Kelsen (por lo menos en las páginas que tenemos a la vista) el mérito de la Escuela Egológica es grande, y el pensamiento de Cossio profundo. Inteligimos realmente por medio de un

5 P.ej.: en "Peace through Law", citado por el mismo Cossio en "La Ley" del 31/XII/1948. En la traducción española: "La paz por medio del Derecho"' (Losada, Buenos Aires, 1946) v. p. 59. Pero v. también Kelsen- Cossio, p. 101.

6 García Maynez (1. c. en nota 1, ps. 200, 201) trata, por ello, con cierta razón de este principio sin aludir al problema de si el punto de partida de la determinación normativa ha de ser lo ilícito o lo lícito.

7 En "La Ley", I. c.

8 Pufendorf basa ya este principio en la libertad, pero no en sentido inetafísico como Cossio sino en sentido político ("De iure naturae et gentium", 1672, Líber I, cap. 6, núm. 15, en "The Classics of Int. Law", Clarendon Press, London, 1934, vol. 2, ps. 108, 109), si bien Pufendorf por lo demás es indeterminista (1. c. Liber I. cap. 4, ps. 52 y ss.).

9 V. Kelsen-Cossio, p. 89.

10 Kelsen-Cossio, ps. 88, 150.

juicio sintético a priori que, por mucho que se quiera reglamentar la conducía humana, siempre queda todavía entregada al libre arbitrio del individuo una gama infinita de posibilidades a elegir. Creo que este hecho posee también un aspecto gnoseológico. En efecto, toda realidad es infinita, tanto en aspecto extensivo como intensivo. Por ello, nuestro conocimiento de ella es siempre incompleto. Así lo enuncia Hegel[11], y Rickert lo ha repetido hoy en día con. especial ahinco[12]. Con más razón todavía resulta inagotable la posible realidad de la conducta humana futura.

Por ello, toda reglamentación limitativa de la libertad humana puede solo determinar de la infinidad de posibilidades algunas determinadas. Ahora bien, esta situación, se complica por la distinción entre conocimiento genérico y conocimiento individual. Lo que resulta imposible es el conocimiento individual de una conducta futura, como en general lo es él de cualquier realidad. Pero lo que no es imposible es el conocimiento genérico. Toda reglamentación, tanto la conocidamente general como la aparentemente individual, es siempre general. La orden de pagar una determinada cantidad a un determinado acreedor abarca un sinfín de posibles realizaciones, todas ellas genéricamente contenidas en la orden, aunque en su individualidad no previstas ni previsibles. En la esfera genérica, pues, es dable prohibir cuanto no resulte permitido; y así ocurre de hecho en todos los establecimientos de disciplina rígida como p. ej. en cuarteles o colegios. La reglamentación diaria de la vida de un soldado o de un colegial en un internado prohíbe cuanto no esté expresamente (pero, bien entendido, genéricamente) permitido. Pero como ya dijimos, dentro de cada prohibición puede escoger el deudor entre la infinidad de posibles cumplimientos.

---

11 Phänomenologie des Geistes, A. Bewusstsein, I. Sinnliche Gewissheit (Meiner, Philosophische Eibliothek, t. 144, ed. 5ª 1943, p. 79).

12 Grenzen der naturwissenschaftlichen Begriffsbildung (Mohr, Tübingen, ed. 5ª 1929, ps. 31 y ss.). Rickert relaciona (1. c. ps. 52 y íl.) este principio de la infinitud extensiva e intensiva con su teoría de la identidad de concepto y juicio, ya establecida en su tesis doctoral (Zur Lehre von der Definition, Mokr, Tübmgen, ed. 34, 1929, ps. 48 a 60). Una multitud inabarcable de individuos, cada mío ya de por sí inagotable, sólo puede ser captada por medio de un concepto, si su contenido se compone de juicios equivalentes a una ley natural (ps. 57, 58). El punto de partida de la tesis de Rickert de la identidad del contenido lógico del concepto y del juicio era su opinión de que el concepto es idéntico a su propia definición y de que ésta es un juicio (Zur Lehre von der Definition, 1. c.). Poco después de la primera edición de la tesis de Rickert —1888— explica también Lipps (Grundzüge der Logik, Voss, Hamburg y Leipzig, 1893, núm. 247, p. 127) el concepto como un juicio recíproco. La Teoria Egológica comulga, como es sabido, partiendo de ciertas doctrinas lógicas de la Escuela de Marburgo, con la tesis de la identidad de concepto y juicio, adscribiendo el primero a la gnoseología y el segundo a la lógica (Cossio, La teoría egológica del Derecho y el concepto jurídico de libertad, Losada, Buenos Aires, 1944, p. 140). La teoría de la identidad de juicio y concepto requiere aún más detalladas investigaciones. Desde luego no admitimos contra ella el argumento de Pfänder (Lógica, Revista de Occidente, Madrid, 1933, ps. 36, 147) de que, como los conceptos son común elemento de juicios, preguntas, deseos, imperativos, etc., no pueden ser idénticos a los juicios. Pfänder confunde la estructura lógica de la proposición en la que aparece el concepto (juicio, pregunta, deseo, etc.) con la estructura lógica del concepto mismo. Si se afirma que el concepto C es idéntico a, un juicio, no se sostiene que lo sea al juicio: C es P, o a la pregunta: ¿es C P? o al deseo: ¡Ojalá tuviéramos C! o a la orden: ¡Haz C!

a) El derecho del obligado.

Creo, por tanto, que el principio ontológico podría recibir una formulación más precisa al ser enuncia do como el derecho del deudor de cualquier prestación a realizarla escogiendo cualquiera de sus infinitas posibilidades no expresamente prohibidas. El traído y llevado derecho del obligado —mero juicio analítico— se completa así mediante un juicio sintético de insospechada riqueza[13]. Este derecho a escoger cualquiera de las infinitas posibilidades del cumplimiento del deber pertenece al auténtico Derecho Natural en el mismo sentido en el que de él forma parte el derecho a la vida con la garantía de la defensa legítima[14] [15].

b) Divisiones dicotómieas.

Como ilustración del reparto entre conductas genéricamente prohibidas y permitidas puede, en cambio, servirnos el adagio: nullum crimen sine lege. En uno de sus dos sentidos, el brocardo significa: Lo que no está penado, no es punible. Este principio podría lógicamente tener la formulación opuesta: Lo que no se permite, se castiga, sí bien axiológicamente ello sería condenable. Otra cuestión diferente es la de si se pueden extender las penas más allá del texto legal mediante interpretaciones extensivas y analógicas, porque en este sentido el lema no se refiere al hemisferio de lo no penado sino a la recta delimitación de la órbita de lo penado. En este orden de ideas hay que estar a la profunda advertencia de Cossio de que, careciendo de racionalidad la relación entre el deber transgredido y la pena, no es racional extender lo irracional[16]. Otro ejemplo importante del reparto entre conductas genéricamente prohibidas y permitidas nos lo proporciona el Derecho de guerra según el cual cualquier medio de matar o herir al enemigo, salvo los medios expresamente prohibidos o los que hagan sufrir innecesariamente, es lícito[17], cuestión importante p. ej. al surgir la bomba atómica.

---

13 Sobre este derecho v. García Maynez, 1. c. 190 a 197.

14 V. José Vilano va, Idea y realidad del Derecho Natural, en "Rev. de la Fac. de Der. y Ciencias Sociales", Buenos Aires, año VI, n°, 27, 1952.

15 De paso sea dicho que la comprensión de lo genérico que cualquier reglamentación de conducta, por individualizada que pareciere, en el fondo es, explica el sofisma de la sentencia de Porzia en la primera escena del cuarto acto del "Mercader de Venecia". El permiso de cortar una libra de carne del cuerpo de Antonio comprende cualquier individualización de esta descripción genérica de conducta de Sliylock, con o sin derramamiento de sangre, con o sin muerte del deudor. Es cuestión aparte de si un sofisma puede ser justificado para insuflar en un ordenamiento jurídico valores nuevos, ausentes en su creación, punto discutido entre Ihering y Kohler (v.p.ej. el último, Lehrbuch Der Rechtspíülosopñie, ed. 2ª Rothschild, Berlín, 1917, p. 91).

16 Cossio, El principio "nulla poena sine lege" en la axiología egológica, en "La Ley"' de. 28/29 de diciembre de 1947.

17 Oppenheim - Lauterpacht, International Law, 6' ed., Longmans, Green and Co., London, vol. II, 1944, g 110, p. 271.

4) Resumen

De ahí resulta que la causa más profunda del principio ontológico mencionado no lo es la libertad humana sino la indeterminabilidad gnoseológica. La imposibilidad de prever o prescribir exhaustivamente lo que ha de ocurrir, es igual en lo que se refiere a la naturaleza o a la conducta humana, con la sola diferencia de que en el primer supuesto la misma naturaleza escoge, con arreglo a sus leyes internas, la determinación concreta imprevisible, mientras que en el segundo caso la elección incumbe a la voluntad humana esencialmente libre.

Por consiguiente, hemos de distinguir en la esfera sistemática el carácter pantónomo del sistema: La reglamentación jurídica abarca todas las conductas humanas, ora permitiendo las que no prohíbe, ora prohibiendo las que no permite. Saliendo de la esfera lógica y adentrándose en la antología de la existencia humana nos encontramos con la libertad. Por muy ordenancista que sea una comunidad, por muy dada que fuere a la casuística, siempre quedan infinitas modalidades de cumplimientos a elegir al libre arbitrio del individuo. Por último, arrojando luz gnoseológica sobre el panorama, se hace evidente que la indeterminabilidad cognitiva de la realidad y de las posibles realidades a causa de su inagotabilidad intensiva y extensiva tiene por consecuencia la imposibilidad de prever en concreto cualquier futuro acontecimiento (sea o no conducta) que no se individualiza sino al hilo del desenvolvimiento natural y humano.

II. La lógica del deber ser

Cossio afirma que la Teoría Egológica ha autenticado la correcta interpretación de la teoría pura del Derecho en el sentido de que ella es Lógica jurídica formal, y no otra cosa[18], entendiendo a este efecto por "teoría pura del Derecho" la exposición del principio de imputación, el análisis de la norma jurídica, el del ordenamiento jurídico como tal, y la exposición de los dualismos científicos (Derecho Público y Privado, Estado y Derecho, Ordenamiento nacional e internacional). Cossio adopta la teoría pura del Derecho como una de las cinco partes de su sistema introduciendo, por cierto, importantes innovaciones, sobre todo por medio de la concepción de la norma como juicio disyuntivo.

El celebre jusfilósofo bonaerense cree que Kelsen admite que su teoría es lógica jurídica, aunque Kelsen niega que lo sea exclusivamente. El mismo Cossio[19] se asombra sobre esta "extraña dualidad epistemológica". Opino, en efecto, que estamos ante uno de estos casos en los que los procesalistas hablan de la indivisibilidad de la confesión. Kelsen sostiene que su doctrina es una "teoría general del Derecho", si bien contiene análisis lógicos. "Lo que yo lie calificado, a tuertas o a derechas, de teoría pura del Derecho, no se limita al examen de la estructura lógica de la regla de derecho, ni, por cierto, a un examen de la estructura lógica de las proposiciones que algo debe ser o debe ser hecho. Una tal disciplina, la Lógica del deber ser, del

18 Cossio, La teoría egológica, p. 134.

19 Kelsen-Cossio, p. 90, nota.

pensamiento normativo, a justo título no podría presentarse como una teoría del Derecho. La Teoría pura del Derecho se propone determinar el contenido específico de las reglas de derecho, comparadas con las otras leyes sociales; y definir sobre la base de una exacta formulación de la regla de derecho, las concepciones jurídicas, las nociones fundamentales de la ciencia del Derecho como: la sanción, la obligación, la responsabilidad, el derecho subjetivo y así sucesivamente. Estas nociones no son nociones lógicas; son nociones jurídicas y únicamente una teoría general del Derecho puede establecerlas"[20]. En el mismo lugar (p. 57)) Kelsen insiste en esta idea: "Así, la ciencia del Derecho determina no solamente la estructura lógica, sino también el contenido de las reglas de derecho. Al afirmar que en este juicio hipotético la consecuencia imputada a la condición es un acto de coerción como sanción, la ciencia del Derecho indica un elemento material del orden social que ella califica de Derecho".

La comprensión de esta controversia requiere plantear la pregunta por la posibilidad de una lógica del deber ser en general, y de una lógica jurídica en especial. Kelsen había negado hasta hace poco la existencia de una lógica diferente de la aristotélica[21]. Si así fuere, y no siendo a todas luces la "teoría pura del Derecho" lógica apofántica, no quedaba para ella otro casillero que el de la teoría general del Derecho. La cosa es diferente, al contrario, admitiendo una lógica jurídica. En este punto parece realmente que Kelsen haya realizado un cambio y que conceda la existencia de una lógica especial del deber ser (1. c. ps. 57, 72) Dentro de la lógica del deber ser ha de acogerse —y también ello es barruntado por Kelsen (p. 57)— una lógica jurídica corno especificación de la lógica general del deber ser. Teniendo ello en cuenta, todos los argumentos de Kelsen para identificar su teoría con una doctrina general del Derecho, se limitan a probar que ella no constituye una lógica general del deber ser sino una lógica jurídica. Es cierto que podemos encontrar la sanción era la experiencia cultural y que nunca la extraeríamos de meras elucubraciones lógicas (1. c. ps. 57, 58). Pero, en primer lugar, la experiencia constituye solo una cantera que nos brinda material, mientras que de ninguna manera nos impone soluciones. Lo prueba mediante un argumento "ad hominem" —precisamente— la misma sanción. En efecto, todos acuden a la misma experiencia; y, sin embargo, existe una discordia absoluta acerca del papel que la sanción desempeña en el concepto del Derecho. En segundo lugar, ninguna lógica cae del cielo; todas se elaboran con elementos ónticos[22]. Cualquier tratado de lógica trata de las relaciones entre la lógica y la esfera de los objetos. Sobre todo las obras fenomenológicas hacen especial hincapié en esta situación[23] También el ínclito jefe de la Escuela Egológica —fenomenólogo de cuño heideggeriano— se caracteriza por ontologizar tesis lógicas: Así el lema

20 Kelsen-Cossio, p. 58.

21 Kelsen-Cossio, p. 89, nota; García Maynez, 1. c. p. 9, nota 4.

22 V. Husserl, Fórmale und transzendentale Logik, en "Jahrbuch für Philosophie und phänomenologische Forsclmng", t. X, 1929, Abschmtt 1, Kap. 4.

23 V. p. ej. Pfänder, 1. c. ps. 53 y ss. para una lógica del ser; García Maynez, 1. c. ps. 147 y ss. para una lógica del deber ser.

de que cuanto no esté prohibido, está permitido; o la distinción lógica de Del Vecchio entre moral y Derecho.

Creemos, por consiguiente, que Kelsen, después de admitir una lógica jurídica, se ve compulsado a reconocer que el contenido de su teoría pura del Derecho (prescindiendo; por lo pronto, de su doctrina nueva de los imperativos) pertenece a esta disciplina[24].

III. La intuición del derecho

1) Exposición de la controversia.

La Teoría Egológica sostiene que para tomar contacto con el Derecho captarlo en cuanto objeto, basta una aprehensión intuitiva: su visión óntica con intuición sensible. No es necesario recurrir a ninguna norma a fin de distinguir lo jurídico de lo ajurídico. Para Kelsen, al contrario, no podemos encontrar el Derecho sin la norma, puesto que el Derecho pone en los sucesos naturales las referencias que se van a llamar jurídicas. Kelsen no admite, por consiguiente el resultado de aquella visión óntica con intuición sensible y que

24 Al hablar de los orígenes de la lógica jurídica no se debiera olvidar la magna obra de Heinrich Maier, Díe Psychologie des emotíonalen Denkens (Tubingen, Mohr, 1908), poco conocida en los países hispano-americanos por la tremenda parcialidad con la que se organizan las traducciones al castellano. En ella se halla, pese al título, una lógica de los pensamientos no enunciativos que Pfänder (l. c., Introducción, ps. 24 y ss.) reclama sin luego (p. 36) dárnosla. Algo en esta dirección se debe a Ernst Heller, Zur Logik der Annahme (en "Jahrb. f. Philos, und phänomenologische Forschung", t, X, ps. 485 y ss.'), El Dr. Otto Brusiin ha tenido la amabilidad de comunicarme que Elieser Kaila construyó una lógica jurídica volitiva, siguiendo a Heinrich Maier ("Oikeuslogiika, Helsinki, 1924). El mismo Brusiin acaba de brindarnos un hermoso trabajo "Ueber das juristische Denken" (Ejnar Munksgaard, Copenhague-Halsingsfors, 1951). Por el otro lado, no se debe echar en saco roto la trascendental aportación que a la lógica jurídica han hecho las ciencias jurídicas especiales, sobre todo la ciencia del Derecho Penal, partiendo desde Anselm von Feuerbach y constreñida por el lema: nullum crimen sine lege (v. mi contribución el homenaje a Martín Wolff, con motivo de su 80 aniversario: Philosoinhische Grundlagen des Internationalen Priva trechts). Esta aportación fue decisiva para el mismo Kelsen (v. mi "Nomia tivismo y nomologismo en Derecho Penal y en Derecho Int. Privado", en "Anuario de Derecho Penal", Madrid, t. IV, fase. 3, p. 509 a 517). La ciencia del D. I. Público realizó otra aportación de primera magnitud, también presento en la obra de Kelsen: me refiero a Triepel, Völkerrecht und Landesrecht, 1899 (trad. francesa de René Brunet, Dr. Int. et Dr. Interne, en "Bibliothéque Francaise de Droit. des Gens de la Fondation Carnegie", Paris, Pédone, 1920, sobre tocio el capítulo segundo: relaciones entre reglas jurídicas). Por culpa de su injustificada negación de una lógica jurídica, Kelsen ha dado pie a que otros reivindiquen el mérito de exponer por vez primera de modo orgánico y completo (añádese, sobre todo, consciente) los principios de esa lógica del deber jurídico (así García Maynez, 1. c. p. 10). Si, por lo demás, García Maynez (1. c.) advierte: "Nadie ha hablado tampoco —que yo sepa— del especial de contradicción en la teoría jurídica", me permito indicarle la tercera parte de mi trabajo sobre la sistemática cossiana (ps. 31 a 53; publicado un año antes ya —en 1945— tanto en el "Boletín de la Facultad de Derecha y Ciencias Sociales", Córdoba, R. A., año IX, núm. 3, ps. 383 a 410, como en la "Revista Jurídica de Cataluña", núm. 3, ps. 22 a 41) en la que encontrará un esbozo de una lógica jurídica y (p. 34) la forma especial que reviste el teorema tradicional de la contradictoriedad.

aprehende el Derecho como conducta en interferencia intersubjetiva[25]. Cossio admite, por lo demás, que con la sola intuición no se puede saber, si el acto de conducta es una facultad, una prestación, un entuerto o una sanción y que para saberlo, se necesita la norma[26].

La discrepancia entre Kelsen y Cossio es perfectamente lógica. Si para Kelsen el Derecho consiste en las normas referidas a las conductas, no puede reconocer que el Derecho está lisa y llanamente en cualquier configuración de éstas últimas. Al revés, si para la Escuela Egológica las normas; no son sino el conocimiento de las conductas en su interferencia intersubjetiva, el Derecho ha de constituirse sin aludir a ellas. Al contrario, la polémica entre Cossio y Kelsen sobre la libertad existencial del hombre de carne y hueso oscurece el punto controvertido. Es cierto que el enfoque de la interferencia de conductas de diversas personas supone en cada una de ellas esta libertad en la que Kelsen, con resabio positivista, parece no creer. Pero Kelsen no tenía que negarla para poner en duda la concepción egológica: bastábale invocar la ecuación entre Derecho y normas (1. c. p. 124).

2) OBJECIONES INFUNDADAS CONTRA LA TESIS DE COSSIO.

(Distinción entre "ratio essendi" y "ratio cognoscendi")

Se podría objetar a Cossio lo que sigue: Si el concepto genérico del Derecho se subdivide en los conceptos específicos de facultad, prestación, entuerto y sanción, y si a cada uno de estos últimos es esencial su normación, también ésta ha de serlo al concepto del Derecho al que todos ellos están subordinados[27]. Pero este argumento pierde su fuerza, si se tiene en cuenta de que la normación no es "'ratio essendi" sino "ratio cognoscendi" de dichos subconceptos, mientras que la conducta en su interferencia intersubjetiva es, a la par, la "ratio essendi" y la "ratio cognocendi" del Derecho. La situación es análoga a la siguiente: Enfermedad es cualquier desviación del proceso vital normal, es decir sano (Cohnheim); en cambio, si uno quisiera saber, si una enfermedad es ésta o aquella, tendrá que hacer análisis de sangre, etc.

Por el otro lado, no se olvide que, si bien el Derecho se constituye sin aludir a las normas, éstas forman parte de la conducta[28]. La solución de la aparente antinomia consiste en que ésta integración normativa de la conducta pertenece a la "ratio essendi", mas no a la "ratio cognoscendi" del Derecho. La primera rebasa la segunda.

---

25 Cossio, Teoría egológica, ps. 124 y as., siguiendo el criterio de Del Velcchio de distinguir moral y Derecho. V. recientemente' aún Del Vecchio, Lezioni di filosofía del diritto, Milano, Giuffré, 1952, p. 211.

26 Kelsen-Cossio, p. 114.

27 Sobre las diversas formas de la diferenciación de los conceptos según lo intrínseco o lo extrínseco del "fundamentum divisiónís:' al concepto a determinar v. Sigwart, Logik, ed. 3-, Tübingen, Mohr, 1904, §43, p. 373, tomo I.

28 V. p.ej. Cossio, en "Ciencia del Derecho y Sociología Jurídica", en "Rev. de la Fac. de Der. y Ciencias Sociales", Buenos Aires, año V, núm. 19, p. 444.

3) PRECISIONES DE LA TESIS DE COSSIO.

a) Distinción entre la delimitación intuitiva del objeto y la intuición de su esencia.

La intuición como medio de conocimiento supone la delimitación del objeto a intuir.

Si se trata de una intuición sensible, es decir de una intuición que se encauza a través de nuestros sentidos, ésta delimitación se realiza a veces mediante la mostración del objeto, sobre el que a continuación opera la intuición. Mas no ha de confundirse la delimitación del objeto que se lleva a cabo mediante la mostración y su percepción (que también se verifica por medio de la intuición sensible) y la intuición sensible que intenta descubrir la esencia del objeto mostrado.

Si el objeto a intuir no es una cosa mostrable, por no ser una cosa material o, aun siéndolo, por no estar presente, hay que indicarlo, al menos por lo pronto, mediante palabras. También la misma delimitación ha de hacerse de este modo, si bien luego puede haber intuición impletiva a base de recuerdos o de imaginaciones. Contra la delimitación del objeto a intuir que parte de palabras, solo pueden hacerse objeciones lingüísticas. Si p. ej. afirmo que deseo intuir el arte e intuyo a este efecto fotografías, mis resultados serán válidos para las fotografías. Lo que pasa es que he utilizado el término "arte" de un modo lingüísticamente no usual, lo que implica el peligro de que otros interpreten mis resultados como aplicables a obras que normalmente se incluyen en el arte, que no serán fotografías y para las cuales no tendrán validez.

b) Tesis y procedimiento de Cossio.

a') Delimitación del objeto a intuir.

Sin duda alguna, hemos de acudir a las palabras, puesto que no podemos sin más mostrar el objeto a intuir. Hay que distinguir en este orden de ideas el Derecho en sentido amplio y el Derecho en sentido estricto. En el primero Derecho significa lo jurídica mente relevante (prestaciones, ejercicio concreto de una facultad, entuerto, sanción); en el segundo Derecho se halla en oposición al entuerto (y tal vez también al ejercicio concreto de una facultad). Nosotros creemos que al jurista no le interesa la intuición del Derecho y solo su especificación en prestación, facultad, entuerto y sanción. El mismo Cossio afirma[29] que en el problema ontológico el jurista filosofa con ojos de filósofo. Por el otro lado, opinamos que al filósofo hasta ahora no le ha interesado lo jurídico en oposición a lo jurídico sino el Derecho en oposición al entuerto[30]. Basta pensar en Hegel o en Schopenhauer. Pero sea ello como fuere, Cossio está facultado, sin género de duda, de emprender la intuición de lo jurídico. Ahora bien: "Laisser faire, laisser passer". Tampoco pueden

---

29 Teoría egológica, p. 131.

30 Por este motivo Cossio puede jactarse de haber hecho el primer ensayo de una ontología jurídica consciente de sí misma (en "Ciencia del Derecho y Sociología Jurídica", 1. c. núm. 20, p. 816).

hacerse objeciones contra la delimitación del Derecho en sentido estricto y su intuición como conducta directiva.

Al delimitar Cossio su objeto a intuir: "cuanto tiene relación con el Derecho", no se debe nunca confundir la intuición sensible sobre la que se basa nuestra comprensión de la delimitación y la intuición eidética con la que descubrimos la esencia de lo delimitado. Cossio nos dice que busca una intuición eidética de todos los actos legales e ilegales. Esta delimitación nos es perfectamente comprensible mediante una intuición sensible, sin que tengamos que acudir a ninguna normación.

b') Intuición del objeto ya delimitado.

Ahora empieza a obrar la intuición eidética a fin de descubrir lo esencial de las conductas así delimitadas. ¿Es esta intuición transmitida por los sentidos, es decir una intuición sensible? Cossio parece pensar que sí (1. c. p. 113). Lo dudamos. Ya en la moral no advertimos nuestras posibles acciones y omisiones en interferencia subjetiva mediante intuición sensible, tal vez con algo que puchera denominarse "intuición psíquica" (introspección) en la cual también radica nuestra insobornable convicción de libertad[31], Menos todavía apercibimos las omisiones ajenas que interfieren con nuestras conductas, con intuición sensible[32]. Es cierto que Cossio solo contempla las omisiones de personas que con nosotros se hallen en estrecho contacto espacial[33] Pero, en primer lugar, aun así nos escapan sensorialmente las omisiones. Y, en segundo lugar, no se puede negar que jurídicamente interfiera la conducta de un niño abandonado en Buenos Aires con la de su madre en Alaska. Estas cuestiones se han ventilado en la Ciencia del Derecho Penal con motivo de la llamada causalidad de la omisión. En ella se ha llegado al resultado de que no se puede hablar de una omisión sin recurrir a una intuición basada en valoraciones morales o jurídicas o, por lo menos, en expectativas[34]. La filosofía moderna coincide con esta tesis[35], La afirmación de la intuición sensible no es, por consiguiente, sostenible. En el mejor caso cabe hablar de intuiciones imaginativas[36]. Pero si se quiere conservar a la intuición de lo jurídico un interés práctico, hay que echar mano a normas jurídicas o morales o del uso. La captación de la conducta humana en su libertad no se realiza mediante mía intuición sensorial sino por medio de la comprensión que posee un carácter complejo.

---

31 Cossio (Kelsen-Cossio, p. 127) habla aún en este supuesto de "intuición sensible".

32 Así también Rafael Pizani, Reparos a la teoría egológica del Derecho (en "Boletín del Seminario de Derecho Público de la Escuela de Ciencias Jurídicas y Sociales", Chile, año XX, nros. 53 a 56, 1951, ps. 81 a 96).

33 V. en "Ciencia del Derecho y Sociologa Jurídica", 1. c. n. 20, p. 819.

34 V. cualquier manual de Derecho Penal. Del autor véanse "Das Bewusstsein der Rechtswidrigkeit" (Berlín, Gruyter, 1931, nota 77, p. 49); y "Derecho Penal" (Madrid, 1949, ps. 78, 79).

35 Sartre, El Ser y la Nada (Ibero-Americana, Buenos Aires, Parte 1ª, Cap. 1°, II).

36 Husserl, Ideas (Fondo de Cultura Económica, trad. de Gaos, 1949, §4, p. 23).

c') Conclusión.

Creemos, por ende, que el proceso es el -siguiente: Cossio nos invita a intuir eideticamente el material indicado por el término "lo jurídico" (en oposición a lo ajurídico). Este material está formado por todas las acciones con. carácter de alteridad[37]; y este material nos es asequible mediante intuición sensible (percepción y recuerdo). Pasando ahora a la intuición eidética enfocamos estas acciones como un conjunto de conductas (acciones y omisiones) en interferencia intersubjetiva. Ello se hace a base de intuiciones sensibles e imaginativas, estas últimas a fuer de expectativas y valoraciones[38]. No intuimos, en cambio, eideticamente con respecto al material indicado si una conducta es prestación, facultad, entuerto o sanción, ni tampoco que una conducta en interferencia intersubjetiva ha de entrar forzosamente en una de éstas cuatro categorías[39].

IV. NORMA Y REGLA DEL DERECHO

1) EXPOSICIÓN DE LAS DOS TESIS EN PUGNA.

Según Kelsen, a partir de 1945[40], hay que distinguir entre norma y regla de derecho. La norma que emite el órgano, es una prescripción dirigida a nuestra voluntad, en tanto que la regla de derecho que emite el jurista, es una información dirigida a nuestra inteligencia. Esta innovación, introducida por Kelsen en. su doctrina, es fundamental[41], aunque Kelsen insiste aún en que las normas en cuanto prescripciones no son órdenes o mandatos en el sentido de la psicología[42]. Si se piensa que Kelsen había luchado toda su vida contra el imperativismo y que "sus especulaciones han tenido como efecto voltear estrepitosamente la tan arraigada concepción que veía en las normas jurídicas un conjunto de órdenes"[43], es difícil negar que le ocurrió lo contrario de lo que

37 Kelsen-Cossio, p. 113.

38 En lugar de hablar de "conducta en interferencia intersubjetiva", debiéramos hablar de la "interferencia intersubjetiva de las conductas". Asi saltaría a la vista lo problemático de la intuición sensible para captar la interferencia.

39 Conste, por lo demás, que la intuición no es la fuente de nuestro concepto de lo jurídico. Ella no nos brinda sino la prueba de que en la realidad existe algo subsumible en un concepto previamente establecido.

40 General Theory of Law and State, Harvard Universicy Press, 1945, ps. 45 y ss.

41 Así acertadamente Legaz y Lacambra, en "Revista de Estudios Políticos", vol. 34, año X, núm. 54. 1950, p. 305; v. también Herrera Figueroa. Acerca de la conducta jurídica, separata de la "Rev, del Colegio de Abogados de Buenos Aires", núm. 2, 1951, ps. 8, 9; Perriaux, Las reglas de conducta, en "Rev. Jur. de Córdoba", año II, núm. 7, 1948, p, 263; Julio Cueto Rúa, La conducta, las reglas de conducta y los pensamientos, en "La Lev"' de 23 de mayo de 1952, cap. 3.

42 Kelsen-Cossio. p. 142.

43 Aftalion, Crítica del saber de los juristas (La Plata, 1951, p. 29).

pasó a Saul, hijo de Cis que haba salido a fin de buscar las asnas de su padre y que se encontró con un reino (Samuel, I, caps 9 y 10[44].

Para la teoría egológica la norma es un juicio mediante el cual se conoce la conducta en su libertad[45], sea que un particular conoce la conducta por la vía indirecta de una verificación intuitiva independiente del acto de la normación, sea que la comunidad se conoce a sí misma en la ley o en el Derecho consuetudinario[46]. Esta concepción egológica de la norma como concepto entronca con la anterior tesis de Kelsen de que la norma es un esquema de interpretación.

2-) La solución.

a) Análisis de las proposiciones legales y la insuficiencia de este método.

Si partimos rigorosamente de las proposiciones contenidas en las leyes, hallamos juicios de todas clases. Una proposición como la siguiente: "En la Argentina no hay esclavos", constituye un juicio apofántico categórico. Muchas proposiciones contienen juicios apofánticos hipotéticos: "Quien matare ,incurre en la pena de prisión." También se hallan a veces imperativos, sobre todo en bandos militares o municipales. Recuérdese p. ej. que en muchas ciudades se ordena con respecto al movimiento del público en el ferrocarril subterráneo lo que sigue: "Antes de entrar, dejad salir" Pero este punto de partida es completamente insuficiente. Lo es, por un lado, porque desaparece bajo nuestros pies en el supuesto del Derecho consuetudinario. Y lo es igualmente, porque salta a la vista que la casual formulación lingüística del precepto legal no puede ser decisiva para el análisis lógico de la norma.

---

44 Así ya en nuestro trabajo, Normativismo y nomologismo, 1. c.

45 Se podría objetar contra el juicio disyuntivo de Cossio que, como aquél ha de realizarse forzosamente en cualquiera de sus tramos (endonorma o perinorma) no capta la conducta en su libertad. No obstante, la libertad está en cumplir o no cumplir y, en el primer supuesto, en el modo de cumplir. Más discutible es la libertad en la perinorma, puesto que no resulta completamente diáfano, si ella se refiere a la indestructible libertad del deudor durante la imposición de la sanción concreta (así Cossio, Teoría Egológica, p. 309: el ladrón podrá silbar, pero en la cárcel) o si ella se refiere a la libertad sin sentido di libertad, a vida cosificada (1. c. p. 323, y en "Rev. de la Fac. de Der. y Cien. Soc.", Bs. As., n* 19, p. 449) conforme parece indicarlo la tesis de la coincidencia de la extensión lógica de la perinorma referente al deudor y de la endonorma referente al juez (p.ej. Cossio, "Norma, Derecho y Filosofía", en "La Ley", t. 43, p. 996) ya que en cuanto actúa el juez, padece el deudor. V. sobre estas cuestiones también Antonio Gioja, La norma general y la norma individual, en "La Ley", del 24-VII-1952 y Vílanova, Acerca de la norma individual, en "La Ley", del l-VI-1952, núm. 6, V. en este contexto nuestro estudio. Normas individuales y normas generales, en "Rev. de la Fac. de Der. y Ciencias Soc.", Buenos Aires, núm. 16, ps. 1187 y ss.

46 Vilanova, Vigencia y validez en el Derecho (Santa Fé, Imprenta de la Universidad, 1949).

b) Superación de la insuficiencia del método anterior.

a') Doble duplicidad de la lógica[47].

Los entes de la Lógica son bifrontales: por un lado se orientan hacia la ontología, por el otro radican en actos subjetivos correlativos.

En cuanto a la ontología, hay que distinguir el análisis lógico de una proposición determinada que puede prescindir de este aspecto, pero el que resulta, conforme acabamos de ver, insuficiente, y la creación de un pensamiento lógicamente adecuado a una realidad determinada la cual, por razones obvias, ha de inspirarse en la realidad cuya captación conceptual nos interesa. La forma de un pensamiento en cuanto refleja la forma de una realidad determinada depende indudablemente de esta última.

Por el otro lado, nos es menester acudir a los actos subjetivos fundantes de los entes lógicos a fin de comprender su auténtica sentido. Husserl (1. c.) declara expresamente que una cosa es diluir las figuras lógicas en actos psíquicos —he aquí el psicologismo superado por el primer volumen de las "Investigaciones Lógicas"— y otra muy diferente utilizar los últimos a fin de aclarar el sentido de las primeras[48]. Ya Reinach[49] acude a las vivencias psíquicas para identificar la orden y el ruego, método aprobado por Cossio[50]. Pero exactamente lo mismo ocurre con respecto a todas las figuras lógicas[51]. Así lo afirma acertadamente p. ej. Pfänder (1. c. ps. 38, 39)[52] que por lo demás atribuye a las mujeres la particularidad de emplear figuras lógicas basadas normalmente en una vivencia determinada, enlazándolas a otras vivencias diferentes. En efecto, la Rosa Dartle que Dickens nos describe en su "David

---

47 V. a lo que sigue Husserl, Fórmale und transzendentale Logik (en "Jahrbuch für Philosophie und phänomenologische Forschung", t. X, 1929, §§ 8 y 55 a 68, Abschnitt 2, cap. 1).

48 Esta situación aclara (y a la par, complica) la distinción entre objetos mundanales y egológicos. No estamos sólo en presencia de los primeros, si el sentido cultural anida en un objeto material, sino también si está ínsito en un acto psíquico. La emisión acústica de una oración lo mismo que su mero pensamiento en cuanto acto son sendos objetos mundanales —igual que su escritura o impresión— por contener como sentido un ente lógico.

49 Los fundamentos apriorísticos del Derecho Civil (Bosch, Barcelona. 1934, p. 51).

50 En "Rev. de la Fac. de Der. y Cien. Soc,", Bs. As., núm. 23, p. 225.

51 La diferencia entre juicio e imperativo no descansa, por consiguiente, en la formalizabilidad del primero y la imposibilidad de formalizar el segundo. He aquí su formalización: "Yo (o nosotros) ordeno (u ordenamos) a ti (o a vosotros) que hagas (o que hagáis) ello!" Lo que pasa es que el imperativo contiene forzosamente dos elementos personales (pero formales), mientras que el juicio no los contiene. Por esta razón se añade algo nuevo al juicio reconduciéndolo a la judicación (la mal llamada reiterabilidad del juicio), mientras que resulta tautológico incluir en la orden el acto de la ordenación, de todos modos en ella contenido. Siendo, según el leitmotiv de Leibnitz, el espíritu forma (v. los dos tomos que Max Bense, Konturen einer Geistesgeschichte der Mathematik, Hamburg, Claassen, 1946 y 1949, dedica a este tema) hubiera sido realmente asombroso que alguno de sus productos resultara no formalizable.

52 Leibniz considera ya la posibilidad de formular afirmaciones en proposiciones negativas y viceversa (v. Quaestio II de "Quaestiones Philosophicae Amoeniores ex jure collectae" en Dúten, Opera omnia Leibnitii, Genevae, 1768. t. IV, Pars tertia, p. 72).

Copperfield", se caracteriza por esconder afirmaciones en la forma lógica de la pregunta.

b') Esfera óntica: Interferencia intersubjetiva de conductas.

Habíamos afirmado que el Derecho es interferencia intersubjetiva de conductas, ha figura lógica que capta el Derecho, habrá de reflejar esta interferencia. Pero este hecho no determina todavía con precisión la figura lógica a escoger, porque las conductas que interfieren pueden ser diferentes; y diferentes pueden ser igualmente las mismas interferencias.

Pufendorf[53] sostiene p. ej. que cada norma consta de dos partes: del mandato y de la sanción para el caso de su incumplimiento. Otros amores asignan a la norma carácter de juicio hipotético, enunciando que la primera parte describe el sector social a reglamentar y la segunda la reglamentación[54].

También Cossio, al dar a su norma carácter disyuntivo, invoca la interferencia de las conductas ínter subjetivas (Teoría Egológica, p. 301). Pero la disyunción del juicio estriba en que la conducta es libertad y en que la norma, so pena de ser incompleta, ha de prever las diversas posibilidades de la conducta. Ahora bien, la exigencia de que una norma (y, luego, un sistema de normas) sea exhaustiva, no reside en la esfera óntica sino que pertenece a los requisitos de la esfera lógica o sea a las características del sistema.

---

53 L. c. Liber 1, cap. 6 ,núm. 14, ps. 104 y ss.

54 El mismo Cossio (El Derecho en el Derecho Judicial, Kraft, Buenos Aires, 1945, p. 78) construye p.ej. la norma sobre mayoría de edad al hilo del esquema: "Dado A, debe ser B". La situación puede también complicarse. La norma indirecta p.ej. (que, como creemos, no resuelve directamente el problema del Derecho aplicable sino indirectamente el problema material por medio de la indicación del Derecho aplicable) es por esta precisa razón incompleta: la norma indirecta es hipotética y se encuentra a horcajadas sobre la norma directa disyuntiva del Derecho material a aplicar. En caso de reenvío el camino pasa a través de varias normas indirectas hipotéticas. V. nuestros estudios: "Conceptos fundamentales del D. I. Pr.", en "Rev. del Inst. de Der. Civ.", Tucumán, t, I, núm. 3, II, ps. 74 y ss.; y "Dos concepciones de la norma iusprivatista internacional", ibidem, t. II, núm. 2, ps. 75 y ss. Luis Fernando Herrera (en "La Ley" del 7 de abril de 1949, y posteriormente en la "Piev. de la Fac. de D. y C. SV1, Buenos Aires, año VI, núm. 24, p. 467) formula en su norma disyuntiva el resultado de la aplicación sucesiva de la norma indirecta y de la norma directa. Ello es naturalmente hacedero; pero de este modo desaparece la función de la norma indirecta, meramente sobreentendida. La actitud de este egregio autor se comprende teniendo en cuenta que atribuye a la norma indirecta menos importancia que yo dentro de la economía del D. I. Pr. Por lo demás téngase bien presente que la norma indirecta no sólo es incompleta en cuanto a su propio contenido, sino que lo es también, como cualquier otra norma jurídica, en vista de su inserción en un orden jurídico cuya convalidación o rectificación requiere.

c) Vivencias psíquicas fundantes.

Las normas se basan en vivencias del juzgador y en vivencias del jefe y del subdito[55].

a") Actos cognitivos del juzgador-legislador (el juicio de Cossio).

El juzgador no es idéntico al juez. Pero en todo juez se halla un juzgador. Sin embargo, también en ciertos funcionarios administrativos, en árbitros y amigables componedores vive la figura del juzgador. Por último, también el proteíforme legislador se coloca imaginativamente en el papel del juzgador, grupo dilecto de sus lectores. El juzgador se enfrenta con una controversia y la resuelve, declarando a cuál de las partes corresponde la razón, mas sin ordenar nada a nadie. El juzgador se basa en el caso de autos en su concreción. Además acude a las normas jurídicas en su verdadero y auténtico sentido, conforme se revela al intérprete, o sea al jurista teórico. La actividad del juzgador es, pues, algo más complicada que la del intérprete, puesto que incluye en su examen el caso de autos. He aquí la aplicación del Derecho a un caso pasado o sea la aplicación "ex tunc".

Anticipándose el legislador al juzgador ha de saber lo que una persona debiera hacer dada determinada situación y lo que debe ser, si no hiciera lo que debiera hacer. El juicio que conceptualiza la situación descrita es el célebre juicio disyuntivo de Cossio. Si por consiguiente Cossio afirma que la norma contiene un juicio imputativo disyuntivo, el ilustre jefe de la Escuela Egológica acierta plenamente, con tal que se reconduzca la norma a la vivencia psíquica del legislador como juzgador anticipado.

b") Actos imperativos.

Pero el legislador, al emitir las normas (legisladas o consuetudinarias), alberga también vivencias de jefe y, de nuevo mediante un anticipo imaginativo, de súbdito. El legislador quiere que en determinadas circunstancias determinadas personas (entre las cuales él mismo en papel distinto puede encontrarse en su caso) hagan eso o aquello. La forma lógica de visualizar una orden como tal es el imperativo. Las normas constituyen, por ende, imperativos, si las relacionamos con las vivencias psíquicas del legislador como jefe y como súbdito anticipado.

Nadie duda de la existencia de imperativos concretos, dados en innumerables casos por militares, funcionarios, padres, maridos, etc. He aquí el campo de las llamadas "normas individuales"[56]. Estas órdenes pueden

---

55 V. nuestro trabajo: Los juristas y sus preguntas (en "Sarmiento", V. II, n. 16) que intenta, partiendo del análisis fenomenología) de la pregunta, atisbar una solución orgánica de los intrincados problemas.

56 Los partidarios de Kelsen enseñan que las normas generales pasan en la sentencia, el acto administrativo y el contrato a través de normas individuales (v. el mismo Kelsen, La dottrina pura del diritto, en "Archivio Giuridico", vol. 110, fase. 2 1933, núm. 32). Es muy difícil negar que estas normas individuales constituyan en muchos casos imperativos.

denominarse "pasajeras" o "fugitivas"[57]. Ahora bien, cualquiera de los tres elementos del imperativo —el jefe, el súbdito, y la conducta ordenada— puede ser generalizado, sin que el imperativo pierda su carácter como tal. Luis XIV da órdenes a sus súbditos. La Asamblea Nacional da, en cambio, órdenes a Luis XVI. En un Estado democrático varios mandan a varios varias conductas. En la Lógica hay acuerdo de que puede haber imperativos generales[58] —el imperativo categórico kantiano es sin duda alguna general-—, que los imperativos pueden también revestir forma hipotética y que existen igualmente silogismos volitivos[59]. Finalmente hay que admitir también imperativos de autores no nominativamente determinados. Ellos forman el Derecho consuetudinario.

Las objeciones que se han hecho, en este orden de ideas[60], al imperativísimo no son convincentes. En cuanto al jefe se ha afirmado que tiene que ser forzosamente un individuo y que no lo puede ser una colectividad. Pero en primer lugar, no se comprende que una comunidad puede conocerse a sí misma (Vilanova-Cossio), mientras que no puede realizar actos volitivos. En segundo lugar, no se puede olvidar que este argumento no se dirige solo contra el imperativismo jurídico, sino que igualmente habría de negar la existencia de cualquier producto anónimo de la comunidad, p. ej. del mito, de la moda, del lenguaje[61], de las canciones populares. No se trata de una ficción sino de una brevilocución. No se desea atribuir una obra a un homúnculo misterioso sino dar a entender que se desconoce a los diferentes individuos que han colaborado en su confección. Ello nos conduce a una segunda objeción referente al jefe. Se mantiene que la subsistencia de una orden depende de la ininterrumpida duración de la vivencia volitiva en su persona. El Código Civil se hubiera p. ej. volatilizado lo más tarde en el momento del fallecimiento de Vélez Sársfield. Este argumento olvida lo que ya Hobbes estatuye y Austin

---

Un cabo que manda a sus soldados avanzar, da una orden constitutiva de una norma individual. Sería difícil entender este hecho, si las normas generales fuesen única y exclusivamente juicios disyuntivos o hipotéticos, a no ser que se creyera en una "generatio spontanea".

57 Así Burlamaqui, Elementos del Derecho Natural, trad. de García Suelto, ed. 2ª, Madrid, Llorenci, 1837, p. 20; la obra misma data de 1774.

58 Heinrich Maier, Psychologie des emotionalen Denkens, Tubingen, Mohr, 1908, ps. 635 a 640. Maier atribuye al Derecho carácter de imperativo hipotético (1. c. p. 681). Así también le conciben como de carácter imperativo Sigwart, Logik (ed. 3ª Tübingen, Mohr, t. I, 1904, §4, p. 18, nota); Wundt, Logik (Stuítgart, Enke, t. II, 1883. p. 603); Rickert (Zur Lehre von der Definition, 1. c. p. 32).

59 Maier, 1. c. p. 516 Lahtinen, Zum Aufbau der rechtl. Grundlagen, Helsinki, 1951, ps. 23 a 25, 159 y ss.

60 P.ej. Cossio, en "Rev. de la Fac. de D. y C. S.", Buenos Aires, n. 19, ps. 445, 446.

61 Cossio compara la obligatoriedad del Derecho con la del lenguaje: la necesidad mutua de entenderse es lo que hace al Derecho y al lenguaje "obligatorios" (v. en "Rev. de la F. d. D. y C. S.", Bs. Aires, núm. 20, ps. 846 a 852) . Por el otro lado sostiene Pufendorf (1. c. Liber 4, cap. 1, núms. 5 a 7, ps. 465 a 469) que el uso de las palabras en una comunidad se basa en un pacto que nos obliga a emplearlas de este modo. En realidad aprendemos la propia lengua a fuerza de imperativos emitidos por padres, parientes y maestros, y garantidos por premios (en la casa paterna) y castigos (en el colegio).

repite[62]: "El legislador no es aquel por quien la ley fue en un principio dictada, sino aquel por cuya autoridad ella continúa siendo ley". O en otras palabras[63]: "La subsistencia de un imperativo, no depende de la continuada vida de la voluntad del que manda, sino de las continuas voluntades de los que obedecen, puesto que, siendo las voluntades entre los que mandan: y los que obedecen (con tal que obedezcan) intercambiables, al obedecer sustituyen a la vez la voluntad impositiva. Fenómenos tan cotidianos como los testamentos se basan en este proceso: la última voluntad del testador es sustituida por la de los herederos, legatarios y albaceas, o, en caso de incumplimiento, por la de los órganos estatales". Esta tesis solo sería ficticia[64], si cada mandamiento y cada acto de obediencia tuvieren carácter de unicidad.

Pero la generalidad como característica de la ley (y en el supuesto de las .normas individuales tampoco hace falta la subsistencia del imperativo) significa precisamente todo lo contrario: la fungibilidad de órdenes y acatamiento. Con respecto al ordenar mismo[65] se alega que uno nunca puede mandar sobre una conducta ajena y que los partidarios de la tesis imperativista confunden orden y deseo. Pero en realidad la voluntad puede recaer sobre cualquier acto en el cual el volente cree poder tener influencia (que, por lo demás, puede también fracasar en cuanto a su propia actividad, como, p. ej., en el caso de una parálisis), mientras que el deseo se limita a los casos en los cuales el deseoso cree que carece de toda influencia sobre el desenvolvimiento de la cadena causal. Por el otro lado se afirma que la orden nunca obliga al que ordena, mientras que la ley vincula también al legislador. La refutación de este reparo se basa en el doble papel de los hombres que actúan como legisladores. "Princeps (= legislator) legibus solutus". Como súbdito el legislador queda sometido a la ley. Por último y con respecto al *destinatario de la orden* se ha aducido la sinrazón de hacer responsable a una persona ignorante de la orden o imposibilitada de obedecerle. Mas esta objeción mezcla un problema íenomenológico con otro axiológico. La orden es (como una carta) un acto recepticio: implica forzosamente a un destinatario. Pero a la orden (como tampoco a la carta) no le es de ninguna manera esencial ser realmente recibida por su destinatario. Piénsese en el célebre título de la novela de la Sra. Heyking, nieta de Bettina Brentano y de Achim von Amim: "Briefe die ihn nicht erreichten" Otra cuestión, completamente diferente y perteneciente a la estimativa jurídica, consiste en saber, si es justo o injusto hacer responsable a una persona por el incumplimiento de una orden que ignoraba o la cual no podía cumplir. Por lo demás es obvio que ello resulta justo, si el destinatario es responsable de la ignorancia o de la imposibilidad de cumplimentar la orden.

62 Austin, Lectures on Jurisprudence or the philosophy of positive law (ed. 13, London, John Murray, Part í, Section 1, p. 141).

63 V. nuestro estudio en "Rev. de Estudios Políticos", núm. 49, p. 145.

64 Así Esteban Imaz en su profundo estudio "La actualidad del alegato del fiscal von Kirchmann", en. "La Ley" de 19 de octubre de 1951.

65 El mayor valor axiológico de la endonorma con respecto a la perinorma no explica la superfluidad del imperativisino (v. Cossio, en "Rev. de la Fac. de Der. y Cien. Soc.", Buenos Aires, núm. 19, p. 449) sino el contenido y el condicionamiento de los diferentes imperativos.

c) *La objetividad (= Ínter subjetividad) de nuestro resultado.*

Demostraremos, en primer lugar, la objetividad de nuestra tesis de la imperatividad del Derecho; y, en segundo lugar, la objetividad del doble juego de la norma, ora como juicio, ora como imperativo.

a') Carácter imperativo del Derecho.

Ni que decir tiene que no es nuestro empeño confeccionar una lista completa de los partidarios de la tesis imperativista[66]. Por uno y otro motivo nos contentamos con analizar la actitud de tres grupos de autores: de los iusnaíuralistas, de los ficcionalistas y de los fenomenólogos. Antes de entrar en materia quisiéramos dejar consignado que no conviene llamar a los imperativistas "racionalistas". En efecto, según que enfoquen el acto psícofísico de la emisión de la orden o su sentido, el imperativo, ellos son realistas o idealistas; nunca son racionalistas y siempre son voluntaristas.

Con respecto a los iusnaturalistas se podría esperar un decidido antiimperativismo. En efecto, existiendo un Derecho Natural parece que al hombre no quede por hacer sino descubrirlo por medio de su razón. Sin embargo, por muy discutidos que en la Escolástica estos problemas hayan sido, nunca se puso en duda la participación de la voluntad en el Derecho. Lo que sí se ventilaba con gran fervor era la acertada dosificación del elemento volitivo y racional en el Derecho[67]. La voluntad opera al determinar o sea concretar las abstracciones del Derecho Natural. El iusnaturalismo protestante[68] basa igualmente el Derecho en un elemento volitivo. Trayendo a colación lo dicho, fácilmente se consigue enjuiciar la tesis de Kelsen (1. c. ps. 136 a 139) de que basta que el legislador vote la ley o que el juez firme la sentencia, sin que: ninguno de ambos haya de tener el más mínimo conocimiento del contenido del acto. Aquí se confunde el aspecto psicológico y el jurídico; y dentro del psicológico se mezclan a su vez dos actos diferentes. La creencia en una voluntad químicamente pura —los griegos no poseer, ni siquiera un vocablo para designar algo semejante— implica una tesis metafísica: la voluntad como cosa en sí (Schopenhauer). Psicológicamente supone todo acto volitivo

66 Véase ya la fórmula mediante la cual se propone al Senado Romano dictar una ley determinada: "Velitis, iúbeatis hoc. Quirites, rogo".

67 V, nuestro estudio: Francisco Suárez, renovador e innovador de las ciencias del Derecho (Córdoba, Universidad, 1951, ps. 33 a 36). —La armonía entre razón y voluntad impera también en la ética de Kant, según el cual la moral consiste en una voluntad dirigida exclusivamente por la razón (Kritik der praktischen Vernunft, Teil 1, Bucli 1, Hauptstück 3).—Es todavía digna de mención la definición de Irnerius: '"Is enim demum legis lator jurisve con ditor dicitur qui sic et prudentia floret et potestate vigef' (Quaestiones de juris subtilitatihus, ed. Fitting, Berlin, 1894, 1, gil, cit. por Vassalli. La mission du juriste dans Télaboration des lois, en Actes du Congrés Int. de Droit Privé, vol. 2 de la Serie L'unification du droit, Roma, 1951, p. 55).

68 V. p. ej. Pufendorf,, L c. Liber I, cap. 6, núm. 1, ps. 87, 88, que distingue la ley basada en la voluntad, del consejo cimentado sobre la razón.

elementos cognitivos[69]. El acto volitivo de redactar una sentencia implica el conocimiento de su contenido; y el acto volitivo de firmar una sentencia supone el conocimiento de que lo que se firma, es una sentencia. El acto volitivo de firmar una sentencia no abarca, al contrario, con necesidad los elementos cognitivos inherentes al acto volitivo de redactarla. Por el otro lado y desde el punto de vista jurídico, cualquier elemento cognitivo o volitivo puede ser erigido por la ley en requisito indispensable de la validez de la sentencia.

Nuestro interés de convocar a los ficcionalistas como fedatarios de la tesis imperativista se basa en el hecho de que sus adversarios reprochan a los imperativistas a veces el uso de ficciones. La adhesión de los ficcionalistas a la tesis imperativista constituye, por consiguiente, un argumento "ad hominem". El mismo Vaihinger[70], como sus discípulos, los juristas Mallachow[71] y Strauch[72], atribuyen al Derecho carácter imperativo sin interpretar este análisis como una ficción[73].

El imperativismo de los fenomenólogos nos interesa sobre todo, porque la fenomenología constituye una parte considerable de la base de la Teoría Egológica. El propio Husser[74] se limita a destacar el carácter personal del imperativo concreto que toma la expresión con el debe (o el tiene que), si se trata de dar una forma más objetiva a la intención de la voluntad propia o ajena. Husserl, al poner de relieve este momento intransferible del imperativo concreto, se basó probablemente en Sigwart cuyas ideas tenía bien presentes[75]. Ahora bien, el mismo Sigwart[76] concibe las leyes como imperativos generales en los que el legislador se enfrenta con cada súbdito. Volveremos más abajo sobre esta opinión de Sigwart-Husserl cuya importancia consiste en constituir una aportación al doble carácter de la ley, ora como imperativo ora como norma. No obstante, el hecho de que nuestra interpretación posee una base, lo pone en evidencia el ejemplo de Reinach y el de la malograda Edith Stein. Reinada indica que al lado de las determinaciones de la ley se

69 Tanto es así que Lotze (Mikrokosmus, t. I, ed. 3, Leipzig, 1876, p. 289) polemiza contra una tesis que identifica el querer con el creer saber lo porvenir. Vero nadie duda que la voluntad implica elementos cognitivos, V. p.ej. Brentano, Psicología (Madrid, Rev. del Occidente, 1935, cap. 1, §3, cap. 4, §2).

70 Die Philosophie des Ais Gb, cd. 4ª Meiner, Leipzig, 1920, p. 71 (Parte 1, cap. 10).

71 Mallachow, Rechtserkenntnistheorie und Fiktionslehre (München, Rösl Verlag, 1922, p. 40).

72 Walter Strauch, Die Philosophie des Als-Ob und die hauptsächlichsten Probleme der Rechtswissenschaft (München, Rösl Verlag, 1923, p. 17).

73 Strauch sostiene que el Derecho es una ficción. Pero lo que pasa es que entiende por ficción cualquier acto volitivo, porque un tal acto no reproduce la realidad sino que intenta modificarla. Contra esta terminología desorbitada ya me he dirigido en "Revista Crítica de Derecho Inmobiliario", Madrid, núm. 161, 1941, p. 648.

74 Investigaciones Lógicas, Sexta Inv., §69, Madrid, Revista de Occidente, t. IV, 1929, p, 223.

75 Husserl cita a Sigwart 1. c. §6, p. 216.

76 Sigwart, Logik, ed. 3ª Mohr, Tubmgen. t. I, 1904, §4, p. 18, nota.

encuentran órdenes que las ejecutan[77]. Edith Stein[78] desarrolla estas ideas. Cada determinación requiere, a fin de poder funcionar, una orden que la acompaña. El mismo hijo de Edmund Husserl, Gerhart Husserl, concibe el Derecho como la voluntad de los ciudadanos de la comunidad[79].

b') Doble función de la norma.

Vimos más arriba que la norma, según que la relacionemos : xon unas u otras vivencias de sus autores (legislador en el sentido de Hobbes), aparece o como un juicio imputativo disyuntivo o como un imperativo[80]. ¿Es esta doctrina sorpresivamente nueva? De ninguna manera. En el párrafo anterior acabamos de exponer las concepciones fenomenológicas que apuntan en esta dirección[81]. Pero también en el seno de la ciencia del Derecho no han faltado autores quienes han coincidido con este punto de vista. La conocida teoría de las normas de Binding[82] distingue entre la norma (mandamiento o prohibición) que es un imperativo y la ley penal. James Coldschmidt[83] estatuye, en general, que la teoría de los imperativos es idónea para la captación del Derecho Material (concepción estática del Derecho), mientras que su visualizarían como medida valorativa es la que cuadra al Derecho Procesal (concepción dinámica del Derecho). Eberhard Schmidt[84] distingue de manera semejante entre la norma en su función determinativa y valorativa[85].

---

77 Reinach, Los fundamentos apriorísticos del Derecho Civil (Bosch, Barcelona, 1934, p. 173): "Aquí no queremos investigar si conforme a su sentido o realmente están vinculadas siempre con una determinación legal del legislador órdenes dirigidas a los órganos que la ejecutan, o a los sujetos de la comunidad jurídica. Pero ahora ya no puede caber duda alguna de que ambos actos son distintos, estén vinculados o no".

78 Edith Stein, Eme Uníersnchung über den Staat (en "Jahrbuch für Philosophíe und phänornenologische Forschung", t. VII, ps. 24 y ss., sobre todo p. 33). Las determinaciones, a fin de poder actuar, necesitan órdenes. Además contiene cada ley una orden de obediencia. La interpretación, en cambio, abarca principalmente actos intelectuales: intenta conocer y no falsificar la voluntad del Estado (p. 35); no obstante, también los jueces emiten órdenes (p. 36).

79 V. "Recht und Welt" (en homenaje a Edmund Husserl, Halle, Niemeyer, 1929, ps. 121 y s.); Der Rechtsgegenstand (Berlín, Springer, 1933, § 140); Bemerkungen zur Lehre von den sogenannten Doppewilkungen im Recht (separata, Atenas, 1934, Callergis, p. 702).

80 Enseñamos ya la tesis de la doble función de la norma en "Comentarios acerca de la sistemática cossiana" (en "Boletín de la Facultad de Derecho y Ciencias Sociales", Córdoba, R. A., 1945, año IX, núm. 3, ps. 3S5 y ss.) y luego en el "Sistema...", t. I, 1948, p. 20.

81 V. también la tesis de Jacques Maritain, Neuf leçons sur les notions premieres de la philosophíe morale, 1949, Sección 6ª, de la distinción entre "norme pilote" y "norme commandement".

82 Die Normen und ihre Uebertretung, t. I, ed. 2ª 1890. V. Mezger, Strafrecht (Duncker und Humbolt, Münclien, 1931, § 22, III, p. 185); Frank (Das Strafgesetzbuch f. d. Deutsche Reich, Mohr, Tübingen, ed. 17, 1926, p. 4).

83 Der Prozess als Rechtslage (Springer, Berlín, 1925, §18, ps, 227 y ss.).

84 Liszt-Schmidt, Lehrbuch des Strafrechts, ed. 25, §36.

85 No mencionamos detalladamente a Kelsen, puesto que su enfoque de la simultánea existencia de normas prescriptivas —fácilmente despojables de sus comillas, según las acer-

d) Relación de la tesis desarrollada con la "Teoria Egológica":

En lo que sigue investigaremos brevemente la compatibilidad o incompatibilidad de las opiniones mantenidas en este capítulo cuarto, con las más destacadas doctrinas de Cossio.

a') Con la crítica lógica del imperativismo.

Cossio critica el imperativismo tanto desde un punto de vista psicológico como desde un ángulo visual lógico. En cuanto al primer aspecto ya nos hemos ocupado de sus agudas observaciones (cap. IV, 2, b. c', b"). En este lugar nos toca, pues, hacer frente a sus objeciones lógicas[86].

El famoso catedrático de Buenos Aires demuestra que la norma no es un imperativo. Esta demostración se desenvuelve a base de tres argumentos. En primer lugar, Cossio explica que el juicio permite la conversión entre actos nominativos y predicativos; que el imperativo no lo permite, la norma, en cambio, sí, por lo cual la norma no es un imperativo. Luego sostiene, en segundo lugar, que la concepción del juicio como acto judicativo del que juzga no modifica el contenido del juicio, si bien enuncia algo nuevo; que análogo proceso de reiterada psicologización es hacedero en la norma; que, al contrario, ello no es posible con respecto al imperativo, puesto que éste contiene ya de por sí la mención del que ordena y de su acto de ordenar, por lo cual la norma no es un imperativo.: Por último, se pone de realce que los juicios son formalizables (S es P); que también lo son las normas (Dado A, debe ser B); que, al contrario, el imperativo no lo es, ya que su esencia está en un problema material de sentido y que puede revestir cualquier forma lógica, por lo cual la norma no es un imperativo. Las observaciones agudas de Cossio merecen un extenso comentario especial[87]. En este contexto basta

---

tadas palabras de Cossio (Kelsen-Cossio, p. 142)— y de normas descriptivas, era el punto de partida de este capítulo. En cambio, sí merece algunas palabras la llamada Escuela de Uppsala (Lundstedt. Olivecrona, etc.). En ella se distingue entre imperativos propiamente dichos que suponen una relación personal entre el que manda y el destinatario de la orden, e imperativos libres; es decir no vinculados a determinadas personas. No obstante, los imperativos vinculados como los libres son aptos para provocar obediencia. Las leyes no son imperativos vinculados, más sí son imperativos libres. V. Lahtinen, Zum Aufbau der rechtlichen Grundlagen (Helsinki, 1951, p. 29). Como se desprende de lo dicho, no se trata de una tesis de la doble función de la norma sino de una justificación de la existencia de imperativos generales.

86 Ellas se encuentran en "Ciencia del Derecho y Sociología Jurídica", en "Rev. de la Fac. de Der. y Cien. Soc.", Buenos Aires, núm. 19, ps. 446 a 450; y en "Las posibilidades de la lógica jurídica según la lógica de Husserl", ibidem, nm. 23, ps. 220 y ss.

87 La ley de la nominalización (v. sobre todo Husserl, Ideas, 1. c. § 119) se basa en la reciprocidad del análisis y de la síntesis. De "S es P" puedo pasar siempre a "SP" y viceversa. Ambas operaciones son privativas al juicio (tanto al enunciativo como al imputativo) en cambio, ellas son ajenas al imperativo. Hasta aquí —y ello es lo esencial—, Cossio tiene toda la razón. No le puedo seguir, al contrario, si da a entender que a esta ley lógica corresponde una ley lingüistica, según la cual en cualquier idioma positivo un juicio, a diferencia del imperativo, es substantivizable. En primer lugar, este punto de vista no es importante a nuestros efectos.

advertir que la prueba de que el juicio imputativo hipotético o disyuntivo no es un imperativo, no desvirtúa nuestra tesis de que las proposiciones legales y consuetudinarias constituyen o juicios imputativos disyuntivos o imperativos, según que las relacionemos con las vivencias del actualizador del Derecho como juzgador anticipado o como jefe y súbdito anticipado.

Además de estos argumentos lógicos, solo enderezados a demostrar que la norma es un juicio y que no es un imperativo y no atentatorios, por consiguiente, a nuestro parecer de que la proposición puede contener ora el primero ora el segundo con arreglo a la luz con la que la iluminamos, Cossio formula aún otro pensamiento lógico que intenta demostrar la imposibilidad de estatuir imperativos adecuados a los propósitos del legislador (v. en "Rev. de la Fac. de Derecho y de Ciencias Sociales", Buenos Aires, núm. 19, ps. 448 a 450). El nervio del argumento se basa en el hecho de que la norma disyuntiva de Cossio prevé tanto la prestación del deudor como lo que debe ser en el supuesto de la no prestación, por lo cual el mandato resulta superfluo, porque con o sin orden se cumple igualmente en los hechos una de las dos situaciones de la alternativa. Esta penetrante observación resalta precisamente cuán necesaria es nuestra distinción entre norma dirigida al juzgador e imperativo dirigido al súbdito. El juicio indica al juzgador exhaustivamente lo que debe ser, dada cierta situación: o la prestación, o (en el supuesto de su ausencia) la sanción. Pero los imperativos dirigidos al súbdito le mandan en momentos diferentes conductas bien diversas. El imperativo ordena p. ej. al inquilino pagar el día del vencimiento o, en caso contrario, tolerar el desalojo. En cada una de estas dos hipótesis actúa el inquilino con plena libertad, obedeciendo o desobedeciendo al imperativo[88].

En segundo lugar, ninguna figura lógica con sentido individual (ni juicio, ni imperativo) es substantivizable por ser todos los nombres (excepto los nombres propios) generales. En tercer lugar, un substantivo puede en abstracto tanto connotar un juicio, como una norma, como un imperativo. Un limpiabotas puede ser mía persona que limpia botas, como también una persona que debe limpiar botas, como por último una persona que recibe órdenes de limpiar botas. No Se puede poner en duda esta última posibilidad. En este orden de ideas es curioso poner de relieve que en castellano existe una voz que significa a la par mandamiento y recibir (y cumplir) mandamientos. Me refiero al vocablo la y el ordenanza. Con respecto a la llamada *reiterabilidad del juicio* (tanto del enunciativo como del imputativo) y la irreiterabilidad del imperativo seguimos, en principio, a Husserl y a Cossio (v. nuestra nota 48). Sin embargo, quisiéramos dejar constancia de dos objeciones: 1°) No creo en la ilimitada reiterabilidad del juicio enunciativo en sentido estricto. El juicio "S es P" puede ser reconducido a la indicación: "juzgo que S es P.". Pero de allí no pasamos. Las reiteraciones consecutivas no conservan el contenido del juicio reiterado, porque introducen en él el momento temporal. En rigor debiera enunciarse: "Juzgo que juzgué hace un instante que juzgué hace dos instantes... que S es P". Reiteraciones del juzgar presente chocan psicológicamente contra el principio de la estrechez de la conciencia (v. p.ej. James, Précis de Psychologie, ed. 5, Paris, Riviére, 1921, cap. 13, ps. 281 y ss.) y no constituyen sino tautologías lógicas. 2ª) No creo en la reiterabilidad en sentido estricto del juicio imputativo. El juicio: "Debe ser que debe ser tal cosa" o es una mera tautología o utiliza el primer "deber ser" con sentido diferente del segundo, p.ej. el primero en el sentido de justicia, y el segundo en el de legalidad. En cuanto, por último, a la *formalizabilidad* del juicio y del imperativo, nos remitimos a la nota 48.

88 La dificultad de construir la facultad dentro del sistema imperativista a la que Cossio igualmente alude (1. c. ps. 448, 449), se resuelve con relativa facilidad dirigiendo a la parte

b') Con la concepción egológica del Derecho.

Creemos que el móvil principal de la resistencia de la Escuela Egológica contra el imperativismo en cualquiera de sus formas reside en su concepción del Derecho. En, efecto, siendo el Derecho conducta y siendo las normas entes lógicos y, por consiguiente, no siendo Derecho, la única manera de explicarlas consiste en concebirlas como conocimiento del Derecho, Como los entes lógicos idóneos para, la cognición son los juicios, y no lo son los imperativos, las preguntas, los deseos, las suposiciones, etc., por ende, las normas habían de ser forzosamente juicios (si bien juicios imputativos) y no podían ser imperativos. O dicho de otro modo: Se opina que la doctrina de que el Derecho posee carácter imperativita nos lleva a análogo racionalismo que la tesis de que el Derecho es un conjunto de normas.

Planteando el problema de esta manera resulta que existen diversas posibilidades de compaginar el imperativismo con la doctrina cossiana del Derecho como conducta en interferencia intersubjetiva. Al efecto de exponerlas con la mayor claridad posible, es menester distinguir entre el imperativo como ente lógico —a imagen y semejanza del juicio, de la pregunta, del mego, del deseo, de la suposición, etc.— y el acto de dar órdenes.

El imperativo como ente lógico no puede ser, por esta precisa razón, Derecho. Pero cabría concebirlo como conocimiento del Derecho. Ello a su vez puede realizarse de doble manera. 1°) Se podría sostener que el imperativo es conocimiento de la conducta en su libertad. De cierto modo el imperativo se presta a ésta función mejor que el juicio imputativo disyuntivo (v. nota 42). 2°) También es imaginable alegar que, aunque el imperativo no conoce la conducta adecuadamente, cumple, sin embargo, una función cognitiva auxiliar a semejanza a como p. ej. en la Aritmética la desempeñan los números negativos o imaginarios.

Por la otra vertiente[89] es hacedero estatuir que el acto de dar órdenes constituye una conducta (como, por lo demás, también la constituyen los actos

---

contraria de la facultad un imperativo* condicionado por su ejercicio, de obidecer a la persona facultada.

89 V. ya el resumen de nuestra conferencia en la revista "Sarmiento" (Tucumán, núm. 2, ps. 9, 10) y nuestro artículo: "La naturaleza del Derecho y sus problemas" (en "Revista de Estudios Políticos", Madrid, núm. 49, 1950, ps .150 a 152). A fin de disipar todas las dudas resumimos en lo siguiente de nuevo los diferentes conceptos:

El *acto de mandar* es un acontecimiento psico-físico por tratarse de un acto recepticio. Hé aquí la diferencia con el acto del juzgar que puede ser meramente psíquico, puesto que no es recepticio. El preguntar es otro ejemplo de un acto recepticio; el suponer, ejemplo de acto no recepticio. Cualquiera de estos actos puede contener la emisión de oraciones, o sea de proposiciones verbales. Se discute, si el acto de juzgar reviste necesariamente forma serbal. Los actos de mandar y de preguntar pueden, desde luego, servirse de otra materia, como de simples gestos.

En cualquiera de los actos mencionados anida un ente lógico. Este ente lógico es el *imperativo*, el juicio, la pregunta, la suposición. El contenido del ente lógico puede ser individual o general. En el primer caso su única actualización se efectúa en el acto correspondiente; en el segundo se da una verdadera transmigración de alma y el mismo ente lógico puede animar innúmeros actos.

de emitir juicios, de preguntar, de rogar, etc.) y, además —y ello a diferencia del acto de emitir juicios—una conducta en interferencia intersubjetiva. Desde este punto de vista, el Derecho (= lo jurídicamente relevante) abarca todas clases de conductas en interferencia intersubjetiva, y, entre ellas, las conductas consistentes en dar órdenes, en cumplir órdenes y en dar ejemplo sin haber recibido órdenes. Las últimas tres especies abarcan lo que yo llamo "conducta directiva" o "conducta ejemplar", perteneciendo a la primera el Derecho legislado y a la última el Derecho consuetudinario.

c') Con la concepción egológica de la relación entre norma y conducta.

La Escuela Egológica afirma que las normas son los conceptos por medio de los cuales conocemos las conductas en su interferencia intersubjetiva. La interpretación no recae sobre las normas sino sobre las conductas: ellas han de ser interpretadas a través de las normas. La vivienda de la contradicción impedirá al juez a infringir las normas.

Si se acepta la solución propuesta en este trabajo (IV, 2, b), lo dicho sigue incólume con respecto al juzgador (1. c. c', a"). Nuestra tesis puede inclusive facilitar la concepción egológica de indudables prácticas interpretativas. Hay casos en los que aún los jueces más adictos a la nueva doctrina recurren a la

---

Las *oraciones que pueden integrar el acto* son susceptibles de ser consideradas aisladamente. En este supuesto es posible que contengan entes lógicos diversos que el acto contemplado en su totalidad. Así puede ser que un acto que abarque una pregunta verbal contenga o realmente una pregunta o un imperativo o un juicio. Por esta razón es preciso que, si sólo nos encontramos con oraciones, reconducirlas a sus actos correspondientes a fin de descubrir su verdadero significado. Ahora bien, tratándose de oraciones generales[1] en el sentido de pretender múltiples aplicaciones, es posible que dichas aplicaciones sean de diversas clases y diversas, por consiguiente, las especies de actos fundantes. Piénsese p. ej. en que una persona lea los "Viajes de Gulliver" considerándolos un "cuento de hada", y otra enfocándolos como una sátira política del tiempo de su autor; o en que una persona lea una poesía de Goethe como obra lírica y otra como documento autobiográfico. A este efecto interesa, pues, que la ley puede ser contemplada o como enjuiciamiento de las conductas dirigido al juzgador o como congerie de órdenes impartidas por autoridades y destinadas a los súbditos. En la primera hipótesis los entes lógicos implicados son juicios, en la segunda imperativos.

Norma, e imperativo son ambos entes lógicos. El imperativo es el sentido lógico de la orden dentro de sus límites subjetivos de dador y receptor de la misma. La norma es la captación del imperativo de parte ele un tercero considerándolo a la vez como legítimo. He aquí la diferencia entre la norma y el juicio comprobatorio de que A ha ordenado algo a B.

1 "General" puede ser, por lo menos, o dirigido a muchos destinatarios orden del día en un ejército); con extensión lógica comprensiva de muchos casos particulares en cada uno de los cuales una parte de la extensión de la regla se cumple {el calor dilata los cuerpos); pretencioso de muchas actualizaciones en su totalidad (cualquier obra musical, dramática, etc,). El tercer sentido de general" supone actos realizadores el segundo, en cambio, no los supone forzosamente. Una regla jurídica prevé en su extensión también actos, pero una ley de la naturaleza meramente hechos.

"voluntad del legislador" y a interpretaciones historicistas de todas clases[90]. Desde nuestro punto de vista ello puede recibir una explicación egológica correcta. El juez no ha de interpretar solamente las conductas implicadas en el juicio sino igualmente las conductas directivas, y todas ellas a través de las normas. Este hecho salta a la vista, si se trata de Derecho consuetudinario. El Derecho legal no ofrece una excepción. Si un juez restringe el sentido de una norma invocando la intención del legislador primitivo, lo que el juez hace es interpretar la conducta del legislador histórico en el acto de dar la norma a través de la misma.

La discrepancia entre nuestro punto de vista y la tesis ortodoxa parece más radical en el supuesto del súbdito. Cossio ha rechazado siempre la concepción tradicional de que la representación del contenido de la norma puede operar como móvil de su conducta, o sea ha negado que el súbdito sea obediente o desobediente. En esta materia Cossio ha resucitado la moral intelectualista de Sócrates[91]. El legislador conoce la realidad, por regla general dinámicamente, es decir antes de que los hechos de la experiencia sean como la ley lo enuncia; excepcionalmente estáticamente en el caso en el que el legislador convierte en ley una costumbre ya existente. Toda norma jurídica legislada es conocimiento jurídico reflexivo en cuanto que el legislador asume el todo de la situación objetiva por el mismo vivencialmente intuida al normar. ¿Cómo se explica entonces que la conducta de los súbditos se altera al tenor de la nueva ley? Ello se comprende, si se tiene en cuenta de que la conducta se integra con el pensamiento normativo de sí misma que le da sentido emocional y que restringe la libertad de acción. Así se modifica la conducta por creación (y no por causación, mejor dicho: motivación, como dirían los imperativistas). El súbdito actúa en frente de una nueva ley a imagen y semejanza a como cualquier persona se comporta al enterarse de un descubrimiento médico, digamos, referente al peligro dimanante de determinados alimentos. Consciente a partir de ahora de este peligro cambiará su conducta, so pena de incurrir en una vivencia de contradicción. Can esta doctrina de Cossio no es, desde luego, compatible la tesis impera ti vista esbozada. Otra cosa diferente es, si dicha doctrina ha de considerarse como parte esencial de la Teoría Egológica.

---

90 V. p.ej. la S. de la Cám. Nac. Civ, de 13 de diciembre de 1951 (Gamarra de Lyde, Ismenia c. La Superíora, S. A., en "La Ley" de 24 de junio de 1952), especialmente interesante por proceder de Agustín Alsina, Podetti y Fernández Funes que, en otra ocasión, habían dictado sentencias completamente egológicas (v. p.ej. la S. del 27 de febrero de 1951 referente al art. 450 inc. 8 del Código civil, reproducida en la "Rev. de la Facultad de Derecho y Ciencias Sociales", Buenos Aires, núm. 26, ps. 1221 y' ss.).

91 V. Cossio, Las posibilidades de la lógica jurídica, 1. c. ps. 233 y ss.; y en "Ciencia del Derecho y Sociología Jurídica", 1. c. núm. 10.

d') Con la concepción egológica de la ciencia del Derecho y de la Lógica Jurídica.

Cossio[92] sostiene que la distinción entre norma y regla del derecho es suérflua, porque tanto el órgano como el jurista, al pensar sobre el Derecho, que es conducta, lo hacen con normas: la conceptuación de ambos es igualmente normativa hasta la identidad[93]. Para captar la diferencia entre el hacer específico del órgano y él del jurista no hay que atender a la idéntica cosa que ambos hacen sino a quién la hace. Y siguiendo a Vilanova, Cossio estatuye la siguiente diferencia: "Las normas que salen de la mente del órgano se presentan como vigentes o eficaces en sí mismas —y aunque en verdad no lo fueran, como ocurre si nacen muertas o caen en desuso, así igualmente se presentan—, porque la mención intencional de la norma de un órgano a la conducta toma contacto de modo directo, en el mismo acto de la normación, con la positividad o existencia del Derecho, en cuanto que es una conducta que se conoce a sí misma pensándose como conocimiento e intuyéndose como hecho. En cambio, las normas que salen de la mente del jurista toman contacto con la positividad o existencia del Derecho, por la vida indirecta de una verificación intuitiva independiente del acto de la normación, esta vez efectuado por el jurista que intuye el hecho de los órganos o sus rastros y, por encima de todo, que intuye el comportamiento de los hombres que viven el Derecho al cual el jurista se refiere". Todo ello es exacto en cuanto el legislador actúa como juzgador anticipado, puesto que un juzgador anticipado es igual al jurista teórico que ha de contentarse con meros esquemas de casos en ausencia de los casos concretos dados solo al juzgador real[94]. No obstante, entre legislador (inclusive en su papel de juzgador anticipado) y el jurista teórico (y también el juzgador real) existe la siguiente diferencia: El legislador no interpreta su propia conducta de legislar, mientras que el jurista teórico y el juzgador han de incluirla en la congerie de conductas a interpretar. Este caso precisamente es el que ha dado lugar a la formulación tradicional del fenómeno hermenéutico la cual enuncia que se interpreta la ley. Como se ve, inclusive interpretando la ley en sentido restringido (conforme a la "mens legislatoris"), lo que se interpreta es la conducta originariamente creadora de la ley a través de la misma.

La ciencia de las normas jurídicas lleva, en rigor, el nombre de "Lógica Jurídica".

---

92 Kelsen-Cossio, ps. 125, 12.6, 131.

93 Como se verá, admite Cossio, pese a esta formulación, una verdadera diferencia entre la actividad del legislador y del jurista científico, ya que la diferencia entre el uno y el otro no se constituye sino en función de su actividad. Volcar todo el peso sobre el aspecto personal, habría expuesto la tesis de Viianova-Cossio a análogas objeciones a las que se hicieron fundadamente a la doctrina realista norteamericana al intentar definir el Derecho como actividad del juez, (v. Kantorowicz, Some Rationalism about Realism, en "Yale Law Journal", 1934, ps. 1240 a 1253).

94 Sobre estas diferencias v. nuestro trabajo: "Los juristas y sus preguntas", 1 .c.

V. ESTÁTICA Y DINÁMICA DEL DERECHO

La distinción entre Estática y Dinámica obedece, en el ver de Kelsen, a la posibilidad de contemplar el Derecho en estado de reposo como un sistema de normas, o en movimiento como un conjunto de actos jurídicos de creación y ejecución del ordenamiento. Kelsen expuso esta tesis (Kelsen-Cossio, 1. c ps. 33 a 40) a fin de incorporar de cualquier manera las conductas a la órbita del Derecho. Pero quedándose en la mitad del camino, dio lugar a la objeción fundada de Cossio de que escindía la unidad ontológica del Derecho, concibiéndolo como una yuxtaposición de entes irreales (las normas) y reales (las conductas de creación y aplicación de normas) Ante esta embestida Kelsen, como era de esperar, no se atrevió a sacrificar el elemento irreal del Derecho, sino que echó por la borda la parte real que, en vía de transacción, acabó de acoger. En este sentido el jefe de la Escuela de Viena identifica la estática con el Derecho Material y la Dinámica con el Derecho Procesal (Kelsen-Cossio, p. 150).

Como en este contexto no, nos interesa una distinción posible entre estática y dinámica del Derecho[95] sino única y exclusivamente, si Kelsen resuelve el problema ontológico del Derecho, basta decir que nos adherimos por completo a las acertadas observaciones de Cossio. En la primera edición Kelsen defiende una solución ecléctica insostenible del problema ontológico en la segunda abraza de nuevo el racionalismo tradicional.

CONCLUSIONES.

Tres preguntas hemos de contestar en estas conclusiones. La primera desea saber, si Cossio tiene la razón con respecto a Kelsen. La segunda —ya dijimos que en este pleito no rige el brocardo: ne eat judex ultra petita partium— quiere indagar, si Cossio acierta con respecto a las demás corrientes iusfilosóficas. La tercera, por último, anhela averiguar, si Cossio posee la verdad en sentido absoluto.

1) De lo que antecede es evidente que, según nuestro parecer, Cossio está en lo cierto con respecto a Kelsen en todos los puntos controvertidos. El axioma: "lo que no está prohibido, está permitido", no posee sólo una

95 La concepción estática y dinámica del Derecho, esbozada por James Goldschmidt (Prozess ais Rechtslage, § 18, ps. 227), no escinde el Derecho desde el punto de vista ontológico, sino que constituye una teoría de la doble función lógica de la norma (v. nota 75). James Goldschmidt adscribe la teoría imperativista (de la que, por lo demás, da la mejor exposición que conozco: ps. 229 a 245) al Derecho Material; y opina que la visualización de las normas como reglas decisorias de controversias es propia al Derecho Procesal. Y como el primero es estático y el segundo dinámico, se extienden estas caracterizaciones a las sendas concepciones de normas. En otro sentido todavía habla Spengler (Der Untergang des Abendlandes, München, Beck, t. II, ps. 95 a 98) de estática y dinámica jurídica. Spengler afirma que los conceptos jurídicos de los romanos que aún hoy en día gravitan sobre nuestra ciencia jurídica, son conceptos de substancia, mientras que necesitamos conceptos funcionales, todo ello en el sentido de la conocida obra de Cassírer, Substanzbegriff und Funktionsbegriff, 1910. Acerca de los estático y dinámico en Kelsen v. también Gioja, Zur Problematik der reinen Rechtslehre (en "Oesterreichische Ztschrft. f. Oeffentliches Recht", t. VI, cuaderno 2, 1954, ps. 251 a 253)

función lógica sino que reviste importancia Mitológica. Intuimos el Derecho como conducta en interferencia intersubjetiva. La "Teoría Pura del Derecho" es exclusivamente Lógica Jurídica. No es cierto que la ley contenga solo prescripciones; la ley comprende también juicios imputativos. No es posible concebir el Derecho como una yuxtaposición de entes ideales (normas) y entes reales (conductas de creación y aplicación de normas).

2) La "Escuela Egológica" es en la actualidad el cuerpo de doctrinas iusfilosóficas más importante en el sentido de que ninguna otra corriente comprende con tanta amplitud y tanta profundidad los problemas iusfilosóficos y las enseñanzas jurídicas y filosóficas.

3) Ahora bien, nuestro espíritu, en su condición "carnal", apetece la verdad, pero aún en el caso más afortunado solo avanza en el camino hacia la verdad. Por esta razón no debemos considerar ninguna tesis, adoptando la profunda distinción de Gabriel Marcel, como parte de nuestro patrimonio ("avoir") sino como integrando nuestro ser ("étre"), sometida ella continuamente a nuevos exámenes y sucesivas precisiones. El pensador, dice Marcel[96], a diferencia del doctrinario[97], está perpetuamente en guardia contra ésta enajenación, esta petrificación posible de su pensamiento: permanece en un estado perpetuo de creación y todo su pensamiento está en todo momento puesto a prueba. En toda Escuela —y también en la Escuela Egológica— se toman fácilmente las doctrinas básicas como puertos de arribo; y se invierte la energía o en sacar conclusiones o en combatir a opiniones equivocadas. Pero aunque todo ello es muy importante, también lo es continuar la tarea de afinar las mismas doctrinas básicas. Nuestra modesta reseña, concebida en la "sombra de los titanes", quisiera iniciar, en el seno de la "Escuela Egológica", esta "crisis de fundamentos"[98] que nos parece garantía de su continuada fertilidad y pujante expansión. La "Escuela Egológica" está merecidamente a la cabeza del movimiento iusfilosófico del mundo. Para permanecer en su puesto, no ha de olvidar que también "the price of truth is eternal selfvigilance".

96 Esquisse d'une "phenoménologie de l'Avoir (en "Recherches Philosophiques", t. III, 1933-34, ps. 58 y ss., sobre todo p. 69).

97 A él pueden aplicarse los versos de Goethe, West-östlicher Divan (Hafis Nameh): "Dein Lied ist drehend wie das Sterngewölbe, Anfang und Ende immerfort dasselbe."

98 "Das Niveau einer Wissenschaít bestimmt sich daraus, wie weit sie einer Krisis ihrer Grandbegriffe fáhig ist" (Heidegger, Sein und Zeit, p. 9).

Conducta y Norma

2) Construcción jurídica de la paz dictada (comentarios a una teoría poco advertida de Mendizábal)[1]

SUMARIO: Introducción. — I. Teoría dominante acerca de la terminación de la guerra. 1) Siglo XVII: Grocio 2) Siglo XVIII: Vattel; 3) Siglo XIX: Heffter; 4) Siglo XX: a) Grupo anglosajón, b) Grupo latino, c) Grupo germánico. — II. La paz dictada. 1) Concepto de la paz dictada. 2) Clases de la paz dictada, a) Paz dictada de subyugación o de creación, b) Paz dictada de recreación o de creación nueva. 3) Naturaleza jurídica de la paz de creación, a) No es tratado, b) Es una declaración unilateral del Derecho Internacional Público, a') Admisibilidad de declaraciones unilaterales en el Derecho Internacional Público, b') La paz de creación como declaración unilateral de reconocimiento (problemas, contenido, forma, efectos), c) Es también una ley interna. 4) Legitimación de la paz dictada.

Introducción

Luis Mendizábal y Martín, catedrático que fue de Filosofía del Derecho en la Universidad Central, expone en su "Tratado de Derecho Natural" (Madrid, Imprenta de Julio Cosano, 1920) una teoría que, pese a su gran importancia sistemática para el Derecho Internacional Público, ha escapado a la atención de los letrados.

Mendizábal se ocupa en el pasaje sobre el cual deseamos llamar la atención, de las causas extintivas de la guerra. Su doctrina sobre tal particular es

---

1 "Revista General de Legislación y Jurisprudencia", Madrid, 1945, julio-agosto: año 89, tomo X, 178 de la Colección.

Cuando redacté el subtitulo de este estudio: "Comentario a una teoría poco advertida de Mendizábal", no pude prever que mi propio análisis, pese a la actualidad del tema y la abundante literatura posterior a aquél, iba a participar del destino de la teoría de Mendizábal. ¡Pase que ello haya ocurrido en la literatura extranjera! Lo realmente desconcertante es que el trabajo ha corrido idéntica suerte en la literatura hispánica (v. p.ej. Modesto Suárez. La existencia jurídica de Alemania, en "Revista Española de Derecho Inter-nacional", II, 1, ps. 129 y ss.; Carlos Pizarro Crespo, El problema de la extinción de los Estados y la situación actual de Alemania, en "Revista Jurídica de Córdoba", R. A., II, 1948, ps. 5 y ss.). No es posible cerrar los ojos a la evidencia de que en el espacio lingüístico hispánico las traducciones de lenguas extranjeras descartan la producción escrita originariamente en castellano. Quisiera conocer la relación entre este triste hecho y la ley de Gresham.

la siguiente[2]: "Los tratados de paz, o son un contrato o son una ley impuesta por el vencedor. En este último caso, el tratado es nulo considerado como contrato; únicamente podría valer considerándolo como una ley impuesta por la coacción, cuando sea el titular del derecho agraviado el que la imponga, y se hallen comprendidas sus pretensiones dentro de los límites del derecho de satisfacción que le asiste." Mendizábal da en este breve párrafo y en recuerdo del Tratado de Versalles, forma jurídica a la institución de la paz dictada. En lo que sigue expondremos, en primer lugar, la teoría dominante acerca de esta materia; y, en segundo y principal lugar, la adecuada concepción de la misma.

I. TEORÍA DOMINANTE ACERCA DE LA TERMINACIÓN DE LA GUERRA

Dada la imposibilidad de agotar la literatura que se ocupa de nuestro tema, nos contentamos con estudiar libros representativos de siglos y grupos culturales.

I" Siglo XVII-.Hugo Grocio. — Trata de la cesación de la guerra en el vigésimo capítulo del tercer libro "Del derecho de la guerra y de la paz" (1625). En principio, la guerra termina siempre por contrato, o por pacto propiamente dicho, o por consentimiento referido a otra cosa, como las suertes, el éxito de la batalla, la pronunciación del arbitrio (1. c. I). Por el tratado de paz todo el reino puede ser enajenado. La facultad de enajenar corresponde al rey en los reinos patrimoniales; en los reinos, en cambio, en los cuales el monarca es mero usufructuario, el consentimiento ha de ser dado por el pueblo (1. c. V). Sea dicho de paso tan sólo que la distinción entre reyes propietarios y reyes usufructuarios todavía se halla en Christian Wolff, mientras que su discípulo Vattel la rechaza: los reyes son siempre meros usufructuarios. El rey cautivo carece de capacidad de obrar (1. c. III, 1). Un país beligerante puede someterse al arbitrio del vencedor mediante una rendición incondicional (1. c. XLIX y L). El que se rinde se convierte en súbdito del vencedor. Hay que distinguir lo que debe aguantar el vencido y lo que el vencedor debe hacer. El vencido después de la rendición, ha de aguantarlo todo, como súbdito que es: No hay cosa alguna que no puede serle quitada, aún la vida y la libertad personal, mucho más los bienes, no sólo los públicos, sino también los particulares. Mas para que el vencedor nada haga injustamente, debe ver que a nadie mate, sino al que personalmente lo mereció; así también que a nadie quite cosa alguna, sino en justa pena. Mas dentro de este modo, cuanto lo permite la seguridad, siempre es honesto propender a la clemencia y liberalidad, y a veces es necesario, según las circunstancias y aun por la regla de las costumbres. No importa que el que se entrega diga que se entrega a la sabiduría o a la moderación o a la misericordia, pues todo esto son palabras suavizadoras; la cosa misma queda en pie: que el vencedor es árbitro.

2° Siglo XVIII: Vattel. — Aborda nuestro tema en diferentes partes de su obra: "El derecho de gentes o principios de la Ley Natural aplicados a la conducta y a los asuntos de las naciones y de los soberanos". (1758). En el tercer libro, dedicado al "Derecho de Guerra", Vattel analiza en el párrafo 201, incluido en el capítulo decimotercero, la conquista del territorio enemigo. De

---

2 L. c. núm. 941, págs. 1272 y 1273.

tres maneras puede el vencedor explotar su victoria: puede incorporar a su país el territorio vencido; puede gobernarlo con arreglo a las leyes del país vencido sustituyendo meramente el Gobierno vencido por el propio; y puede, por último, tratarlo como Estado aparte, dejando intacta su forma de gobierno. El cuarto libro, consagrado a la paz y a las embajadas, contempla en su segundo capítulo los tratados de paz. Vattel remite en este lugar (§ 11) a lo dicho anteriormente con ocasión de la conquista, y añade que en el caso de una ocupación total sólo el soberano del país ocupado —y no la representación del pueblo— tiene derecho a negociar la paz. Un rey prisionero no puede obligar a su nación (§ 13).

3° Siglo XIX: A. G. Heffter. —Expone nuestro tema en el cuarto capítulo del segundo libro de su obra: "El Derecho Internacional Público actual de Europa (1844)[3]. Los únicos modos verdaderos de terminarse la guerra son: 1") La cesación general de las hostilidades y el restablecimiento de las precedentes relaciones de amistad entre las potencias beligerantes; 2") La sumisión absoluta, incondicional, de uno de los Estados beligerantes al otro; 3") La celebración de un tratado de paz en regla. La cesación general de las hostilidades constituye un convenio tácito. La sumisión puede ser absoluta o condicional. Aún la sumisión absoluta debe siempre interpretarse según las leyes de humanidad, de modo que el vencedor no tiene en manera alguna el derecho de exigir o imponer aquello que el hombre no tiene derecho de imponer al hombre. El Estado vencedor adquiere el poder soberano y absoluto sobre el Estado vencido. Heffter polemiza contra Cocceji, "Disputationes de jure victoriae"" (§§ 10 a 32), el cual mantiene que el soberano vencedor no adquiere sobre el territorio conquistado otros derechos que los que ejerce sobre su propio territorio. El vencedor puede hacerse cargo del país vencido o cederlo a otro soberano. Se llaman tratados de paz los convenios mediante los cuales dos o más soberanos declaran de una manera solemne terminadas las hostilidades entre ellos, no cayendo ninguno bajo la dependencia absoluta de otro. En esto se distingue un tratado de paz de la sumisión ("deditio") propiamente dicha.

Siglo xx. — Echemos una ojeada sobre algunos libros representativos de los grandes grupos de la civilización actual.

a) Grupo anglosajón: Oppenheim[4] enseña que la guerra termina por el cese de las hostilidades, por "subjugation" (— conquista + anexión) y por tratados de paz. Aunque la conquista completa, conjuntamente con la aniquilación de las fuerzas enemigas, pone fin a la guerra real, formalmente la guerra no ha terminado todavía, puesto que todo depende de la resolución del vencedor que puede restablecer en sus derechos, total o parcialmente, al jefe del Estado prisionero o expulsado, en cuyo caso se concierta un verdadero tratado de paz (| 264, p. 427; § 265, p. 428). No obstante, en otro lugar, no muy apartado por cierto, declara Oppenheim que un jefe de Estado prisionero no puede celebrar válidamente tratados de paz (p. 435, nota 1). La teoría domi-

3 Hay una traducción española de G. Lizárraga (Madrid, Suárez, 1875) hecha con arreglo a la 5ª edic. alemana.

4 Oppenlieim-Arnoid D. M. McNair, International Law, A. Trealise (4ª edic. Tomo II, 1926).

nante pontifica, por lo demás, que la coacción bélica no invalida los tratados de paz[5].

b) Grupo latino: Diena[6] enumera como modos extintivos de la guerra el cese efectivo de las hostilidades, la "debellatio" por la cual el Estado vencido deja de existir, y los tratados de paz. La violencia bélica ejercida por el vencedor sobre el vencido no invalida los tratados de paz[7].

c) Grupo germánico: Hatschek[8] sostiene que la guerra termina siempre por negocio jurídico unilateral —por ejemplo, cese de las hostilidades o conquista y anexión—o por negocio jurídico bilateral, a saber, por tratado de paz. La fuerza bélica aplicada por el vencedor contra el país vencido no anula el tratado de paz[9].

Strupp[10] mantiene el mismo criterio, con la única diferencia de que concibe el cese de las hostilidades como un tratado tácito. No obstante, al hablar de la cesión[11], Strupp expresa la siguiente opinión: Ocurre a veces que un Estado venza a otro por completo, dejándose comprobar por el vencido su propia destrucción en un documento que reviste forma de tratado. Así se puede dudar si la "paz" de Praetoria, del 31 de mayo de 1902, entre Inglaterra y los Estados de les Beers, posee el carácter de un tratado entre dos Estados o si Inglaterra ya poseía la soberanía dentro de estos territorios. Liszt-Fleischmann[12] distigue los modos usuales de extinción de la guerra, sin calificar jurídicamente ni el cese de hostilidades ni la subyugación. En este último caso el conquistador puede disponer libremente de la parte conquistada del Estado, por ejemplo, crear un nuevo Estado, conforme ocurrió en la fundación del reino de Polonia el 5 de noviembre de 1916 por Alemania (1. c., § 17. I, 2, p. 140). En cuanto a vicios de consentimiento, Liszt había defendido la doctrina dominante, consignada ya oportunamente. Fleischinann en vista del Tratado de Versalles, añade (1. c. § 30, IV, 7, p. 223): "Pero hoy ya no basta esto. La oposición al Tratado de Bardo entre Francia y Túnez (1881) por parte de Turquía, que alegaba la violencia, podía ya dar que pensar. Podrían hacerse investigaciones más profundas después de la experiencia de los Tratados para la terminación de la guerra mundial. Las mismas potencias aliadas señalan el camino, cuando en el art. 293 del Tratado de Versalles (correspondiente al art. 245 del de St. Germain) disponen que, si después del 1° de agosto de 1914 una potencia aliada, Rusia o un territorio ruso, "se hubieran visto precisados a otorgar concesiones, privilegios o favores de cualquier índole a Alemania o a un súbdito alemán, mediante disposiciones dictadas por una autoridad pública cualquie-

5 V. opiniones citadas en Pitt Cobbett-Francis Temple, Cases on International Law, vol. I: peace (5ª edic. London, 1931, § 161, ps. 333 y 334).

6 Julio Diena, Derecho Internacional Público (trad. de la 4ª ed. por Trías de Bes, Bosch, 1941. §94, p. 648 y ss.).

7 L. c. §63, p. 433.

8 Völkerrecht (1923, §29, p. 363).

9 L. c. § 20. ps. 235 y 236.

10 Grundzüge des positiven Völkerrechts (4ª ed. 128. §45, I, pág. 224, y § 18, VIL p. 127).

11 L. c. §5, I, c. pág. 53.

12 Derecho internacional público (trad. por Miral, Barcelona 1929, §69, p. 495).

ra, a consecuencia de una ocupación militar o por otros medios o causas, estas concesiones quedan anuladas en el acto y sin más requisitos por el presente Tratado". Con estas palabras se reconoce amplia y fundamentalmente que la fuerza puede invalidar el derecho, aun en los tratados de guerra".

II. La paz dictada

La doctrina dominante ha de ser modificada en el sentido de que procede establecer una distinción entre paz concertada y paz dictada. La subyugación pertenece a la figura de la paz dictada.

El cese de las hostilidades, conservando ambos beligerantes su independencia jurídica (o ganándola uno de los dos, como puede ocurrir durante el curso de una guerra civil), pueda quizás enmarcarse en el concepto de la "paz concertada", el cual, en esta hipótesis, habría de ser subdividido en paz concertada expresa y paz concertada tácita. Mas pausamos limitarnos en este lugar a la paz dictada.

1) Concepto de la paz dictada.

La paz dictada consiste en la realización de la voluntad del vencedor de una guerra, terminada esta última con la "debellatio" del adversario.

Toda paz dictada supone, pues, principalmente la "debellatio" del adversario. La "debellatio" a su vez, supone siempre una guerra efectiva. Se podría pensar en equiparar la "debellatio" mediante actos reales de guerra a la "debellatio" conseguida en virtud de la mera amenaza de guerra, o se«, a causa de una llamada "guerra de nervios". No obstante, no conviene esta ecuación. Por desproporcionada que resultase la relación de medios bélicos, si no precedió guerra alguna, siempre sigue en pie la posibilidad de una resistencia; tal vez numantina, pero resistencia al fin.

Después de actos reales de guerra, la "debellatio" puede revestir diferentes formas. La ocupación total del territorio enemigo la patentiza en forma ostensible. Puede ser suficiente la ocupación de la metrópoli o de meras partes de la misma. Pero es más: ni siquiera hace falta que el vencedor haya puesto su pie en territorio enemigo, con tal que hubiese destruido sus fuerzas militares y morales —tal vez dentro del territorio del mismo vencedor—, de guisa que el vencido se rinde incondicionalmente. Por otro lado, la "debellatio" no es completa, pese a una ocupación total, si el Gobierno legítimo se halla refugiado en un país aliado y la guerra entre el vencedor y los aliados del vencido sigue su curso, ya que en este caso, la ocupación posee mero carácter provisional.

Finalmente, la existencia de varios vencedores, de los cuales uno ocupa total o parcialmente el territorio de otro, el cual en el curso de la guerra ha perdido todos sus medios bélicos, no convierte nunca la paz en una paz dictada, a no ser que lo fuera en relación con el vencido y con independencia de la mencionada circunstancia.

2) *Clases de paz dictada.*

a) La paz dictada puede revestir dos formas: la subyugación y la creación. La subyugación incorpora al territorio del vencedor el país vencido. La creación constriñe con el material del vencido una nueva persona jurídica o varias nuevas personas, siempre dentro del ámbito del Derecho Internacional Público. Como la omisión de la doctrina dominante se refiere a la paz de creación, prescindimos en lo que sigue de la subyugación.

b) La paz dictada de creación puede limitarse a recrear al Estado vencido de forma más o menos modificada (paz dictada de recreación). Pero también pueden colocarse en lugar del país vencido otros Estados completamente diferentes (paz dictada de creación nueva). La paz dictada de creación puede asimismo unir ambas formas, recreando el país vencido con territorio muy disminuido y creando simultáneamente nuevos sujetos del Derecho Internacional Público con los territorios así adquiridos[13].

3) *Naturaleza jurídica de la paz dictada de creación.*

Tres soluciones se han mantenido acerca de este particular.

a) La creación es un tratado. — La doctrina dominante enfoca la paz dictada que no termina con la subyugación, como un tratado hecho entre el vencedor y el vencido, sea que no le dedique especial atención encuadrándole en la institución de la paz concertada, sea que lo diga expresamente, como vimos que lo hace Qppenheim. No obstante, tal construcción es inconsecuente dentro de la ciencia actual del Derecho Internacional Público, resistiendo tampoco a una crítica externa.

La crítica interna, a su vez, es doble: el país vencido no puede celebrar válidamente tratados porque existe coacción; además el país vencido ha perdido su personalidad jurídica a causa de la "debellatio".

En efecto, desde los albores del Derecho Internacional Público, los autores enseñan que un Jefe de Estado capturado carece de capacidad de concertar un

---

13 El esquema completo de las causas extintivas de la guerra es, por consiguiente, el que a continuación transcribimos:

Causas extintivas de la guerra.

I. Paz concertada:

1° Mediante un tratado tácito: cese de hostilidades.

2° Mediante un tratado expreso: Tratado de paz en sentido estricto.

II. Paz dictada:

1° Subyugación.

2° Creación.

a) Recreación;

b) Creación nueva.

V. también con respecto a esta materia Phillipson, Termination of War (1916).

tratado de paz válido[14]. En caso de la "debellatio", todo el pueblo vencido se halla capturado. Es, pues, inconsecuente si la doctrina dominante le permite, no obstante, negociar un tratado de paz. Además, en la teoría general de los tratados, los autores admiten que vicios del consentimiento anulan la validez de los tratados. A renglón seguido suelen establecer una excepción para la coacción en los tratados de paz. La única razón que alegan para tan extraña salvedad es que, en caso contrario, la mayoría de los tratados de paz seria nula. Este resultado sería, realmente, absurdo. Pero la conclusión nos parece precipitada. La paz dictada es perfectamente válida, aunque no lo es como tratado. El afán obstinado de construir la paz dictada como tratado se basa en la mayoría de los autores en la creencia consciente o inconsciente de que sólo los tratados vinculan.

La segunda inconsecuencia de la doctrina dominante consiste en el abandono del requisito de la soberanía como elemento esencial de la personalidad jurídica en el Derecho Internacional Público. Todo sujeto del Derecho Internacional Público ha de ser soberano. Soberanía ¡no significa independencia jurídica de un Estado del Derecho Internacional Público, ni tampoco independencia completa de hecho de los demás países: todo Estado debe obedecer al Derecho Internacional Público, y tiene que tomar en cuenta los deseos de sus vecinos. Soberanía significa independencia jurídica de un Estado de cada uno de los demás. Ahora bien; con la sumisión completa de hecho, el Estado sometido se convierte, también jurídicamente, en parte integrante del país vencedor y pierde, al menos provisionalmente, su soberanía, dependiendo el carácter transitorio o definitivo de esta pérdida del prudente arbitrio del vencedor. Por tanto, la ciencia del Derecho Internacional Público es inconsecuente, si admite la celebración de tratados con entidades que carecen de personalidad jurídica[15].

Desde el ángulo de una crítica externa, y sobre todo metodológicamente, la tesis páctista es igualmente errónea. La terminación de una guerra entre dos países en cierto equilibrio de fuerzas y la estructuración de la paz, impuesta por el vencedor al vencido, son dos fenómenos de la vida completamente distintos, cuya reglamentación conforme a un sólo molde da lugar a violencias, tergiversaciones e infracciones jurídicas.

---

14 El Marqués de Olivart, Derecho Internacional Público (5ª ed., Madrid, 1906, pág. 126, §55), mantiene el criterio opuesto.

15 Según J. L. Klüber,, Droit des gens moderne de l'Europe (Paris, 1861, §143, nota e, p. 184), se halla ya la verdadera tesis en el número de junio de 1813 de la revista "Minerva" en la p. 425.

b) ha creación contiene una declaración unilateral de Derecho Internacional Público[16].

a') Su admisibilidad en el Derecho Internacional Público.

La doctrina dominante admite múltiples declaraciones unilaterales en la órbita del Derecho Internacional Público, Las mismas pueden dividirse en declaraciones de conocimiento (por ejemplo, las notificaciones) y declaraciones de voluntad. Estas últimas pueden ser sencillas (por ejemplo, la declaración de ruptura de relaciones, declaración de guerra) o complejas, pudiendo basarse éstas a su vez o en hechos (por ejemplo, el reconocimiento o la protesta) o en relaciones jurídicas (por ejemplo, la renuncia o la denuncia[17]. Aun los autores que derivan la vinculatoriedad del Derecho Internacional Público del brocardo: "pacta sunt ser van da" reconocen (si bien no explican) la existencia de declaraciones unilaterales de voluntad. Recordemos que en el Derecho civil existe también cierta enemiga a las declaraciones unilaterales, la cual puso obstáculos al reconocimiento de la "pollicitatio". Sin embargo, la vinculatoriedad de las declaraciones unilaterales no es más enigmática que la de los tratados. Para los yusnaturalistas esta afirmación es obvia. El Derecho Natural constituye un orden objetivo que puede sancionar por igual declaraciones unilaterales y contratos. Mas para los positivistas tampoco ha de haber dificultades. Los positivistas que identifican el fundamento del Derecho Internacional Público con sus fuentes, pueden recurrir al Derecho consuetudinario. Los demás positivistas que distinguen entre fundamento y fuentes suelen basar el Derecho Internacional Público en la norma hipotética de "pacta sunt servanda". Bien es verdad que esta forma ha de ser abandonada de todos modos, puesto que no explica que los tratados inmorales o consentidos viciosamente no obligan. Pero no lo es menos, que se podría acudir a otra norma hipotética expresiva de la vinculatoriedad de declaraciones morales de voluntad. Sólo aquellos positivistas que derivan el Derecho Internacional Público, no de la norma hipotética de "pacta suna servanda", sino de los mismos pactos, han de oponerse desesperadamente a la licitud de las declaraciones unilaterales. Mas un hecho psicológico y sociológico como lo es un pacto, no puede explicar jamás una institución normativa como lo es la vinculatoriedad de un pacto o de declaraciones unilaterales.

---

16 V. también Hyde, International Law (2* ed. 1945, ps. 2386 a 88) y su nota sobre el fin de la guerra en "Columbia Law Review", marzo, 1947, vol. 47, n9 2, p. 258, así como Mohamed Hussein Haekal Pacha, Les traites inégaux (en "Revue Egyptienne de Droit International", y. V, Alejandría, 1949, ps. 1 a 16).

17 El sistema de los actos unilaterales es pues, el que sigue:

Declaraciones unilaterales.

I. Declaraciones de conocimiento.

II. Declaraciones de voluntad.

1° Sencillas.

2° Complejas.

a) De hechos.

b) De situaciones jurídicas.

b') La paz dictada de creación.

Opinamos que se trata del reconocimiento de un nuevo Estado (o de varios nuevos Estados). Como es sabido, la ciencia del Derecho Internacional Público discute respecto a esta institución, en lo fundamental, tres problemas:

1°) ¿Es el reconocimiento constitutivo o declarativo?

2°) ¿Es el reconocimiento unilateral o contractual?

3°) ¿Es el reconocimiento voluntario u obligatorio?

A estos tres problemas específicos del reconocimiento, cuya discusión en este lugar se limita a lo que afecta a nuestro tema, pueden agregarse tres interrogantes generales:

1°) Contenido del reconocimiento.

2°) Forma del mismo.

3°) Sus efectos.

La paz dictada contiene un reconocimiento constitutivo: no reconoce lo que es, sino recrea la personalidad del país vencido o crea sujetos enteramente nuevos. Se podría objetar que hubiéramos de distinguir entre la concesión efectiva de la independencia y el subsiguiente reconocimiento declarativo. Pero, en primer lugar, el reconocimiento puede preceder a la concesión efectiva de la independencia, aunque en este caso su eficacia depende de su realización. Podemos citar como ejemplo del reconocimiento de un Estado a formar el artículo 88 del Tratado de Sèvres: "La Turquie déclare reconnaitre, comme l'ont déjá fait les Puissances alliées, l'Arménie comme un État libre et indepéndant." En segundo lugar, aunque el reconocimiento expreso siguiese a la creación efectiva del nuevo Estado, esta misma siempre constituiría un reconocimiento tácito y, por ser simultáneo con la creación, constitutivo. Creemos, por consiguiente, que, mientras que el carácter declarativo o constitutivo del reconocimiento puede ser objeto de controversias si el Estado que reconoce es ajeno al proceso de formación del Estado reconocido, no debe haber dudas acerca del carácter constitutivo del reconocimiento si el Estado reconocido debe su existencia al Estado que le reconoce.

Por ser constitutivo, el reconocimiento es unilateral. La bilateralidad supone lo que es precisamente el efecto del reconocimiento: dotar a la entidad reconocida de personalidad internacional. Hay autores que creen poder combinar el carácter constitutivo del reconocimiento con su construcción como tratado, teoría contradictoria que psicológicamente se explica por el afán de los mencionados intemacionalistas de reducir todos los fenómenos a pactos, para aplicarles la norma hipotética de: "pacta sunt servanda"[18].

La concesión de la independencia es voluntaria. El vencedor tiene derecho a anexionarse a los vencidos, aunque --—como dice Vitoria— "esto no se debe hacer con frecuencia y por cualquier causa de guerra justa"[19].

18 Aazilotti: Völkerrecht (trad. alemana, Gruyter, 1929, página 117 y siguientes).

19 Véase la reciente y magnífica exposición de "Luis de Molina y la Escuela Española del siglo XVI en relación con la ciencia y el Derecho Internacional moderno", en P. Lucas García Prieto, La paz y la guerra (Zaragoza, 1944').

El reconocimiento contenido en la paz dictada de creación puede hacerse tanto bajo condiciones como "sub modo". Bélgica fue reconocida bajo la "condición" de ser neutralizada. Los Estados Balcánicos en el Congreso de Berlín fueron reconocidos con la "condición" de observar en su ordenamiento interno el principio de la libertad religiosa (arts. 34, 43 y 27 del Tratado de Berlín del 13 de julio de 1878). En los tratados de paz siguientes a la primera guerra mundial, se insertaron disposiciones para la protección de las minorías: así en el concluido con Polonia el 28 de junio de 1919 y en los firmados en Saint Germain el 10 de setiembre de 1919 con el reino de los servio-croatas y eslovenos y con la República Checoeslovaca, como así también en el de 10 de agosto de 1920 con Rumania. No se puede suponer que una cuestión tan importante como la existencia de un Estado ha de depender del cumplimiento o incumplimiento de una condición; y, por ende, todas las cláusulas impuestas han de interpretarse, en caso de duda, como modales: obligan, pero no resuelven.

La forma de la paz dictada es libre. Sobre todo, no han de observarse las solemnidades de los tratados. Ninguna intervención de ningún órgano del país vencido posee la más mínima importancia jurídica. El país vencido no tiene que firmar ni ha de ratificar el dictado de paz[20]. Por lo demás, la paz dictada puede ser expresada o exteriorizada mediante actos concluyentes. Si existen varíos países vencedores, la paz impuesta se hallará contenida en un auténtico tratado entre los diferentes vencedores. No obstante, el país vencido no interviene jurídicamente en el tratado. Tampoco trátase de un tratado entre los vencedores a cargo del país vencido, puesto que tal concepción supondría ya la personalidad del vencido. Mas bien, aun en esta hipótesis existen meramente varios reconocimientos modales paralelos de los diversos vencedores, prescindiendo de las cláusulas auténticamente contractuales entre los vencedores.

Los efectos de la paz dictada son que el sujeto pasivo de la misma constituye un nuevo sujeto del Derecho Internacional Público. Los vencedores le reconocen por medio del dictado de paz. Los países neutrales han de reconocerle con arreglo a los principios generales. En la relación entre vencedores y vencidos rige, em primer lugar, el contenido del dictado de paz; en segundo lugar, deben aplicarse las reglas de la llamada sucesión de Estados. Desde este punto de vista, la distinción entre paz de recreación y de creación nueva cobra realce. En el caso de la paz de recreación, en caso de duda, los derechos y obligaciones anteriores a la guerra han de considerarse como subsistentes, mientras que en la hipótesis de la paz de creación nueva la presunción opuesta reclama aplicación. En la relación entre los Estados neutrales y el país vencido hemos de atenemos a las ya mencionadas reglas sobre sucesión de Estados.

c) La paz de creación como ley interna: La tercera tesis concibe la paz dictada como una ley. Tal es, como vimos al principio de estas líneas, la opinión de Mendizábal. La subyugación, desde luego, se realiza mediante una ley[21].

20 En la Conferencia de Moscú de 1947 insistieron sólo los rusos en la necesidad de que Alemania firmare y ratificare el proyectado tratado de paz; americanos, ingleses y franceses querían prescindir de la intervención alemana (v. ABC, Madrid, del 26 de marzo de 1947, p. 12).

21 La Ley 'de Garantías italiana del 13 de mayo de 1871 nos brinda un buen ejemplo.

Pero también la paz dictada de creación puede considerarse bajo este ángulo que no es, ni mucho menos, incompatible con el anterior.

En efecto, si nos recordamos que la "debellatio" convierte al país vencido en parte del territorio vencedor, comprendemos que el dictado de paz puede enfocarse como una ley interna del Estado vencedor, con arreglo a la cuál éste confiere a una provincia determinada suya la independencia en la forma fijada en la ley. A la vez, el dictado de paz puede concebirse como la Constitución del nuevo Estado.

La consideración de la paz dictada como ley no es incompatible con su enfoque como declaración unilateral del Derecho Internacional Público. Bien es verdad que tal afirmación no es legítima dentro del sistema dualista, aunque aún en ésta hipótesis el expediente de la recepción material nos allanaría el camino. En cambio, desde el ángulo monista, inspirado en la primacía del Derecho Internacional Público, cada fuente de grado superior puede considerarse a la vez como cualquiera de las fuentes inferiores, ya que las últimas derivan su validez de las primeras. Así, un tratado o una declaración unilateral internacional es a la vez ley interna.

4°) Legitimación de la paz dictada.

Para que la paz dictada sea legitima, es preciso, en primer lugar, que la guerra haya sido justa para el vencedor; en segundo lugar, que la nueva reglamentación organice "la tranquilidad en el orden".

La justicia de la guerra supone, según Santo Tomás, tres requisitos: Autoridad del que la declara, justa causa y recta intención de los combatientes[22]. El primer requisito desea evitar las guerras privadas. El inferior, dice Santo Tomás (1. c.), puede protestar en debida forma ante su superior: "Jus suum in judicio superioris prosequi"; no tiene que acudir a la guerra. Hoy día este requisito posee relativamente poca importancia. La justa causa consiste en una infracción grave del derecho. Por ello, la guerra justa es siempre jurídicamente defensiva, aunque militarmente puede ser ofensiva. La recta intención se encamina hacia el fomento del bien o la evitación del mal.

Respecto a la paz, San Agustino pronuncia las siguientes palabras: "La paz de los hombres es la ordenada concordia; la paz de la casa, la conforme uniformidad que tienen en mandar y obedecer los que viven en ella: la paz de la ciudad, la ordenada concordia que tienen los ciudadanos y los vecinos en ordenar y obedecer; la paz de todas las cosas, la tranquilidad del orden, y el orden no es más que una disposición de cosas iguales y desiguales, que da a cada una su propio lugar" ("De Civ. Dei", lib. XIX, cap. XIII).

22 Summa Theologica, 2ª, 2ª e., q. 40, art. 1°. Y. también P. Tamayon, Los tratados de paz injustos, en "Estudios Franciscanos", abril de 1950, vol. 51, n° 277.

3) Controversias y soluciones

Guerra, duelo y proceso*

Introducción

El presente trabajo no pertenece a la Filosofía jurídica en sentido estricto, sino a aquella congerie de problemas que se designan can el nombre de "Teoría general del Derecho". En efecto, no tratamos nosotros, al esbozar la problemática de las controversias y de sus soluciones, de la aplicación de la gnoseología, de la metodología o de la meta crítica a la materia jurídica. Lo que hacemos es indicar la esencia de determinados conceptos que aparecen en ciertas partes de la ciencia jurídica[1]. Los métodos de que nos servimos en esta tarea son principalmente la intuición eidética para captar el meollo de los problemas y la inducción incompleta para confrontar el resultado de la primera con el de la segunda.

II. Las controversias y sus soluciones

a) parte general

1. *Controversias.*

a) Concepto. — La controversia supone dos personas en pie de igualdad que sostienen tesis diferentes sobre la estructura o sobre la transformación del mundo. Cada una de estas personas se llama parte y cada parte puede componerse de varios individuos que entre sí no tienen que hallarse necesariamente en igualdad de condiciones.

La igualdad de las partes resulta respecto a las controversias sobre la estructura del mundo del hecho de que ésta es asequible a la razón humaba, y de la presunción de que todos los hombres son igualmente "razonables". En cuanto a la transformación del mundo, la igualdad de las partes dimana de la presuntiva igualdad dinámica de las voluntades en tela de juicio, la cual no debe confundirse con la desigualdad de poderes de realizar la correspondiente voluntad. La inicial igualdad de las partes puede resultar modificada por vivir ambas dentro de un sistema de convivencia que favorece unilateralmente a una de ellas. Piénsese, por ejemplo, en el llamado proceso penal de acusación cotí el Ministerio fiscal como parte formal.

---

* Este trabajo fue publicado en la "Revista de Estudios Políticos", número 54, 1950, ps. 77 y ss.

1 Véase Werrter Goldschmidt, Comentarios acerca de la sistemática Cossiana de la Filosofía jurídica, págs. 32 y 33. Córdoba, 1946.

No se trata de una controversia si una persona tiene poder de mando sobre otra, como el padre sobre los hijos menores de edad, el marido en muchos Derechos positivos sobre la mujer, el juez sobre las partes. Pero esta relación de mando no está reñida con la alegación de razones por parte del que manda ni con las objeciones del que obedece, inclusive hechas al que manda. Mencionamos los considerandos de los autos y sentencias, por un lado, y los "recursos horizontales"[2], como la reposición o la súplica, por el otro.

b) Clases. — El término "controversia" abarca fenómenos muy diversos, que podemos agrupar en tres clases: dos opuestas la una a la otra y una intermedia.

a') controversias ónticas: La controversia puede referirse a la realidad material (física o psíquica) o ideal, pudiendo en el primer caso revestir las diferentes formas de la temporalidad. Un historiador puede atribuir la idea de la Santa Alianza a la señora de Krüdener, mientras que otro la impute exclusivamente al zar Alejandro. Un militar puede afirmar que la bomba atómica sea decisiva en una futura guerra, mientras que otro ponga en duda tal tesis. Un matemático puede proponer una prueba del teorema de Ferina t y otro puede atacar su exactitud.

En todos estos casos contiene la controversia explícita, no implícitamente, las razones de los opuestos puntos de vista. Una controversia sobre el mundo material alude siempre a los acontecimientos afirmados como efectos de determinadas causas en virtud de la categoría de la causalidad. Una controversia sobre el mundo ideal, en cambio, contiene siempre una referencia a las razones de cuya concatenación sistemática dicho mundo ideal se compone.

Las controversias sobre el mundo del ser son, por ende, siempre controversias razonadas.

b') controversias políticas: La controversia puede referirse igualmente a la transformación del mundo por la propia voluntad de los contrincantes. Como el concepto de transformación contiene la dimensión temporal, resulta de ahí que dichas controversias sólo pueden referirse al mundo material, ya que el mundo ideal es atemporal. En esta clase de controversias, pues, opone un litigante al otro su voluntad de transformar el mundo actual de determinada manera.

La oposición de voluntades no contiene necesariamente razones. No se olvide que nuestra costumbre de razonar nos hace frecuentemente formular como razones lo que no es sino una diferente expresión de nuestra voluntad previamente establecida. Así ocurre si postulamos algo porque lo necesitamos, o porque nos gusta, o porque nos apetece. Lo mismo ocurre si, no existe para ambos contendientes un sistema normativo vinculatorio común.

Las controversias de voluntades no tienen que ser razonadas. Valen en ellas las palabras de Juvenal: *Hoc volo, sic jubeo; sit pro : ratione voluntas.*

c') controversias normativas: Por último, ¡nos enconchamos con otro tipo de controversias. En ellas se trata de oposición de voluntades, por lo cual

2 Werner Goldschmidt, artículo "Recursos", en Diccionario de Derecho privado, Barcelona, Labor (en vías de publicación); Gregorio Pascual Nieto, en "Boletín de Justicia Municipal", núm. 109, pág. 152, año IV.

estamos en presencia de controversias del segundo tipo. Pero a diferencia de este último, existen en este tercer grupo sistemas ideales de razones destinadas a justificar transformaciones del mundo material. Los litigantes enlazan sus voluntades a estos sistemas, presentándonos así controversias razonadas semejantes a las controversias del primer tipo. Por ello las controversias de voluntad razonada son intermedias entre las controversias razonadas y las controversias de voluntades.

Sistemas ideales de razones justificativas de la voluntad son, sobre todo, las morales y los diversos ordenamientos jurídicos.

d') las controversias jurídicas: En el campo jurídico no aparecen controversias del primer tipo sino de un modo prejudicial. Así ocurre, por ejemplo, en el caso de la condición, puesto que en este supuesto mantienen ambos contrincantes puntos de vista opuestos respecto al futuro desarrollo del mundo material. También surgen controversias ónticas en muchos procesos en lo que a los hechos básicos del mismo atañe.

En cambio, abundan controversias políticas en la órbita del Derecho. Todas las discusiones *de lege ferenda* dentro del Estado, y entre los sujetos de Derecho internacional, constituyen tales controversias. Muchas veces ocultan los contrincantes el brutal conflicto de voluntades mediante la alegación de razones que no resisten un examen detenido, ya que no son sino meramente formulaciones nuevas de las voluntades en litigio o no proceden de un sistema normativo que vinculara ambas partes por igual.

Todas las controversias dentro del Derecho positivo revisten, por último, el carácter de controversias normativas. Si pasamos rápidamente revista a los diferentes tipos de procesos, nos damos cuenta en el acto que las acciones de condena interesan una transformación del mundo material y que las acciones constitutivas, si bien reclaman, en primer lugar, una mera transformación en el sistema normativo —por ejemplo, disolución del vínculo matrimonial—, en último lugar tienden hacia análoga transformación del mundo material —por ejemplo, pago de alimentos, nuevo matrimonio, etcétera— Las acciones declarativas parecen alejarse de nuestros ideales de controversias normativas. Pero inclusive en ellas se encuentra siempre en el fondo el deseo de una reforma del mundo material, hecho que plasma en el requisito de un "interés jurídico" para la fundabilidad de la acción y en la vetusta acción de jactancia de las Partidas, con su condena del jactancioso al "perpetuo silencio".

2. *Soluciones.*

a) *Concepto.* — La solución de la controversia consiste en que ésta desaparece provisional o definitivamente mediante el establecimiento vinculatorio de una opinión sobre la estructura del mundo o de un plan de organización del sector litigioso del mismo. El mero desistimiento de una de las partes de la controversia, por juzgarla actualmente inoportuna, o la dejación por ambas, no constituye solución alguna.

b) *Clases.* — 1. Soluciones persuasivas: Las soluciones persuasivas son siempre bilaterales, y se basan en un acuerdo entre las partes sobre la reglamentación de la controversia.

a') *Convencimiento*: Puede ser que una de las partes quede convencida de la razón de la otra. Esta convicción plasma en el Derecho Procesal, en la renuncia del actor o en el allanamiento del demandado. El convencimiento es una solución (la mejor, y por ello la más rara que puede haber) tanto en las controversias ónticas como en las normativas. Ella no cabe, en cambio, en las controversias políticas: donde no hay razón, no puede existir convencimiento.

c') *Transacción*: También puede ser que las partes lleguen a un acuerdo, cediendo cada una parte de sus razones (en las controversias ónticas) o parte de sus pretensiones (en las restantes controversias). Este es el concepto de la transacción. El acuerdo entre las partes de someter la controversia a un arbitraje o a un juicio de Dios no es la solución transacciónal de la controversia, sino la preparación de solucionarla coactivamente.

a') *Conclusión*: En ambos casos pueden intervenir terceros mediante sus buenos oficios o como mediadores. Las negociaciones no son la solución misma, sino el medio de lograr una solución a base del convencimiento o de la transacción. No es, por tanto, correcto enumerar como clases de solución la negociación, la modificación y el arreglo judicial, puesto que lo es sólo el último, mientras que las primeras dos formas no son sino medios de obtener el convencimiento de la otra parte o una transacción.

La solución de las controversias ónticas no es nunca definitiva, puesto que el progresivo conocimiento de la estructura del mundo puede dar lugar a su revisión. En controversias ónticas no existe la cosa juzgada material, ya que el conocimiento del mundo se articula en investigaciones, todas ellas sumarias en comparación con la posterior y plenarias comparadas con la anterior. La situación es diferente en las controversias políticas. En la controversia brutal de las voluntades la transacción crea un arreglo definitivo, siempre que las voluntades que la respalden sean auténticas. Las controversias normativas no revisten particularidades en este aspecto.

2. *Soluciones coactivas*: A las soluciones persuasivas se oponen soluciones coactivas, o sea soluciones que una parte dicta a la otra o que un tercero dicta a ambas partes.

a') *Soluciones parciales*:[3] Las soluciones coactivas parciales plantean el problema de su justificación. En efecto, siendo ambas partes esencialmente iguales, causa asombro que una imponga a otra una solución. En realidad, su justificación se basa en una mera "necessitas facti": en la imposibilidad de acudir a una solución imparcial, por una vertiente, y en la absoluta, necesidad de reglamentar la controversia, por la otra. Por esta su intrínseca falta de autoridad estas soluciones no se perfeccionan con la decisión de una de las partes, sino sólo con su realización misma. Las soluciones coactivas parciales son, por ello, siempre soluciones eficaces: su eficacia pertenece a su esencia. He aquí, en esta institución, la raíz de las resoluciones que dentro del Estado dan lugar a la legítima defensa, el estado de necesidad y la autoayuda, y que, dentro de la esfera internacional, pueden motivar la guerra.

3 "Parcial" equivale en este contexto a "partial", porque deriva de "parte" y no de "parcialidad".

Las soluciones parciales caben sólo en las controversias políticas y normativas. Las controversias ónticas son reacias a ellas, porque no son resolubles mediante la fuerza.

b) *Soluciones imparciales*: Las soluciones imparciales dimanan de terceros. Las controversias ónticas sobre el mundo material se resuelven, por ejemplo, por jueces o por comisiones de investigación, conforme fueron creadas por las dos Conferencias de la Paz de 1899 y 1907. Las soluciones de controversias sobre el mundo ideal pueden ser encargadas a congresos científicos. Las soluciones de las controversias políticas corresponden a amigables componedores, que las resuelven "ex aequo et bono". Las soluciones de controversias normativas, por último, deben hallarse en manos de jueces que las decidan con arreglo al sistema normativo correspondiente. La diferencia entre controversias políticas y normativas pertenece al Derecho Internacional Público positivo. Así, ya establece Vattel[4]: "Les différends qui s'élévent entre les Nations ou leurs conducteurs, ont pour objet, ou des droits en litige, ou des injures." Esta distinción palpita en el artículo 15 del Pacto de la Sociedad de Naciones, el capítulo tercero del Acta General de 1928, por un lado, y el artículo 13 del Pacto de la Sociedad de Naciones, el capítulo segundo del Acta General de 1928, el artículo 36, párrafo 2° del Estatuto de la Corte Internacional de Justicia del 26 de junio de 1945 y el artículo 36, párrafo 3° de la misma Carta de San Francisco, de la que el Estatuto forma parte integrante, por el otro lado. La discusión en la literatura del Derecho Internacional sobre el criterio distintivo entre controversias políticas y jurídicas es animada y no ha llegado aún a un fin[5].

a') *Conclusiones:* La coerción de las soluciones coactivas es de diferentes clases. Las soluciones coactivas parciales emplean o la coacción psíquica, por ejemplo, mediante amenazas, retorsiones, represalias, bloqueos pacíficos, etc., o la "vis absoluta". La coerción de las soluciones imparciales es siempre la coacción moral dimanante de la autoridad de los juzgadores. En cuanto a las controversias ónticas, la coacción moral es la única asequible. Respecto a las demás controversias, se une a ella la coacción por medio de la "vis absoluta", llamada "ejecución forzosa".

B) PARTE ESPECIAL

GUERRA, DUELO, PROCESO

1. *La guerra.*

La guerra ha sido contemplada en el curso de la Historia de dos maneras diferentes:

a) *Concepción jusnaturalista de la guerra.* — Los escolásticos, y sobre todo los representantes de la Escuela Española del Derecho de gentes, atribuyen al Principe ofendido jurisdicción sobre el Príncipe infractor del Derecho. El

4 Droit de Gens ou principes de la loi naturelle appliqués á la conduite et aux affaires des nations et des souverains, París, Guillaumin et Cié., 1863; livre II, chap. XVIII, § 323.

5 Véase Oppenheim-Lauterpaclit, International Law, tomo II, 6ª edición, 1944, ps. 4 y 5.

Príncipe ofendido se constituye en tribunal, condena al delincuente y ejecuta la sentencia condenatoria mediante la guerra[6]. Molina[7] plantea un caso práctico a este respecto: la ocupación de Portugal por las tropas del gran Duque de Alba en 1580. Felipe II dictó sentencia de que la Corona de Portugal le pertenecía, y envió sus ejércitos a ejecutarla; pero, como era lógico, ordenó que se causara el menor daño posible. Vanderpol[8] condensa la concepción escolástica como ejecución forzosa de una sentencia previamente fallada por el Príncipe-víctima; en las siguientes palabras: "El Príncipe o el pueblo que declara la guerra actúa como un magistrado bajo cuya jurisdicción cae una nación extranjera *ratione delicti*, como consecuencia de una falta muy grave, de un crimen que ha cometido y que no ha querido reparar. *Minister Deiv* no debe castigar sino en los casos en que el mismo Dios hubiera castigado: *vindex in ira*, no debe castigar más que si aquel a quien condena ha realizado una acción capaz de provocar la cólera, es decir, la voluntad de castigar de Dios; *ei qui malum agit*, no podrá jamás usar de su poder para herir o coaccionar al que no haya obrado mal."

Esta concepción se basa en la existencia del Derecho natural, sobre el que el Príncipe ofendido, que es a la par el Juez, cimentará su sentencia. Desde este ángulo visual se reglamenta extensamente el derecho a la guerra, mientras que el derecho de guerra se reduce al permiso de emplear cuanta fuerza es imprescindible para ejecutar la sentencia de condena. Habiendo una parte inocente y otra culpable, se comprende que no cabe lícitamente la abstención de los demás Estados; en otras palabras: no puede haber neutralidad, puesto que todos están obligados a ayudar moralmente (no-beligerancia), e inclusive materialmente (cobeligerancia), al Príncipe ofendido. En el supuesto de que un tercer Estado dude acerca de la justicia de la guerra, se da lugar a una neutralidad excusada, mas nunca justificada. La institución de la neutralidad crece, en efecto, con posterioridad y cierta lentitud desde Grocio, pasando por Bynkershoelv, hasta Vattel. Por el otro lado dimana de la concepción iusnaturalista de la guerra el concepto de "criminal de guerra" en la primera de sus tres facetas: crímenes contra la paz[9].

Pero análoga concepción de la guerra es imaginable dentro de un Derecho Internacional Público de cierta perfección de normas y de organismos. Tenemos prueba fehaciente de ello en el artículo 16 del Pacto de la Sociedad de las Naciones. Las consecuencias en cuanto a la reglamentación del derecho a la guerra, abandono del Derecho de guerra, neutralidad y a los criminales de guerra son similares.

---

6 Véase, p.ej. Suárez, Tratado de las leyes y de Dios legislador, traducción esp. Por Jaime Ripoll. Madrid, Reus, 1918; tomo II, libro II, cap. 19, p. 285; también libro II, cap. 18, p. 2-71. Respecto a Vitoria véase Barcia Trelles, Francisco de Vitoria et L'Ecole moderne du Droit international, en 'Recueil des Cours de l'Academie de Droit International", tomo 17, 1927, vol. II, ps. 278 y 279.

7 Manuel Fraga Iribarne, Luis de Molina y el Derecho de la guerra, Madrid, Consejo Superior de Investigaciones Científicas. 1947; ps. 88 y 89.

8 La doctrine scholastique du Droit de guerre, París, 1919, p. 250.

9 Art. 6°, párr. 2", A, de la Carta del Tribunal Militar Internacional, formado en Londres el 8 de agosto de 1945.

b) Concepción positivista de la guerra. — En un mundo escéptico en que se duda de la posibilidad de hallar la razón, si es que alguna parte la tuviese, la guerra no es el medio de imponer la razón previamente descubierta, sino que es el medio de resolver la misma controversia. Este pesimismo cunde ya[10] en Grocio y en Vattel ,a pesar de su formal adopción del concepto escolástico de la guerra justa. Ambos autores llegan, en efecto, a nivelar la diferencia entre beligerantes justos e injustos[11]. En plena actitud escéptica exclama Vattel[12]: "Laissons donc la rigueur du droit naturel et nécessaire á la conscience des souverains; il ne leur est sans doute jamais permis de s'en écarter. Mais par rapport aux effets exterieurs du droit parmi les hommes, il faut nécessairement recourir á des regles d'une application plus sûre et plus aisée; et cela pour le salut même et l'avantage de la grande société du genre humain." Así llega Vattel[13] a las reglas según las que "la guerre en forme, quant á ses effets, doit être regardée comme juste d'une part et d'autre" y "tout ce qui est permis à l'un, en vertu de l'état de guerre est aussi permis á l'autre". Kant declara expresamente que la guerre hace las veces de un proceso, y no las de una pena por no ser ningún pueblo superior a otro[13]. Se discute si Bynkershoek sostuvo análogo punto de vista[14]. El enfoque procesal de la guerra triunfa por completo en el siglo del positivismo filosófico y plasma jurídicamente en los convenios acordados en las dos Conferencias de la Paz de La Haya de 1899 y de 1907.

Estos convenios se ocupan preferentemente del Derecho de guerra, que reglamentan expresamente. El derecho a la guerra se sobreentiende siempre, y lo único que interesa de cierto modo es la forma de iniciar la guerra, la que fue, por ejemplo, establecida en el Tercer Convenio firmado en la Segunda Conferencia de la Paz de La Haya, de 1907. En esta situación cabe perfectamente la abstención en la contienda de los demás países, abstención ésta que da lugar a la institución jurídica de la neutralidad[15]. El concepto de criminal de guerra sólo puede abarcar a los que cometan crímenes de guerra, es decir, a los que infringen las leyes o costumbres del Derecho de guerra[16].

La concepción procesal de la guerra se atiene a las palabras panteístas de Schiller[17]: "Die Weltgeschichte ist das Weltgericht" (La Historia Universal es el Tribunal del Mundo).

---

10 El concepto positivista de la guerra se halla ya en Maquiavelo (véase Francisco J. Conde, El saber político en Maquiavelo, Madrid, Instituto Nacional de Estudios Jurídicos, 1948; ps. 213 a 221).

11 Grocio, Del Derecho de la guerra y de la paz, libro III, cap. IV §§ 3 y 4; cap. VI; §2; en la traducción de Torrubiano Ripoll (Madrid, Reus, 1925), tomo III, ps. 336 y 337, y tomo IV, p. 12. Vattel, loc. cit, libro III, cap. XII, §§188 a 192, edic. cit.; tomo III, ps. 68 a 74.

12 Loc. cit., ps. 69 y 70.

13 Kant, Principios metaíísicos del Derecho, trad. esp. por Lizarraga:: Madrid, Suárez, 1873, §§56 y 57.

14 En sentido negativo, Hatschek, Völkerrecht, Leipzig, Deichert, 1923;. p. 289.

15 Si bien es cierto que a ella pueden oponerse reparos de carácter político ('conforme lo hace Maquiavelo), que engendra odio en el que pierde y desprecio en el que vence (v. Conde, loe. cit., p. 216).

16 Art. 6", párr. 2'1', B, de la Carta del Tribunal Militar Internacional .

17 An die Freude.

c) Conclusiones. — La guerra jusnaturalista no es, pues, la solución de una controversia, sino que es la ejecución forzosa de una resolución previamente establecida. La guerra, según el criterio positivista, es, en cambio, una solución coactiva parcial. Ahora bien: si la guerra termina con una paz negociada, la verdadera solución de la controversia no se halla en la guerra, sino en el Tratado de Paz, siendo la solución, por ende, persuasiva. Sólo si la guerra termina con una "Paz dictada"[18] la solución de la controversia se encuentra en la misma guerra.

2. *El duelo.*

El duelo, término que, según Schopenhauer, no se deriva de la voz latina "duellum", sino de la palabra española "duelo", igual a "quejas"[19], aparece en la historia, en lo esencial, en dos ocasiones y en dos conceptos radicalmente diferentes. Además, hay que tener en cuenta un tercer papel adjetivo desempeñado por el duelo,

a). El combate judicial[20]. — En la antigüedad, en determinados pueblos, como entre los germanos y en toda la Edad Media, el duelo funciona como solución de una controversia, más exactamente, como solución coactiva parcial. La justificación moral de este sistema se basa en la creencia religiosa de que Dios da la victoria al que lleva la razón. El escepticismo, con arreglo al cual "Dios ayuda siempre a los batallones más fuertes", no había aún cundido.

Sobre el duelo, como "judicium Dei" en Inglaterra, nos da Blackstone[21] una expresión detallada, tanto en los procesos criminales[22] como en los civiles[23]. A partir de Enrique II, las partes podían acudir, en lugar del duelo, a la "Grand assise". Shakespeare describe un duelo de esta clase en *Enrique VI*[24]. Presenciamos un combate judicial entre Horner y Peter ante el mismo Rey. Horner cae herido de muerte. A continuación se desarrolla el siguiente diálogo, cuyas partes interesantes, a nuestro fin, descuellan por letra cursiva:

---

18 Véase Werner Goldschmidt, La construcción jurídica de la paz dictada, en "Revista de Legislación y Jurisprudencia", 1945, tomo 178, número de julio-agosto, ps. 40 y ss.

19 En "Parega und Paralipomena", en Sámtliche Werke, ed. por Max Frischeisen-Kohler, tomo VI, p. 373.

20 En italiano, *duello giudiziario;* en francés, *duel judiciaire;* en inglés, *wager by battle, triol by battle, try by duél,* en alemán, *gerichtlicher Zweikampf.* Existe sobre este tema un tratado, De pugna, de Hugo de Porta Ravennate (siglo XIÍ). (V. Hermana Kantorowicz, De pugna, la letteratura longobardistica sul duello giudiziario, en "Etudi di Storia e Diritto in onore di Énrico Besta", tomo II, 1938, Milano, Dott. A. Giuffre).

21 Commentaires on the laws of England, ed. 15, Londres, 1809.

22 Book IV, chapter 27, ps. 346 a 348.

23 Book III, chapter 22, ps. 337 a 341.

24 Parte II, acto II, escena III.

HORNEE: Hold, Peter, hold! I confess treason.
YOHK: Take away his weapon. Fellow, thank God and the Good wine in thy master's way.
PETEK: O God! liave I overcome mine enemy in this presence?
O Peter, thou hast prevailed in hight!
(¡Oh, Pedro, tu derecho ha prevalecido!)
KIPÍG HENRY: God, take henee that traitor from our sight;
For by his death we do perceive his guilt:
And God in juslice hath reveal'd to us
The truth and innocence of this poor fellow,
(Puesto que por su muerte nos damos cuenta de
su culpa: Y Dios Justiciero nos ha revelado
la veracidad e inocencia de este pobre mozo).
Which we had thought to have murder'd wrongfully.
Come, fellow, follow us for thy reward.

Como se ve, la muerte de Horner en el duelo prueba la inocencia de Peter y la culpabilidad del primero.

Respecto a Francia, encontramos abundante material sobre nuestro tema en las obras de Montesquieu[25]. San Luis reglamentaba los combates judiciales extensamente, y Beaumanoir (siglo XIII) nos relata el contenido de la reglamentación. Antes del combate, los órganos judiciales mandaran a los parientes de las partes que se retirasen, ordenaron al pueblo que guardara silencio y prohibieron que se ayudara a una de las partes, so pena grave. El combate era interrumpido si una de las partes hacía una proposición de paz; pero frustrado este intento, las partes tenían que volver a la misma situación que habían abandonado.

En España se conoce el duelo como medio judicial desde muy antiguo. Bentham cita, a este efecto, a Tito Livio[26]. En efecto[27], entre los pueblos españoles primitivos las partes, en algún caso sin intervención extraña, llegan a un duelo que resuelva sus diferencias. Es posible la existencia de otras ordalías. Este legado llega a la Edad Media. En ella, nos encontramos con el desafío y el riepto, siendo el último privativo de los fijosdalgo, pudiendo sólo hacerse en la Corte del Rey[28]. Consecuencia del desafío y del riepto es la sumisión del

---

25 "De l'esprit des lois", livre 28, chap. 14 a 34, en Oeuvres Complétes, París, L. de Burc, 1872; ps. 495 a 514.

26 Historia romana, libro 27, § 21. Véase Bentham, Tratados de legislación civil y penal, ed.it, por Esteban Dumont, trad. Y comentado por Ramón Salas; Madrid, Fermín Villalpando, 1821, tomo II, p. 283, nota.

27 Véase Román Riaza y Alfonso García Gallo, Manual de Historia del Derecho español, Madrid, 1934; §66, p. 43. Véase a este efecto las condenas del duelo pronunciadas por los Reyes Católicos en Toledo, en 1480, y por Felipe V en Madrid, en 1716 (Novísima Recopilación, libro XII, título XX, Leyes 1ª y 2ª).

28 Riaza y García Gallo, loc. cit., § 687, p. 772,

hecho de que se trate al juicio de batalla; pero ello no ocurre ya en las fuentes más tardías de modo preceptivo. Aun formulado el riepto, puede, a elección del demando, acudir se a otras pruebas, como testigos o documentos, e incluso practicarse una pesquisa. Las consecuencias que en orden a la prueba de los hechos se deducen de los resultados de la lid son muy varias: si muere el retador en el campo, se entiende que el retado queda quito de la acusación formulada; si es al contrario, y aunque no haya confesado la exactitud del hecho, también queda libre. El vencimiento de retador a retado, pero sin que mueran, se entiende desfavorable a sus respectivas posiciones. El *Poema del Cid*[29] contiene un célebre juicio de Dios entre los representantes del Cid y sus yernos, que habían abandonado a las hijas de aquél. Los yernos pierden el combate. Él Rey no pronuncia sentencia alguna. La prueba por sí sola falla el pleito. El vencido exclama las sacramentales palabras: "Vencido soy", y los fieles se limitan a decir-, "Esto oímos nos"; es decir: el vencido, al confesarse tal, pronuncia su propia sentencia de infamia, y el fiel es el mero testigo de la confesión. Las Partidas (VII, 3) reglamentan, los "rieptos" extensamente. La Novísima Recopilación (XII, 20), al principio del siglo XIX, en cambio, prohíbe los "duelos y desafíos"[30].

b) El duelo como castigo de un delito contra el honor. Del duelo como juicio de Dios se desarrolla el duelo moderno, que constituye el castigo que la persona ultrajada impone al ofensor, principalmente porque la víctima y los círculos sociales en los que vive no consideran suficientes los castigos establecidos por el Estado[31]. Como el Estado, a su vez, castiga el duelo, la persona insultada se encuentra en un dilema que Montesquieu[32] formula del siguiente modo: "Si l'on suit les lois de l'honneur, on périt sur un échafaud; si l'on suis celles de la justice, on est banui pour jamais de la société des hommes; il n'y a donc cette cruelle alternative, ou de mourir, ou d'être indigne de vivre". Para evitar una situación tan paradójica, propone Vattel un castigo más severo de los delitos contra el honor[33].

c) El duelo como guerra abreviada. — El duelo aparece, finalmente, aún en una tercera función, a saber: como guerra en miniatura. Esta costumbre es muy antigua. La encontramos ya en la lucha entre los judíos y los filisteos[34]. Goliat reta a uno de los judíos de la siguiente forma[35]: "Si él pudiere pelear conmigo, y me venciere, nosotros seremos vuestros siervos; y si yo pudiere más que él, y lo venciere, vosotros seréis nuestros siervos y nos serviréis". En efecto, el resultado del combate entre David y Goliat nos revelará la voluntad de Dios, "porque de Jehová es la guerra, y él os entregará en nuestras

---

29 Menendez Pidal. La España del Cid, tomo II, pág. 597 V. Poema del Cid, nos. 137 y ss.

30 V. Alonso García Molano, Pena contra los duelistas (en "Revista Española de Derecho Canónico", t. II, 1948, ps. 727 a 737).

31 Véase Schopenhauer, loe. cit., págs. 360 y sigs., y G. Mellingen, The history of duelling, 1849.

32 *Lettres persanes*, lettre 90.

33 Loc. cit., livre I, chap. XIII: "De la justice et de la pólice", §§ 175 y 176.

34 *Antiguo Testamento: Samuel*, libro, I, capítulo 17,

35 Versículo 9.

manos"[36]. Pero los filisteos no cumplieron su palabra. "Y como los filisteos vieron su gigante muerto, huyeron"[37]. No obstante, los judíos les siguen y les dan muerte[38]. Vázquez de Menchaca admite el duelo como medio para abreviar una guerra[39]. Grocio trata del mismo problema[40]. Heffter[41] recuerda todavía el cartel de desafío enviado en 1611 por Carlos, Rey de Suecia, al Rey Christian IV, de Dinamarca; por el Rey Gustavo IV al Emperador Napoleón I; también el propuesto por Carlos V a Francisco I en 1528. Pero Klüber[42] se limita a decir que los duelos entre los soberanos ya no se usan. La relación entre duelo y guerra se evidencia también en la costumbre medieval, que subsiste hasta bien entrada la Edad Moderna, de anunciar la declaración de guerra por el "heraldo de armas", a imagen y semejanza del desafío por el duelo[43].

d) Conclusiones. — El duelo, en el tercer papel, no es sino la reducción de la guerra colectiva a una guerra singular representativa. Las consideraciones acerca de la guerra se aplican, por tanto, a esta clase de duelo. No obstante, hay que tener en cuenta que el duelo, en concepto de guerra reducida, sólo se colocará en lugar de una guerra considerada como juicio de Dios; en cambio, no reemplazará una guerra enfocada como ejecución forzosa de una sentencia previamente fallada.

El duelo como juicio de Dios constituye una especie de solución coactiva parcial. Su ropaje procesal no afecta a éste su carácter esencial. Hemos visto que el "juicio de Dios" carecía de; mismo en tiempos primitivos, y que inclusive en la Edad Media se prescindía de una sentencia judicial: el resultado mismo del duelo resuelve la contienda. Lo que ocurre es que el combate judicial constituye una fase intermedia entre la guerra lisa y llanamente, que en la Historia (si bien no en el Derecho Internacional Público actual) aparece tanto en la forma de guerra pública que de guerra privada, por un lado, y el proceso, por el otro lado. La justificación relativa del combate judicial consiste, en aspecto positivo, en la fe en la intervención justiciera divina, y en aspecto negativo, en la falta de un sistema normativo completo. Vico[44] advierte en veste último aspecto, con razón, que los duelos no se deben a la falta de pruebas, sino a la de leyes procesales y materiales.

---

36 Versículo 47.

37 Versículo 51.

38 Versículo 52.

39 *Controversias ilustres*, libro I, caps. 9 y 10; véase también Barcia Trelles, *Vázquez de Menchaca*, Barcelona, Patria, 1940; pág. 143.

40 Loc. cit., libro II, cap. 23, § 10, págs. 214 y sigs.

41 Derecho internacional público de Europa, trad. esp., Madrid, Suárez; primera ed. alemana de 1844, $ 108.

42 *Droit de gens moderne de l'Europe*, París, Auguste Durand, 1861, párrafo 234.

43 Hatschek, loc. cit., pág. 291.

44 *La Ciencia Nueva*, libro IV: "Del curso que sigue la Historia de las Naciones; capítulo IV: "Tres clases de sentencias", en *Oeuvres Choisies de Vico* edit, por Michelet, Bruselas, Meline, Cans et Comp., 1840; tomo III, páginas 171 y 172.

El duelo como castigo de un delito contra el honor no es, en Cambio, solución de una controversia, sino que es ejecución de una solución previamente establecida.

3. *El proceso.*

El proceso surge como prototipo de una solución coactiva imparcial, y sustituye, por completo o en parte, el duelo y la guerra como soluciones coactivas parciales. En la vida interna de la comunidad aparece al principio la lucha como única solución coactiva. Luego reviste ella cierta estructura exterior procesal como "combate judicial". Por último, se vigoriza el proceso propiamente dicho, elimina de su seno al combate judicial por la incompatibilidad entre una solución coactiva parcial y otra imparcial, y adquiere la forma actual[45]. En la vida internacional, el proceso lucha aun duramente contra la guerra. No hemos de entrar en las causas de las dificultades que encuentra el proceso en su empresa de desplazar a la guerra —"Peace through law" (Kelsen)—, ni en las peripecias de la misma. Es suficiente destacar lo innegable de este fenómeno. La ciencia ha visto con frecuencia las relaciones entre guerra y proceso, para no hablar de las entre combate judicial y proceso, por formar éstas parte de la misma "Historia del Derecho Procesal". James Goldschmidt[46] compara, por ejemplo, la guerra y el proceso. Burlamaqui[47] peca de manifiesta exageración al equiparar la guerra y el proceso con las siguientes palabras: "Sólo después de haber apurado todos los medios de conseguir justicia por la paz es cuando podemos recurrir, en fin, a la fuerza, si desgraciadamente han sido inútiles. Entonces, en el estado de naturaleza, nos hallamos en guerra, y en el estado de sociedad, en pleito: dos extremos tan incómodos que son ordinariamente muy funestos a entrambas partes."[48].

De lo que antecede[49] sigue, en primer lugar, que el concepto de proceso tiene que aludir al fenómeno de la controversia y de su solución. La objeción de que en algún Derecho positivo puede haber algo construido exteriormente

---

45 El proceso penal anglo-americano muestra aún huellas del duelo (v. Ernst J. Cobn, Das Reich des Anwalts, Schriften der Süddeutschen Juristenzeitung, H. 7, Heidelberg, 1949, ps. 22, 23).

46 *Teoría general del procesos* Labor, Barcelona, 1936: pág. 58.

47 *Elementos del Derecho natural,* trad. por García Suelto, 2ª edición; Madrid, Llorenci. 1837; primera edición de 1.774, cap. XVI, pág. 338. Vitoria (*Segunda Reelección de los Indios o del Derecho de Guerra,* en Colección Austral. 1946, núm. 618, pág. 127) recuerda que Tertuliano (*De corona militis*) prohíbe a los cristianos tanto el guerrear como el pleitear. Nuestra cita y crítica do Burlamaqui fue recordada y aceptada respectivamente por J. Guasp, *La pretensión procesal* (en "Rev. de Derecho Procesar7, Buenos Aires, Año IX, n. í, 2, 1951, p. 338, nota 7).

48 También Heráclito (fragmento 80) compara la guerra con un proceso; y esta comparación remonta a Anaximandro (v. Werner Jaeger, The theology of the early Greek Philosophers, Oxford, Clarendon Press, 1947, página 230, nota 41).

49 Véase a lo eme sigue Taime Guasp, Coméntanos a la Ley de Enjuiciamiento civil, Madrid, Aguijar, tomo I, 1943, págs. 16, 86, 87, 277 y 278; tomo II, vol. I, 1945, págs. 8 y sigs.; Programa de Derecho procesal, Aguilar, 1948, lecciones 53 y 78. Guasp (tomo I, pág. 94) habla de la "arcaica concepción" que ve en el proceso un combate judicial.

como proceso y que no resuelva una controversia, no comprende bien la relación entre ciencia y realidad. La ciencia obedece a lo esencial en la realidad; pero la ciencia dirige lo accesorio. Por ello, precisamente, todo cuanto existe es razonable, puesto que sólo lo que es razonable existe en sentido auténtico. De este modo es posible delimitar la jurisdicción contenciosa de la jurisdicción voluntaria. La primera da soluciones coactivas imparciales de controversias; la segunda constituye el auxilio que determinados funcionarios del Estado prestan a los particulares en la estructuración jurídica de la actividad particular. En segundo lugar, se comprende que el proceso ante jueces elegidos por las partes (amigables componedores o árbitros)., y el proceso ante jueces estatales, son esencialmente iguales, sin perjuicio de que la sentencia "ex aequo et bono" es más adecuada para la solución de controversias políticas que para la de soluciones normativas, y también prescindiendo del hecho de que las sentencias judiciales, a diferencia de las otras, no sólo disponen de coacción psíquica, sino también, y directamente, de coacción física. En tercer lugar, se ve con claridad que el acto de conciliación no es un proceso, ya que no tiende a una solución coactiva imparcial, sino a una solución persuasiva. En cuarto lugar, tampoco es proceso la ejecución forzosa, puesto que no resuelve una controversia, sino que impone a la realidad la solución previamente establecida[50].

50 Guasp (*Comentarios a la ley de enjuiciamiento civil*, Aguilar, Madrid, t. II, vol. I, Parte 3ª, 1950, p. 1146) admite que duelo, guerra y proceso constituyen instituciones similares, pero limitando el parentesco a la esfera sociológica y declarándola sin interés para el jurista. V. también Barna Horváth, Rechtssoziologie (Berlín-Grunewald, 1934, p. 152) que afirma que el Derecho Procesal y el Derecho Internacional Público se desenvuelven de la guerra rodeándola de fe, publicidad, formalidades, reglamentaciones y limitaciones. V. también Alcalá-Zamora y Castillo, Proceso, autocomposición y autodefensa, Méjico, 1947.

4) NORMAS INDIVIDUALES Y NORMAS GENERALES[1]

Sumario: I. La reglamentación y sus objetos. — 1) Sector social individual. — 2) Sector social típico. — 3) Ensayo de precisar con más rigor ambas formas de conceptuación: a) Conceptos abstractos y concretos; b) Ensayo de caracterizar ambos modos de formar conceptos mediante la terminología gnoseológica lingüística. — II. Las funciones de las normas individuales y generales. — 1) Las normas internas: a) Normas generales; b) Normas individuales; c) Consideraciones conjuntas. — 2) Las normas internacionales: a) Normas generales; b) Normas individuales; c) Consideraciones conjuntas: a') D. I. Púb. codificable y no codificable; b') Conflictos jurídicos y políticos; c') Asuntos domésticos y dominio reservado; d') D. interno recibido por el D. I. Púb.; e') D. I. Púb. y D. I. Púb. — 3) Las normas indirectas. — III. Conclusión: Perspectiva Filosófica.

En lo que sigue intentaremos enfocar una diferencia determinada de reglamentar los sectores sociales. Nuestra tarea se limita, pues, a poner de realice dicha diferencia, mientras que todos los demás puntos serán tratados con la mayor imprecisión posible, para que no se amplíe innecesariamente el círculo de los problemas.

I. LA REGLAMENTACIÓN Y SUS OBJETOS

Toda norma jurídica contiene una reglamentación de un sector social. Consciente de nuestro anuncio de reservar toda luz para el verdadero tema de esta investigación, dejando envolver en la penumbra todo lo demás, prescindimos tanto de la estructura de la norma —imperativo, juicio hipotético o juicio disyuntivo—, como de su función —directiva o contemplativa—. Ahora bien, las normas reglamentan sectores sociales de muy diferente estructura ontico-lógica.

1°) SECTOR SOCIAL INDIVIDUAL

Algunas normas disciplinan un determinado sector social individual[2]. Para comprender el alcance de lo dicho, conviene hacer unas aclaraciones. Ante

---

1 Este estudio ha sido publicado en la "Revista de la Facultad de Derecho y Ciencias Sociales", Buenos Aires, Año IV, número 16, 1949, ps. 1187 y ss.

2 Sobre la admisibilidad de normas individuales véase Carlos Cossio, La teoría egológica del Derecho y el concepto jurídico de libertad (Losada, Buenos Aires, 1944, ps. 50 a 52, nota).

una visión jurídica del mundo, revisten importancia jurídica las innúmeras órdenes que en la vida cotidiana dirigen, p. ej., los militares superiores a los inferiores, los padres a los hijos menores de edad, los patronos a los obreros, los jefes a los empleados, etc. En efecto, todas estas órdenes pueden incardinarse en relaciones jurídicas maternas, servicio militar, patria potestad, contrato laboral, que las engendran. Tampoco existen obstáculos serios en denominar a estas "órdenes", normas. Por último, todas ellas estructuran sectores sociales individuales. Sin embargo, no nos interesan en este lugar tales normas, puesto que no son sino dimanaciones de normas superiores: aquellas expresivas de las relaciones maternas, que no poseen el mismo carácter de individualidad. Por análoga razón no dirigimos nuestra atención hacia las normas contenidas en los fallos de las resoluciones judiciales. Si bien no cabe duda de que los fallos poseen interés jurídico, ni tampoco que pueden caracterizarse como normas, ni tampoco, por último, que contemplan sectores sociales individuales, las resoluciones jurídicas constituyen aplicaciones de otras normas generales. Tal vez se objete a esta afirmación que, si bien es cierta en un sistema de legislación, no lo sea dentro de un sistema de case-law. Pero inclusive en tal sistema el Juez deduce su norma individual de una norma general, aunque no se trate de una norma legislada. El caso singular no es al Juez sino paradigma de un tipo de casos para el que posee o crea "ad hoc" una regla general. Nosotros buscamos, en cambio, normas individuales independientes. Antes de seguir conviene determinar lo que ha de comprenderse por "independiente". No nos referimos, por cierto, a una independencia absoluta que tal vez sólo posea la norma hipotética de Sander Kelsen. Admitimos que la norma individual se deriva del hontanar, de la materia jurídica en la que se halla inserta. Pero refutamos como irrelevante, para nuestro fin, la norma individual que no es sino determinación o conclusión de una norma general respecto de un caso concreto. Unos ejemplos aclararán estos distingos. La aplicación del precepto sobre el hurto a un caso dado constituye su individualización. Esta se realiza mediante conclusiones al encasillar los hechos de autos en el supuesto de hechos establecido en la referida norma, y ella procede por medio de determinaciones al graduar la pena dentro del marco legal. Si bien la determinación brinda al juzgador más amplio margen de libertad que la conclusión, cabe, no obstante, sostener que la norma general contiene en capsuladas sus diversas individualizaciones, sea como una pitillera a los cigarrillos (conclusión), sea como una bombonera bombones de las más diversas clases (determinación). Supongamos, al contrario, el caso de la autonomía de las partes, Es cierto que aún en ésta hipótesis el contrato individual aparece como secuela de la norma general expresiva de la autonomía de las partes; pero no lo es menos que la relación entre esta norma concesionaria y el contrato individual es completamente diversa de la entre la norma general y su individualización mediante conclusiones y determinaciones. En oposición a esta última el ejercicio de la autonomía se lleva a cabo a través de auténticas creaciones. La norma concesionaria no constituye sino una caja dentro de la cual puede haber objetos de todas clases con tal que tengan tamaño adecuado. A fin de distinguir aun terminológicamente las diversas hipótesis, conviene hablar, por una vertiente, de normas generales y sus individualizaciones por medio de conclusiones y determinaciones, y, por la otra, de principios generales y sus actualizaciones a través de normas generales e individuales.

Otra aclaración procede en lo que a la individualidad del sector social reglamentado atañe. Debemos a Heinrich Rickert ("Die Grenzen der naturwissenschaftlichen Begriffsbildung", 5e ed., Mohr, Tubinga, 1929) una valiosa aportación a este problema y nos remitimos a lo que este filósofo expone sobre el individuo histórico, por un lado (1. c. ps. 303 y ss.), y acerca de las formaciones irreales de sentido y la comprensión histórica, por el otro (ps. 533 y ss.). Baste decir que la reglamentación de un sector individual no tenga que abarcar todos los rasgos individuales del sector, lo que, por lo demás, en atención a lo inagotable de toda realidad, sería completamente imposible. Lo individual comprende una selección de las características del sector social, la cual logramos refiriéndole a un valor. Esta selección no se efectúa, empero, mediante una abstracción de lo singular tendiente a hallar lo que este sector tenga de común con otros, sino mediante una abstracción de lo que tiene de común con otros sectores para encontrar su auténtica unicidad,. La individualidad de un sector no adolece, pues, ni por el hecho de que lo describimos mediante conceptos generales, ya que todas las palabras, excepto los nombres propios, lo son ("das erste Allgeraeme" de Rickert, p. 304), ni tampoco por la circunstancia de que lo referimos a un valor general para hallar sus rasgos únicos ("Das zweite Allgemeine" de Rickert, 1. c. p. 324). Por último, no sólo realidades son individuales. También lo puede ser el sentido irreal inherente a una realidad. El sentido de una poesía es p. ej., individual, aunque muchas personas le pueden comprender. Esta afirmación es importante, puesto que los sectores sociales enfocados por las normas jurídicas poseen sentido irreal relevante.

Abandonemos ahora las delimitaciones del tema y ofrezcamos un ejemplo de norma individual. ¿Qué reglamentación posee en el Derecho Internacional Público el llamado Imperio Federal? Diena (D, I. Púb., trad. esp. por Trias de Bes, Bosch, Barcelona, 1941, ps. 72, 73) contesta lo que sigue: "Con este apelativo puede designarse al Imperio alemán constituido en 1871, el cual asumió una forma federativa anómala que no reunía completamente ni los caracteres de la confederación de Estados, ni los del Estado federal. El Imperio estaba gobernado por el Emperador alemán, Rey de Prusia; por un Consejo federal ("Bundesrat") compuesto de representantes de los distintos Estados asociados, pero con predominio de los representantes prusianos, por un Parlamento ("Reichstag") elegido directamente por los países germánicos en proporción al número de sus habitantes. El Emperador representaba al Imperio frente al extranjero, acreditaba y recibía los agentes diplomáticos, podía declarar la guerra, estipular la paz y concluir, en general, tratados. El Imperio alemán no era, como yernos, una confederación de Estados, dada la gran preponderancia de Prusia y la importancia de los poderes atribuidos al Emperador, rey de este último Estado, y al gobierno central. Pero no era tampoco un Estado federal, porque algunos Estados, como Baviera, conservaron el derecho de enviar agentes diplomáticos al extranjero, y de recibirlos y porque todos los Estados alemanes podían entre sí entrar directamente en relaciones diplomáticas; además, si bien el nombramiento de los cónsules alemanes en el extranjero correspondía al Gobierno central, eran los Estados particulares los que acordaban el exéquatur a los cónsules nombrados por los Estados extranjeros para ejercer sus funciones en Alemania; finalmente porque los distintos Estados federados podían estipular tratados con las potencias extranjeras en relación a las materias no afectas a las atribuciones del Gobierno y del poder legislativo imperial". El Imperio alemán, de Bismarck constituye a los efectos de las normas internacionales sobre sujetos del D. I. Púb. un sector social individual. No se trata de la realidad conjunta de tierras, muebles y hombres, sino del sentido irreal inherente a ella y desprendido de la misma desde el ángulo deontológico de la relevancia jurídica internacional. Los términos "Imperio Federal Alemán" denotan este sentido irreal. A título de digresión y con el fin de iluminar la norma individual a la luz de una norma general, sea dicho que la Constitución del 16 de abril de 1871, contiene en gran parte normas generales, si la consideramos desde el punto de vista del Derecho Político. Artículos p. ej. como el art. 31 referente a la inmunidad de los diputados constituye, por cierto, una norma general. Pero la estructura del Imperio como totalidad a fin de explorar su personalidad internacional constituye un sector social individual y es mentada en una norma correspondiente[3].

Una norma referente a un solo caso no es en el fondo más individual que una norma referente a algunos casos determinados. Las, normas internacionales sobre uniones y federaciones de Estados nos ofrecen buenos ejemplos de esta afirmación. Así p. ej. se construyen las normas sobre uniones personales en atención a las uniones entre Inglaterra y el Reino de Hamiover desde 1714 a 1837, entre los Países Bajos y Luxemburgo desde 1815 a 1890, entre Bélgica y el Estado independiente del Congo desde 1885 a 1908; sobre uniones reales en vista de las entre Suecia y Noruega desde 1815 a 1905, entre Austria y Hungría desde la Pragmática Sanción de Carlos VI en 1713 hasta la Paz de Saint Germain de 1919 y de Trianon de 1920; y sobre Confederaciones con arreglo a la Confederación germánica constituida por el Congreso de Viena de 1815 hasta 1866 y la Confederación germánica del Norte desde 1867 -a 1871.

¿Cuáles son las consecuencias prácticas del carácter de una norma de ser individual? La consecuencia práctica más sobresaliente consiste en su inaplicabilidad a cualquier nuevo ente no contemplado al estatuir la norma. Todo nuevo ente es "sui generis"[4]. Piénsese p. ej. en la controversia acerca de la naturaleza jurídica de la Sociedad de las Naciones. Algunos autores quisieron conceptuarla como una Confederación. Pero Diena (1. c. ps. 77 y 78) les objeta que la Sociedad no tiene ningún poder directo de carácter constitucional sobre sus miembros. Diena la visualiza, por tanto, como una "asociación sui generis". Lauterpacht sostiene análogo criterio respecto a la O.N.U. ("Internacional Law", t. I, 1947, 6ª ed., núm. 168 g, p. 388). ¡Piénsese igualmente

3 G. Jellinek, en su *Teoría general del Estado* (trad. esp. por Fernando de los Ríos Urruti, Madrid, Suárez, t. I, 1914), destaca muy bien la ineludible individualidad del Estado (ps. 42, 43) y ejemplifica precisamente respecto al Estado Federal la mutabilidad del tipo empírico al compás de nuevos individuos de Estados Federales (ps. 49, 50).

4 Antonio Poch y G. Caviedes, en Comunidad internacional y sociedad internacional (Instituto de Estudios Políticos, 1943), examina la vida internacional bajo el prisma de este distingo sociológico elaborado por Tonnies. Poch afirma que la vida entre las naciones constituye una sociedad. Cree poder explicar el "carácter en extremo quebradizo" de la norma internacional con este hecho (1. c. ps. 36, 37, nota): "La norma que pertenece a un sistema societario está carente de contenidos éticos materiales, pierde ductibilidad y cristaliza en escala de tal dureza que al no poseer poder distensivo, no logra plasmar sobre el acontecimiento vital, sino que lo hiere o lastima". O status quo o quiebra violenta.

en la discusión acerca de la naturaleza jurídica de la Alemania ocupada! Otra consecuencia inmediata es la desaparición del valor de la seguridad jurídica del ámbito de la justicia.

Antes de seguir, llamamos la atención sobre las normas internacionales referentes a protectorados, que constituyen igualmente normas individuales. En cada caso nuevo hay que realizar un examen individual y encontrar las nuevas normas individuales.

2°) SECTOR SOCIAL TÍPICO

Otras normas, a diferencia de las normas individuales, visualizan un tipo de sector social. En este supuesto, la aplicación de la norma a la realidad, que es siempre individual, requiere el examen de la posibilidad de incluir una realidad social determinada en el tipo enfocado en la norma.

Pasando revista a las diversas normas del D. I. Púb., hallamos ejemplos ilustrativos verbigracia en las disposiciones consuetudinarias sobre agentes diplomáticos y consulares, sobre los requisitos formales de tratados (firma, ratificación, lengua oficial, etc.) —las normas sobre la llamada "cláusula rebus sic stantibus" son, al contrario, individuales—, muchas normas de tratados normativos ("Vereinbarungen") como p. ej. los Convenios de La Haya sobre Derecho Internacional Privado de 1902 y 1905, pero también el Cuarto Convenio de La Haya de la Segunda Conferencia de la Paz de 1907 sobre la guerra terrestre en sus disposiciones sobre prisioneros de guerra, espías, etc., tratados de extradición, el Derecho de presa, etc.

En todos estos supuestos, las normas no disciplinan, un caso concreto sino que estructuran una situación típica, a imagen y semejanza de las normas del Derecho Civil o del Derecho Penal internos. Las normas sobre los privilegios de los agentes diplomáticos no se han hecho en atención a una o varias personas particulares, de suerte que les fuese inherente la unicidad haciéndoles inaplicables a otros casos no' enfocados, sino que dichas normas se aplican adecuadamente a cuantos reúnan las características típicas de un agente diplomático.

Las normas sobre uniones reales están vinculadas indisolublemente a las realidades (y el sentido irreal ínsito a ellas) del Imperio Austrohúngaro y de la Unión sueco-noruega. Las normas sobre agentes diplomáticos se relacionan con un concepto general que actúa como una variable respecto de los individuos: cualquiera que cumpla determinadas condiciones las hace funcionar.

3°) *ENSAYO DE PRECISAR CON MÁS RIGOR AMBAS FORMAS DE CONCEPTUACIÓN*

a) Conceptos abstractos y concretos[5].

¿Podemos identificar la diferencia entre normas individuales y normas generales con la que existe entre conceptos concretos y abstractos? Esta pregunta salta a la vista; y extraña que Rickert, en su magnífica obra sobre los límites de la formación de conceptos en las ciencias de la Naturaleza, no la haya planteado.

Se entiende por concepto abstracto un concepto que abarca lo común de un grupo de objetos. Este concepto es tanto más pobre de contenido cuanto más amplio sea de extensión. El concepto abstracto se inspira en el caso-límite. Supongamos p. ej. que queramos formar el concepto del Derecho. Podríamos guiamos por el fenómeno del Derecho interno, que es, sin duda alguna, su aparición más importante, señalando como sus características la coactividad o la existencia de tribunales imparciales e independientes, etc. Pero en este supuesto se objetaría el caso del D. I. Púb. que no reúne estas características. Por ende, hemos de vaciar el concepto del Derecho para que abarque también el caso-límite del D. I. Púb. Una nueva decantación del concepto se produciría, si quisiésemos incluir en el concepto del Derecho los ordenamientos jurídicos de los pueblos primitivos. Acertadamente opina Rickert (i. c. p. 723): "El concepto general de un Derecho, formado con arreglo al método de las ciencias naturales o sea generalizador, sólo expresivo de lo que sea común a todo Derecho, será tan pobre de contenido que para poco serviría científicamente".

Al concepto abstracto opone Hegel el concepto concreto. "Hegel busca un concepto que no sea abstracto y una concreción que no sea intuitiva: el concepto racional concreto es la unidad de la intuición y la reflexión" (véase R. Falckenberg, "La Filosofía Alemana desde Kant", Madrid, 1906, ps. 94, 95). Unos pasajes tomados de la "Encyclopádie" de Hegel (4° ed., Meiner, Leipzig, 1930) ilustrarán la intención de este filósofo. "El concepto libre y verdadero es concreto en sí; así es idea, y en toda su generalidad la idea o lo absoluto. La ciencia del mismo es esencialmente sistema., ya que lo verdadero, como concreto que es, sólo existe desarrollándose y reuniendo y concentrándose como unidad, o sea como totalidad, pudiendo ser sólo mediante distinciones y determinaciones de sus diversidades la necesidad de la misma y la libertad del todo—. Un filósofo sin sistema no puede ser nada científico" (número 14). "...y lo verdadero es lo concreto y, en general, toda determinación es esencialmente en sí una unidad de determinaciones distinguidas" (número 33). "El concepto es lo auténticamente concreto, ya que la unidad consigo misma, como determinación en y para sí, lo que representa la particularidad, constituye la relación consigo misma y la generalidad" (número 164). El concepto concreto abarca todas las características de los objetos incluidos, conteniéndolos no como mera suma, sino organizándolos en una totalidad orgánica. El concepto concreto es así más rico que los conceptos particulares englobados;

---

5 Werner Goldschmidt, Comentarios acerca de la sistemática cossiana de la filosofía jurídica (Córdoba, Argentina, 1946, ps. 36 a 38), y en "Revista Crítica cíe Derecho Inmobiliario", 1943, ps. 282 a 288.

Véase Kari Mannlieim. Zur Logik des konkreten Begriffs, 1930.

y es, además, una fuente de nuevos conocimientos. Los ataques de los defensores de la jurisprudencia de intereses contra el llamado método de inversión, aciertan en cuanto se limitan a impugnar los conceptos abstractos (véase Larenz, Zur Logik des konkreten Begriffs. Eine Voruntersuchung zur Rechtsphilosophie, en "Deutsche Rechtswissenschaft", t. V, Cuaderno 4, Octubre de 1940, p. 293). El concepto concreto, en cambio, se desenvuelve dialécticamente abriendo nuevos horizontes.

No conviene identificar las normas individuales con los conceptos concretos y las normas generales con los conceptos abstractos. En primer lugar rechazamos esta identificación, puesto que nuestra distinción prescinde de toda toma de posición deontológica, mientras que Hegel rechaza lo abstracto como finito, falso, hostil a la Filosofía, y ensalza lo concreto como infinito, la verdad, término final de todo filosofar (véase Glockner, Hegel-Lexíkon, Jubiláumsausgabe sámtlicher Werke Hegels, t. 23, 1935, artículo: abstrakt). En segundo lugar (y ello se relaciona con la primera objeción por constituir la raíz de la axiología de Hegel), no deseamos hipotecar nuestra distinción con los supuestos metafísicos hegelianos, que al identificar pensamiento y realidad, asimilando el primero a la segunda, conducen por necesidad y en todos los casos al concepto concreto y dinámico[6].

b) Ensayo de caracterizar ambos modos de formar conceptos mediante la terminología gnoseológica lingüística.

No podemos adentramos en las honduras de la gnoseología lingüistica. Nos contentamos con el análisis lingüístico de sendos ejemplos de norma individuales y generales.

La norma internacional sobre la personalidad jurídica del imperio de Bismarck y la de sus Estados-Miembros constituye un conjunto de palabras que se refieren a Alemania y a los Estados que la componen durante una época determinada de la Historia. Si examinamos la referencia con más detenimiento, ella no enfoca estos países como unidades geográficas, sino que visualiza determinadas disposiciones en la Constitución de Bismarck: el objeto de referencia lo constituye, por tanto, de nuevo un conjunto de palabras. Estas últimas disposiciones constitucionales, a su vez, se refieren a determinadas actividades de ciertos órganos del Imperio con dirección hacia el extranjero. Los individuos que funcionaban como órganos han sido varios y, si bien su número ha sido limitado por haber ya concluido el papel histórico del Imperio Federal, no nos es lícito invocar este hecho, puesto que, inclusive en el caso contrario, nos encontraríamos con una norma individual. Pero ya habíamos distinguido en su debido lugar entre la concepción del D. I. Púb. y la del Derecho Político. Desde el último ángulo visual las normas constitucionales son

6 La distinción entre norma individual y general no coincide tampoco con la entre concepto ordenador y clasificador en el sentido de Hempel y Oppenheim (v. Radbrucli, en "Revista Jurídica de Córdoba", año I, n° 3", 1947, ps. 455 a 464), ya que en el Derecho los conceptos ordenadores, son sólo fase previa de conceptos clasificadores, mientras que las normas individuales no pueden convertirse en generales. Además, los conceptos ordenadores colocan ciertos fenómenos en una serie (p. ej. los minerales según su dureza), con lo cual se ve que ellos, a su vez, pueden ser o generales o individuales, según la captación general (así en el ejemplo) o individual de los fenómenos.

generales —prescindimos, naturalmente, de casos de auténtica unicidad como p. ej. del Derecho Político positivo inglés durante el dominio de Cromwell—. En cambio, desde el punto de vista del L D. Púb., los sucesivos cambios de los individuos que ocupan los cargos son por completo irrelevantes. De manera análoga lo es el cambio de las células en el cuerpo humano, si nos referimos a una persona determinada: no por ello se convierte el concepto individual del nombre propio en un concepto general. La norma individual constituye, por consiguiente, el punto de partida de un conjunto de indicaciones que son todas ellas perfectamente compulsables.

Si ahora pensamos en el ejemplo de una norma general: la que trata de los privilegios de los agentes diplomáticos, partimos de nuevo de un conjunto de palabras portadoras como siempre de referencias. Pero en esta hipótesis la referencia se desdobla: por una vertiente, ella indica todos los agentes diplomáticos pasados y presentes; por la otra, ella abarca un nuevo conjunto de palabras que tiene por objeto a todos los individuos que se hallen con los agentes diplomáticos pasados y presentes en igualdad de condiciones.

Este segundo conjunto de palabras encierra el enigma de los conceptos generales, puesto que ha de contener la definición del agente diplomático, expuesta a dudas como toda definición. ¿Disfrutan p. ej. de estos privilegios representantes de beligerantes reconocidos, Jefes de Estado destituidos, los funcionarios de las Naciones Unidas, miembros de comisiones enviadas para negociar un tratado determinado, representantes de países en congresos científicos o deportivos, gobiernos tránsfugas de Estados invadidos por el enemigo común, etc.? (Véase Oppenheim-Lauterpacht, International Law, t. I, 6ª ed., 1947, números 362 y 417a). La referencia del segundo conjunto de palabras, al que nos conduce la investigación de la norma general, no es, pues, completamente cognoscible.

En resumidas cuentas existe, por consiguiente, una diferencia gnoseológicamente importante, entre normas individuales y generales: las primeras son cognoscibles, las segundas sólo lo son de modo imperfecto.

II. LAS FUNCIONES DE LAS NORMAS INDIVIDUALES Y GENERALES

Después de un análisis de la estructura de las dos clases de normas mencionadas, interesa saber las funciones que cumplen. ¿En qué supuestos emite el legislador una norma individual y en qué otros una norma general? Para responder a esta interrogante es preciso indagar las relaciones en las que el autor de la norma puede hallarse respecto al sector social reglamentado por ella. Antes de seguir, sea dicho de paso tan sólo que preferimos hablar de "autor de la norma" en lugar de "legislador", puesto que el primer término es más amplio que el segundo, que tradicionalmente no indica sino el Estado en su obra legislativa interna, mientras que nosotros también nos referimos a normas consuetudinarias internas y a normas internacionales de todas clases.

Los asuntos enfocados por la norma y que constituyen, el sector social, pueden ser para el autor de la norma, o cotidianos o vitales. En el primer supuesto se dicta una norma general. En el segundo se emite "ad hoc" una norma individual. Caso que se hubiese promulgado para un asunto vital una norma general, ésta no se aplicaría debidamente sino que sería sustituida por una norma individual así que la ocasión lo exigiese.

1. *Las normas internas.*

a) Consciente de nuestra intención de no dejarnos arrastrar por problemas tangenciales del tema planteado, podemos considerar como el autor de las normas internas al Estado y a la comunidad: al primero para las normas legisladas, a la segunda para las normas consuetudinarias. Ahora bien, casi la totalidad de las normas internas son normas generales. En efecto, los asuntos reglamentados por ellas son cotidianos en relación con su autor. El carácter cotidiano de los asuntos puede a su vez revestir una forma doble. De cierta manera podemos distinguir entre asuntos cotidianos de primer y de segundo grado. Asuntos cotidianos de primer grado son aquellos que lo son inclusive para los elementos individuales de los que al Estado o a la comunidad territorial (o sea el conjunto de personas, nacionales o extranjeras que convivan sobre el territorio) —en casos excepcionales a la comunidad personal (p. ej. la Iglesia)—, componen. Todo el derecho patrimonial interno consiste de asuntos cotidianos de primer grado. Otros asuntos, en cambio, son vitales para los individuos. Piénsese sobre todo en el derecho de familia. El matrimonio p. ej., sobre todo en los países que no admiten el divorcio, constituye un asunto vital para los interesados. Pero desde el punto de vista del Estado o de la comunidad, inclusive estos asuntos son meramente cotidianos. La autonomía de las partes en su sentido más amplio, consentida por el autor de las normas, arraiga siempre en su relativo desinterés hacia los asuntos cotidianos; pero ella constituye también un medio técnico de resolver la antinomia que se da entre el carácter cotidiano de un asunto para el autor y su carácter vital para sus elementos individuales, todo ello en los asuntos cotidianos de segundo grado. Por último, existen asuntos cotidianos de tercer grado: son los asuntos cotidianos del autor mismo de las normas internas. Piénsese p. ej. en la práctica constitucional y administrativa ordinaria del Estado.

b) No obstante, algunos asuntos dentro del Estado pueden estimarse vitales y constituyen así, propiamente, el ámbito sobre el que las normas individuales se proyectan. El caso más importante es el de las relaciones entre Estado Federal y Estados-Miembros, así como las relaciones entre los últimos. Las Constituciones suelen contener disposiciones al efecto, pero éstas se limitan normalmente a determinar la autoridad competente para resolver contiendas en esta materia; por lo demás, se resuelve cada caso con una norma individual. La Constitución de Weimar del 11 de agosto de 1919 estatuye p. ej., en su art. 19, la competencia del "Staatsgerichtshof" para que resuelva las controversias no iusprivatistas entre Reich y "Länder" o entre los "Länder"; el art. 48, párrafo primero, autoriza la llamada "ejecución del Reich" en el supuesto de infracción de deberes constitucionales de parte de los Países. Tales ejecuciones se efectuaron p. ej. el 22 de marzo de 1920 contra Turingia, el 10 de abril del mismo año contra Sajonia-Gotha, en Octubre de 1923 contra Sajonia etc. Pero basta pensar en el conflicto entre el Reich y Prusia durante el Gobierno de Papen en julio de 1932 para comprender que estos asuntos vitales se resuelven de manera especial. También la Constitución de la República Española de

9 de diciembre de 1931 establece un Tribunal de Garantías Constitucionales que, en virtud del art. 121 tiene que conocer de los conflictos de competencia legislativa y cuantos otros surjan entre el Estado y las regiones autónomas y los de éstas entre sí. La Constitución española tomó por modelo entre otros, al Tribunal de Conflictos francés, organizado con arreglo a una Ley del 24 de mayo de 1872. Sin embargo, la diferencia esencial entre rumbas instituciones consiste en que el Tribunal español, a diferencia del francés, no resuelve los conflictos de atribución positivos y negativos entre la Administración y los Tribunales de Justicia. El comentarista de la Constitución, Nicolás Pérez Serrano ("La Constitución Española", Antecedentes, texto, comentarios, 1" ed., Madrid, 1932, p. 327), explica esta diferencia del siguiente modo: "El nuevo organismo ha de ser una entidad que no se reúna a diario para fallar menudas incidencias, sino un Cuerpo prestigioso cuya misión guarde paridad con el rango elevado a que sus atribuciones primarias lo llaman". Estas palabras, cuyo acierto por lo demás no nos afecta (atacándolas Niceto Alcalá-Zamora y Castillo, Significado y funciones del Tribunal de Garantías Constitucionales, Madrid, Reus, 1933, p. 28), distinguen. muy bien asuntos cotidianos cuya resolución no incumbe al Tribunal de Garantías Constitucionales, y asuntos vitales para cuya solución este Tribunal precisamente fue creado. Las relaciones entre Cataluña y la España central brindan bellos ejemplos de la necesidad de normas individuales. Citemos, al efecto, un breve relato de las mismas (Juan Castrillo Santos, "Ante el drama de la Reforma constitucional"* Madrid, Librería. Bergua, 1935, ps. 109, 110): "En 1934 la Generalidad desacató el fallo del Tribunal de Garantías Constitucionales. Ese día debieron las Cortes dictar una Ley con un solo artículo: Coincidentes las Cortes con la voluntad de la Generalidad de Cataluña de rescindir el compromiso federal expresado en el Estatuto de 1932, queda éste derogado, e incorporado el territorio de Cataluña al régimen común. No lo hicieron. El Gobierno Samper, con radicales y progresistas-unitaristas —según dicen—, fue un celoso guardador del compromiso federal, aunque no lo fuera tanto de la Constitución y de la dignidad del Estado. Es supuesto necesario de la doctrina federal que el pacto concluye con la guerra. La Generalidad de Cataluña, en octubre de 1934, hizo la guerra al Estado Nacional (federal). Una verdadera guerra de secesión (proclamación del. Estado catalán independiente dentro de la República Española). A pesar de eso, el Gobierno —un Gobierno formado con partidos antiestatutistas (la C.E.D.A. y el partido agrario)— respetó el compromiso federal. Por primera vez en la Historia, el compromiso federal 'sobrevive a la guerra".

c) Llamamos la atención sobre el particular muy interesante de que las normas individuales internas consignadas son precisamente aquellas que constituyen una recepción de D. I. Púb. en y por Derecho interno (véase Triepel, Droit International et Droit Interne, trad, francesa por Brunet, París/ Oxford, 1920, págs. 168 y siguientes).

2. *Las normas internacionales.*

a) Asuntos cotidianos: El D. I. Púb. conoce, sin duda, alguna, asuntos cotidianos en el sentido expresado. Ello se explica fácilmente, siendo, por un lado, los únicos autores de normas internacionales las comunidades (Estados e Iglesia) y recayendo, por el otro, estas normas frecuentemente y en el último lugar sobre individuos. En cambio, podemos prescindir del problema de si los individuos son o no son sujetos jurídicos (si bien no son creadores de normas en la órbita del D. I. Púb.).

Repercutiendo, pues, muchas normas de D. I. Púb. en último término sobre individuos, aunque vincularan en primer lugar exclusivamente a los Estados, debe haber asuntos cotidianos de primer y de segundo grado, dada la distancia entre Estado e individuo y el relativo desinterés del primero respecto al segundo. Todos los convenios normativos sobre Derecho Internacional Privado en su sentido amplio y comprensivo del Derecho de colisión, nacionalidad y extranjería, constituyen ejemplos de referencias a asuntos cotidianos de primer grado. Al contrario, tratados sobre extradición, sobre criminales de guerra, sobre el llamado genocidio, reglamentan asuntos cotidianos de segundo grado. Respecto de estos ejemplos no se debe confundir la individualidad de una reglamentación determinada —p. ej. las Cartas constitutivas de los Tribunales Militares para el enjuiciamiento de los criminales de guerra de Europa y de Oriente subsiguientes a la Segunda Guerra Mundial— con los principios generales en que se basa y que, como normas generales, son aceptables para todos los Estados. Otros ejemplos de asuntos cotidianos de primer y de segundo grado los encontramos en las reglas sobre agentes diplomáticos y consulares, responsabilidad internacional, prisioneros de guerra, heridos, Derecho de presa, etc. Pero inclusive las normas sobre el tráfico en un río determinado, como p. ej. el Rhin o el Danubio o el Congo, así como muchas normas orgánicas sobre el funcionamiento de una Organización internacional, como p. ej. la Sociedad de las Naciones o la Organización de las Naciones Unidas, son tan generales como lo son, en la esfera interna, las reglas sobre el funcionamiento de un Tribunal Supremo, un Tribunal de Cuentas y las de la misma Constitución. Tampoco faltan, asuntos cotidianos de tercer grado, como nombramientos de agentes diplomáticos y consulares, ratificación de tratados, concesiones de cartas credenciales.

b) Asuntos vitales: Pero otros muchos asuntos en el D. I. Púb. son vitales, puesto que se relacionan directamente con la vida de los autores de las normas internacionales. La inefable individualidad de los autores de las normas se manifiesta ya exteriormente por el nombre propio que a cada uno corresponde: no se trata de Estados lisa y llanamente, sino de España, Argentina, Francia, etc.[7] Prescindiendo de los convenios-contratos, que si bien indudablemente son normas individuales —tal vez no sean normas independientes—, hallamos normas individuales en las referentes al reconocimiento en todas sus formas, a la agrupación de Estados, a la llamada sucesión de Estados, al derecho a la guerra, estado de necesidad, intervención, represalias etc. El hecho de que un asunto es vital lo hace inadecuado para una norma general

7 En cada familia los familiares se captan mutuamente mediante conceptos individuales (y nombres propios) y no por medio de conceptos generales. Por esta razón es tan extraño el cálculo de la mujer de Intaphernes (Herodoto, III, 119) que prefiere su hermano a su marido por ser un marido fungible y un hermano único, habiendo muerto los padres. Sófocles utiliza este razonamiento para Antígona (su último discurso); y Goethe (conversación con Eckermann del 28.III.1827) expresa su esperanza de que los filólogos descubran un día la inautenticidad del pasaje mencionado.

y predispuesto para una norma individual; pero ello no es obstáculo a que se intente crear una norma general que, por cierto, quedará sin eficacia práctica. El art, l° del Pacto Kellogg-Briand del 27 de agosto de 1928 sobre la renuncia a la guerra como solución de controversias internacionales e instrumento de política nacional, constituye, sin duda alguna, una norma general, pero como enfoca un asunto vital tal norma es inadecuada.

c) La división del D. I. Púb. en normas generales y normas individuales, que, caso de su adecuación, corresponde a la entre asuntos cotidianos y asuntos vitales, recuerda algunas distinciones bien establecidas en el terreno de la ciencia del D. I. Púb., que no debemos dejar de traer a colación.

a') En primer lugar, procede poner de relieve la diferencia entre D. I. Púb. codificable y no codificable. Esta diferencia fue, a causa de una equivocada equiparación del D. I. Púb. con el Derecho interno, confundida con esta otra: D. I. Púb. ya codificable y todavía no codificable. Después de nuestro análisis no puede haber ya dudas de que sólo los asuntos cotidianos puedan ser codificados, pero nunca jamás los asuntos vitales. No es por ello por casualidad que casi todas las materias consideradas como "ya codificables" contemplan, de hecho, asuntos cotidianos. En efecto, la Comisión de 16 juristas nombrados por el Consejo de la Sociedad de Naciones para preparar la codificación del D. I. Púb. consideró, en Abril de 1927, que las siguientes materias se prestan a una codificación: nacionalidad, aguas territoriales (?), responsabilidad de los Estados por daños producidos en su territorio a la persona o propiedad de los extranjeros, privilegios e inmunidades diplomáticos, procedimientos de conferencias internacionales y el de la conclusión y redacción de tratados, piratería y explotación de los productos del mar. La Conferencia Panamericana, a su vez, adoptó en su sesión en La Habana el 20 de febrero de 1928, los siguientes Convenios de codificación: Sobre el status de los extranjeros, tratados, agentes diplomáticos, agentes consulares, neutralidad marítima, así lo, deberes y derechos de los Estados en caso de guerra civil. Dudamos que el último tema y, en parte, el referente a la neutralidad marítima, sean susceptibles de normas generales. La siguiente Séptima Conferencia Panamericana adoptó el 26 de diciembre de 1933 los siguientes Convenios de codificación: Sobre la nacionalidad de las mujeres, nacionalidad, extradición, asilo político, derechos y deberes de Estados (?). Las mismas razones que impiden una codificación completa del D. I. Púb. hacen también imposible que haya para el mundo entero un solo D. I. Púb. Sabido es que el D. I. Púb. nació como D. I. Púb. europeo, lo que también se consigna en los títulos de las obras científicas hasta la mitad del siglo pasado; y que sólo desde entonces se extiende nominalmente a todo el orbe (véase sobre este aspecto Carl Schmitt, "Die Auflosung der europaischen Ordnung im "International Law", 1890 a 1939", en "Deutsche Rechtswissenschaft", tomo V, Cuaderno 4, octubre 1940, ps. 267 y ss.).

b') La distinción entre asuntos cotidianos y asuntos vitales : sé relaciona con la conocida distinción entre conflictos jurídicos políticos. Esta última distinción suele ser analizada en los transfados científicos sobre D. I. Púb. con ocasión de la jurisdicción internacional, de suerte que sólo los conflictos jurídicos son estimados susceptibles de una solución auténticamente jurídica. Dejando aparte definiciones de lo político más bien enfocadas hacia la actividad; interna del Estado, como lo es la caracterización de lo político dada por Javier Conde (Teoría y sistema de las formas políticas, 1944, p. 78) según la cual "el sentido de lo político consiste en la organización autónoma del obrar común de los hombres partiendo de una idea determinada del Derecho, conforme a un plan y dentro de un espacio concreto", nos limitamos a aludir a los diferentes ensayos de Carl Schmitt, Morgenthau y Tríepel. Triepel (Die Hegemonie, ein Buch von führenden Staaten, 1939) se contenta con recordar que la voz "político" procede de "Polis". Esta advertencia es muy estimable, ya que acabamos de ver que los asuntos vitales son aquellos que afectan al Estado como tal. Con este criterio, se cohonesta igualmente la observación de Morgenthau, según la cual la política consiste en la lucha por el poder ("La notion du "politique" et la théorie des différends internationaux", 1933), puesto que este hecho indica la causa histórica de la afección; así como el punto de vista de Carl Schmitt, (El concepto de la política, trad. española de Javier Conde, Cultura Española. 1941, ps, 109 y ss.) según el cual "la distinción propiamente política es la distinción entre el amigo y el enemigo", puesto que explica lo necesariamente individual de esta relación. El estudio de Schindler (Die Schiedsgerichtsbarkeit seit 1914, 1938), al contrario, no nos interesa en este lugar. Las enumeraciones de controversias jurídicas, conforme existen en el art. 13 par. 2° del Pacto de la Sociedad de Naciones y el art. 36 par. 2° del vigente Estatuto de la Corte Internacional de Justicia, contemplan efectivamente asuntos cotidianos: así, se consideran controversias de orden jurídico las que versen sobre la interpretación de un tratado, las que se refieran a la existencia de todo hecho que, de ser establecido, constituiría violación de una obligación internacional y las que traten de la naturaleza o extensión de la reparación que ha de hacerse por el quebrantamiento de una obligación internacional. En cierto modo parece, pues, que se identifican los asuntos cotidianos con las controversias jurídicas, y los vitales con las políticas. No obstante, preferimos evitar esta identificación. En primer lugar, adolece la oposición entre controversias jurídicas y políticas de una estrechez que no la recomienda para nuestro tema. En efecto, esta distinción aparece en el tema de los asuntos sometibles a una jurisdicción, lo que justifica el uso del término "contienda", mientras que nosotros enfocamos una distinción fundamental en toda la esfera del D. I. Púb., y más allá en todo Derecho. En segundo lugar, la oposición entre lo jurídico y lo político excluye lo último de la órbita del Derecho, mientras que nosotros opinamos que las normas individuales san tan jurídicas como las generales. Lo único que pasa es que las normas individuales no realizan el valor de la seguridad jurídica; en cambio sí el de la justicia.

c') No se debe confundir con el concepto de controversias políticas el de asuntos domésticos y el dominio reservado al Estado para resolverlo (véase art. 15 par. 8 Pacto de la Sociedad de Naciones; art. 2 número 7ª, Carta de las Naciones Unidas). Los asuntos domésticos son asuntos que, si bien interesan al D. I. Púb., pertenecen a la jurisdicción de cada Estado. Se comprende muy bien la superposición del interés nacional e internacional y la antinomia entre el interés internacional y la jurisdicción nacional, si se tiene en cuenta que cualquier asunto cotidiano de primero, segundo o tercer grado, con tal que contenga un elemento extranjero, es a la vez nacional e internacional.

d') Vimos en su lugar (II, 1, c) que los asuntos vitales internos pertenecen, al menos en gran parte, al D. I. Púb. recibido por el Derecho interno. No es, por consiguiente, sino natural cuestionar si los asuntos cotidianos en la esfera del D. I. Púb. constituyen Derecho interno recibido por aquel. Triepel (Droit International et Droit Interne, 1. c. ps. 209 7 ss.) niega casi por completo la posibilidad de tal recepción por el actual D. I. Púb., una vez que superó la fase inicial en la que fue un Derecho Romano y un Derecho Natural aplicado. De todos modos, no coinciden asuntos cotidianos internacionales y normas internas recibidas por el D. I. Púb. Existen asuntos cotidianos internacionales que lo son necesariamente, por lo cual no pueden resolverse por Derecho interno recibido. Mencionamos: a título de ejemplo las normas sobre extradición, auxilio judicial internacional, así como los asuntos cotidianos internacionales de tercer grado. En todas estas materias, normas internas siempre son emitidas por el legislador interno como "negotiorum gestor" de la comunidad internacional. Aún siendo, pues, anteriores en el tiempo a normas internacionales, éstas no constituyen .normas internas recibidas, sino que éstas últimas son precursoras de normas internacionales.

e') La división del D. I. Púb. en D. I. Púb. propiamente dicho y D. I. Privado (véase sobre ella Triepel, Droit International et Droit Interne, 1. c. ps. 127, 128) no es tampoco idéntica a la entre asuntos vitales y asuntos cotidianos, «ni siquiera incluyendo en el D. I. Privado el Derecho Internacional Penal. Basta a este efecto recordar los asuntos cotidianos de tercer grado.

3. *Las normas indirectas (normas de colisión)*

A primera vista no cabe duda alguna que las normas indirectas son normas generales, puesto que contemplan asuntos cotidianos. De cierta manera esta impresión es exacta. No obstante, existe una particularidad de las normas indirectas que modifica lo estatuido.

Las normas generales enfocan tipos de asuntos. Precisamente por esta razón, no visualizan asuntos reales. Cualquier asunto real puede sólo ser determinado mediante la aplicación de varias normas generales. De análoga manera en que un objeto no queda suficientemente fijado incluyéndolo en el concepto de cosa, sino que hace falta recurrir a otras muy variadas «nociones como p. ej., mesa, redonda, de madera de caoba, de tales dimensiones, etc., un caso real no se resuelve por medio de la aplicación de la norma sobre la compra-venta, sino que en rigor ha de aplicarse la totalidad del ordenamiento jurídico, estimándose como inaplicables ciertas disposiciones y haciendo aplicación de otras como p. ej. de las sobre mayoría de edad, personalidad jurídica, cosas comerciales, lugar de cumplimiento, etc. Bellamente se ha comparado el orden jurídico con una esfera que aparentemente sólo toma contacto con la tabla sobre la cual descansa en el punto tangencial, mientras que en realidad, precisamente, sobre este pinito gravita con todo su peso[8]. Ahora bien, la concatenación de las diversas normas generales no se efectúa mediante una armonía preestablecida, sino gracias al plan unitario y a la unidad de dirección y de iniciativa del autor de las normas. He aquí una importante diferencia entre las normas individuales que reglamentan casos reales, por lo cual

8 V. p. ej., Carlos Cossio, El Derecho en el Derecho Judicial (Kraít, Buenos Aires, 1946, p. 111).

una sola basta para resolver un caso, y las normas generales que sólo en virtud de unirse en grupos son capaces de dar solución a los asuntos de la vida.

Si ahora centramos nuestra atención sobre las normas indirectas, por cierto generales, advertimos que, además de combinarse entre sí, llaman en su auxilio combinaciones de normas directas de diferentes ordenamientos jurídicos. En efecto, para solucionar un solo caso concreto se combinan p. ej., las normas indirectas del Derecho Internacional Privado del Juez sobre capacidad jurídica, capacidad de negociar, forma del contrato, contenido y efectos del mismo, transmisión de la propiedad de una cosa, pago de dinero y problemas procesales, por una vertiente, y sendos grupos de normas privatistas y procesales de posiblemente nueve Derechos diversos, por la otra. Ninguna unidad de dirección coordina de antemano estas normas, puesto que pertenecen a diferentes Estados. Este hecho explica que la combinación de las normas generales resulta fácilmente inadecuada al caso individual. En este supuesto, el Juez creará ad hoc una norma individual. Estas normas individuales no enfocan directamente el caso litigioso, sino que se ocupan de armonizar las diferentes normas materiales declaradas aplicables por las normas indirectas y también éstas mismas, ya que, si bien formalmente dimanan del mismo autor, en realidad desertan hacia los diferentes Derechos extranjeros materiales e indirectos que invocan, al menos si se sigue la doctrina de las calificaciones en virtud de la "lex civilis causae" y la del reenvío.

En resumidas cuentas: El Derecho Internacional Privado en sentido estricto (el llamado Derecho Indirecto o Derecho de colisión con exclusióit del Derecho de nacionalidad y extranjería) se compone de normas generales que enfocan tipos de asuntos cotidianos de primer y de segundo grado. Pero a causa de ciertas particularidades consignadas hacen falta normas individuales para reglamentar las constelaciones concretas de las normas generales movilizadas con ocasión del caso de la vida. Estas normas individuales, que podrían llamarse "auxiliares", poseen la misma estructura que las normas individuales principales; pero se diferencian de ellas por no basarse en la vitalidad del asunto reglamentado para el autor de la norma, sino en dificultades técnicas a que la combinación armoniosa de normas generales de diferentes Derechos da lugar.

III. CONCLUSIÓN: PERSPECTIVA FILOSÓFICA

La Filosofía dio fértiles ideas a los juristas, cuando fundó las llamadas Ciencias del Espíritu o Ciencias de la Cultura.

El mismo Dilthey tal vez no haya logrado más que abrir los ojos de los juristas a la tremenda complejidad del problema del Derecho (véase en este sentido Renato Treves, Diritto e Cultura, Memoria LXIX. Serie II, de las Memorias del Instituto Jurídico de la Universidad de Torino, ps. 39 a 49; existe una edición española: Derecho y Cultura, Buenos Aires, 1947). Dilthey (Introducción a las Ciencias del Espíritu, trad. esp. por Imaz, México, Fondo de Cultura Económica, ps. 67 a 73) distingue sistemas culturales como el arte y la ciencia, por un lado, y la organización exterior de la sociedad, por el otro. El Derecho es la unidad de ambas entidades. En él se encuentra en unidad indivisa lo que luego diverge en sistemas culturales y organización exterior de la

Sociedad" (1. c. p. 69). Todas las Ciencias del Espíritu requieren como ciencia básica una nueva Psicología Descriptiva y Analítica (véase Ideas acerca de una Psicología descriptiva y analítica, trad. esp. por Imaz en el tomo titulado: Psicología y Teoría del Conocimiento, México, Fondo de Cultura Económica). Las siguientes (y, por cierto pobres) palabras de Dilthey quieren demostrar la ligazón psicológica del Derecho: "La jurisprudencia tiene que ver con conceptos como norma, ley, imputabilidad, con compuestos psíquicos que reclaman un análisis psicológico. Le es imposible exponer la conexión en que surge el sentimiento jurídico o aquella en la cual los fines operan en el Derecho y las voluntades son sometidos a la Ley, si no dispone de una comprensión clara de la conexión regular de cada vida anímica" (1. c. p. 231).

Para nuestros fines es de incomparablemente mayor importancia la célebre obra de Rickert, Die Grenzen der naturwissenschaftlichen Begriffsbildung (5ª ed., 1929), con la cual, por lo demás. Dilthey coincide en cuanto se encamina a que sea reconocida en las ciencias del espíritu la significación de lo singular y de lo individual (adiciones a la Introducción a las Ciencias del Espíritu, 1. c. p. 453), mientras que Rickert no deja de quejarse de la poca claridad conceptual de Dilthey (1. c, p. 544). Rickert adjudica a las ciencias naturales conceptos generales a diferencia de los individuales, cuyo uso caracteriza sobre todo la ciencia de la Historia. Lo general y lo individual caracterizan los conceptos lógicos de la Naturaleza y de la Historia respectivamente. Su amigo Windelband opone, de modo análogo, el método nomotético al método ideográfico.

Si nos acordamos de nuestro análisis, podemos corroborar las afirmaciones de Rickert mediante una doble observación. En primer lugar, se comprende que la Historia en sentido material se ocupa de lo individual. En efecto, el cronista de la Historia es la Humanidad y la Humanidad, representada, claro está, por historiadores individuales, distingue los acontecimientos en cotidianos y vitales. La Historia sólo trata de los sucesos vitales para la Humanidad y este tratamiento se efectúa por medio de conceptos individuales. A título de digresión sea dicho que estos sucesos no consistirán siempre en acciones de individuos determinados, sino que también puede tratarse de sucesos económicos, religiosos, etc. En segundo lugar, comprendemos que la exposición de las normas individuales del D. I. Púb. constituye un aspecto particular de la Historia Universal, así como el análisis de las normas individuales internas ofrece una faceta particular de la Historia nacional. Nos encontramos, de cierto modo, con una Historia de Problemas (véase sobre la historia de los problemas filosóficos, Rickert, 1. c. p. 556).

Una última observación:[9] La Historia del Derecho trabaja naturalmente con normas (.no vigentes) individuales. Por ello, brilla en ella el típico trabajo jurídico de la interpretación y aplicación de normas generales por su ausencia. Este hecho constituye probablemente una razón en favor de la tesis que rechaza el estudio de la Historia del Derecho como principio de la carrera jurídica.

9 Giuseppe Rentsi (Introduzzione alia Scepsi Etica, Firenze, 1921) afirma, adoptando un crudo nominalismo, que el enjuiciamiento moral no contempla sino el acto en su unicidad, que toda generalización es inadmisible y que la moral no posee, por ende, carácter normativo. Pero este razonamiento olvida, en primer lugar, que también las normas individuales, por muy individuales que sean, tienen carácter normativo; y, en segundo lugar, que aún las normas individuales se relacionan con principios generales.

Análogo razonamiento se aplica al Derecho Comparado. En efecto, si p. ej. aprendemos que en Alemania la anulación del matrimonio produce efectos semejantes al divorcio, no enfocamos una norma general sino una institución individual. Por consiguiente, la solución de un caso de D. L Pr. no requiere sólo el conocimiento de la norma general de colisión y la orientación brindada por los conceptos individuales del Derecho Comparado, sino que, además, exige el conocimiento de la norma general del Derecho material aplicable, ya que en él es preciso encajar el caso controvertido.

Hemos llegado al final de nuestras investigaciones sobre normas individuales y normas generales. Quisieran constituir una aportación al problema de la formación de conceptos en el Derecho Internacional.

5) Goethe y la axiología jurídica[1]

Indice de materias

Planteamiento del problema: I. El suceso del 25 de julio de 1793. — II. Justificación de la tesis del 25 de julio de 1793 en vista de las concepciones y vida artística de Goethe. 1) Doctrinas de Goethe acerca del clasicismo y romanticismo. 2) Vida artística de Goethe, a) Bellas Artes y música, b) Poesía. 3) Resumen. — III. Seguridad jurídica y justicia. 1) Historia del problema, a) Antigüedad y Edad Media, b) Edad Moderna. 2) Su exposición. a) Seguridad jurídica, b) Justicia, c) Conflictos entre seguridad jurídica y justicia.

El célebre comediógrafo español don Jacinto Benavente inicia uno de sus enjundiosos artículos en el diario madrileño "ABC" con la afirmación de que se atribuyen erróneamente a Goethe las palabras: "Prefiero cometer una injusticia que soportar un desorden", condenándolas a continuación severamente, una vez despojadas de la autoridad de Goethe.

No podemos refrendar la tesis de don Jacinto, si bien le admitimos que los jusfilósofos han incurrido en el pecado de citar con frecuencia la exclamación del gran poeta de Weimar sin indicar la obra donde se halla ni la ocasión que la provocó. Mencionamos como botón de muestra la (por lo demás) excelente "Filosofía de Derecho" de Radbruch (tercera edición alemana, Quelle und Meyer, ¡Leipzig, 1932, p. 98).

I. Goethe nos relata la opinión controvertida en la narración del sitio de Maguncia: "Belagerung von Mainz" (1793) (véase por ejemplo, el tomo 27 de la edición de Cotta, Stuttgart, de 1871, páginas 136 a 138). Goethe se encontraba con un tal Gore en las ventanas del palacio reservado al duque de Weimar, y observaba el éxodo de los franceses concedido por las autoridades. En este momento advirtió cómo el pueblo congregado en la plaza delante del palacio hizo ademán de abalanzarse sobre un individuo que, capitaneando varios coches llenos de bagaje, también quería salir de la ciudad. Le imputaron haber saqueado algún edificio, y la indignación de verle partir sano y salvo y en compañía de todo el botín estaba a punto de provocar su linchamiento. En este momento se interpuso Goethe y consiguió con su intervención impedir la violencia y lograr el libre egreso de la persona amenazada con todos sus bienes. Goethe cuenta que su primer móvil fue amparar la paz delante del

1 Este estudio fue redactado con motivo del bicentenario del aniversario de Goethe (28 de agosto de 1949); pero no fue publicado sino en abril, mayo, junio de 1952 en la "Revista de Derecho Procesal", Madrid, Año VIII, n° 29.

alojamiento del duque e impedir la indignación del último cuando, volviendo a casa, apenas pudiese llegar a la puerta viendo imposibilitado el acceso por el montón de escombros, lógico resultado del asalto y del linchamiento. En la arenga a la masa, Goethe invoca también la promesa del Rey de dar libre salida a los franceses sin estatuir excepción alguna. El tomarse la justicia por sus propias manos es un delito. Sólo Dios y las autoridades deben castigar a los culpables. Cuando Goethe, después de su feliz intervención, volvió a reunirse con Gore, éste le reprochó su actuación, hasta que Goethe, con impaciencia, exclamó: "¡Qué vamos a hacer Soy así: Prefiero cometer una injusticia que soportar desorden". En alemán las palabras son las siguientes: "Es liegt nun einmal in meiner Natur: ich will lieber eira Ungereelitigkeít begehen ais Unordnung ertragen". Tales célebres palabras fueron pronunciadas el 25 de julio de 1793.

II. Ahora bien: ¿corresponden ellas realmente a la manera de ser de Goethe? La tesis del 25 de julio de 1793 ensalza la seguridad jurídica a costa de la justicia. La justicia enfoca el caso aislado y le enjuicia con completa prescinde,ucia del pasado y de lo porvenir. La seguridad jurídica inordina cada caso al tejido de la convivencia social y aquilata las repercusiones del enjuiciamiento del caso sobre otros semejantes de ayer y de mañana. La justicia es subjetiva, la seguridad jurídica es objetiva. La primera es femenina, la segunda es varonil. La una es romántica, la otra es clásica. Las últimas dos valoraciones contienen el entronque respecto a la lucha entre justicia y seguridad jurídica en el alma de Goethe. Comprender las palabras que pronunció durante el sitio de Maguncia supone dilucidar su toma de posición ante el problema del clasicismo y del romanticismo.

1) En sus conversaciones con Eckermann, dice Goethe el 21 de marzo de 1830 lo que sigue: "Los conceptos de poesía clásica y romántica que ahora corren por todo el mundo, y tantas controversias y escisiones producen, prístinamente han partido de mí y de Schiller. Yo trabajaba en la poesía con la máxima del procedimiento objetivo, y no admitía otra que ésta. Pero Schiller, que actuaba como ser enteramente subjetivo, consideraba que su manera de ser era la acertada, y, para defenderse contra mí, escribió su artículo sobre poesía ingenua y sentimental". Un año más tarde, el 2 de abril de 1829, pronunció Goethe, igualmente a Eckermann, estas palabras mordaces: "Se me ha ocurrido una nueva expresión que no caracteriza la relación de ambos movimientos con desacierto, identifico lo clásico a lo sano, y lo romántico a lo enfermizo ... La mayor parte de lo novedoso no es romántico por ser nuevo, sino por ser endeble, enclenque y enfermo; y lo antiguo no es clásico por ser viejo, sino por ser fuerte, fresco, gayo y sano. Si quisiéramos distinguir lo clásico y lo romántico en atención a estas cualidades, pronto nos pondríamos todos de acuerdo". Después de traer a colación estos pasajes, ninguna duda parece haber de que Goethe era un autor clásico cien por cien y que condenaba por completo toda arte romántica. Desgraciadamente, la seguridad suele ser el resultado de la ignorancia, por cierto "no docta". Hilando más delgado, la situación se complica. El mismo Goethe, en su conversación del 21 de marzo de 1830, admite que Schiller demostró que la obra goetheana "Ifigenia" no constituía una obra clásica, sino, en atención a la primacía del sentimiento, un drama romántico; y durante una tercera conversación con Eckermadm, intermedia, puesto que tiene lugar el 16 de diciembre de 1829, Goethe juzga

acerca de la relación entre lo clásico y lo romántico con mucha ecuanimidad. De acuerdo con Eckermann, Goethe se expresó como sigue: "Los franceses empiezan ahora a pensar rectamente sobre estos asuntos.

Creen que lo clásico y lo romántico están en pie de igualdad, y que lo único que importa es que sepamos servirnos de estas formas inteligentemente, produciendo algo excelente. Ambas se prestan igualmente a lo absurdo, y entonces tanto lo clásico como lo romántico carecen de valor. Me parece que esta opinión es razonable y provechosa y podría aquietarnos para una temporada". La ambigüedad de Goethe respecto a lo clásico y lo romántico[2] se confirma, si consultamos el trabajo de Schiller sobre poesía ingenua y sentimental, citado por el mismo Goethe. Schiller ("Uber naive und sentimentalische Dichtung", en Obras Completas, edición Hempel-Kutscher, Deutsches Verlagshaus Bong und Co., Parte Octava, página 131) enseña: "Los poetas son en todas partes y conforme a su propia esencia los guardianes de la naturaleza. Donde no pueden ser tal cosa, sea que experimenten en sí la influencia destructiva de formas arbitrarías y artificiales, sea que al menos hayan tenido que luchar con ella, comparecerán como testigos y vengadores de la naturaleza. Los poetas, o son naturaleza o buscan la naturaleza perdida. De ahí proceden dos maneras poéticas enteramente diversas que conjuntamente agotan y circunscriben todo el terreno de la poesía. Todos los poetas auténticos, según el tiempo en que florecen, o según las circunstancias casuales que repercutan sobre su cultura general o su estado sentimental pasajero, pertenecerán o a los poetas ingenuos o a los sentimentales " Este pasaje trata ambas formas de poesía en pie de igualdad y está lejos de una condena radical de lo romántico. Con gran agudeza afirma George Santayana ("El egotismo en la filosofía alemana", Ediciones Imán, Buenos Aires, 1942, p. 54). "Nada, por ejemplo, más romántico en Goethe que su clasicismo."

2) Conviene examinar, en primer lugar, la actitud de Goethe respecto a las Bellas Artes y, de paso, a la música; y luego, en segundo lugar, aquilatar su poesía. La razón de este distingo y del orden de su exposición obedece al hecho de que Goethe, como mero aficionado que era en el primer terreno, en él pudo expresar con menos escrúpulos y con menos consciencia de la complejidad de la materia el punto de vista que artística y moralmente le parecía el acertado. En cuanto a la poesía, en cambio, que constituye la vida misma de Goethe, podemos suponer que la irreductible complejidad de la vida y del arte le habrá dificultado trazar líneas divisorias nítidas y le habrá obligado a numerosos y tal vez feraces compromisos.

a) Como joven en Estrasburgo, en cuya Universidad debía estudiar Derecho, le enardeció la catedral de aquella ciudad, debida al arquitecto Erwin von Steinbach,. Esta catedral es de esfilo gótico. Goethe nos cuenta en la segunda parte y en el noveno libro de "Poesía y verdad", cómo el entusiasmo le hizo reivindicar el arte gótico como arte alemán. Pero el mismo Gothe, que ya de viejo nos relata su pasión juvenil, añade que más tarde fue atraído por

2 Esta ambigüedad se funda en la naturaleza misma de las cosas. Según Herbert Grienson "lo clásico y lo romántico son la sístole y la diástole del corazón humano en la historia", siendo, con arreglo a palabras de Herbert Read, como "la cáscara y la almendra" (v. Guillermo de Torre, "La aventura y el orden", Losada, Buenos Aires, Í94S, ps. 14, 15).

un arte más desarrollado y que solamente la resucitación del entusiasmo a favor del arte gótico en la Escuela Romántica le prueba que aquél no carecía de valor. Goethe cita como representante de aquella Escuela a Sulpiz Boisserée, único que más tarde fue capaz de seducirle cíe nuevo, si bien pasajeramente, a cometer excursiones hacia la pintura romántica (Comelius, etc.)[3]. ¿Cuál es el arte más desarrollado que, según Goethe, desplazó en su alma el arce gótico? He aquí el arte clásico que satisfacía su inclinación hacia reglas y leyes, nacida de su deficiente talento natural en materia de arte, según propias palabras de Goethe[4]. El arte clásico de la antigüedad había recibido una exposición magistral en la célebre obra de Winkelmann, fundador de la ciencia europea del arte, titulada: "Historia del arte de la antigüedad"[5]. Goethe nos narra en la segunda parte y en el octavo libro de "Poesía y verdad" qué tremenda impresión le produjo la noticia del asesinato de Winckelmann, la que le alcanzó durante su estancia en Leipzig. En su conversación con Eckermann del 16 de febrero de 1827, Goethe pronuncia de Winckelmann las hermosas palabras: "Leyéndole, no se aprende nada; pero uno se formad Winckelmann caracteriza el ideal artístico con famoso verbo que ya se halla en sus primeros escritos[6]: "simplicidad noble y grandeza tranquila". ("Edle Einfalt und stille Grosse"). El arte clásico de la antigüedad halla más tarde una nueva expresión en el arte del Renacimiento italiano. Heinrich Wölfflin[7] atribuye a ambos movimientos cinco características: espíritu plástico, forma y medida cerrada, lo grande y lo sencillo, claridad, ideal y naturaleza. En nuestro contexto nos interesan sobre todo las palabras que Wölfflin dedica a la oposición de lo ideal y la naturaleza (ps. 43, 44): "Con el concepto de lo clásico se relacionan la noción de un arte que en su representación da más que una mera reproducción de lo real y el que en su formación creadora ha avanzado de lo plácido y contingente a lo legal y eternamente válido. A través de lo contingente penetra lo genérico. De la masa de lo casual y pobre de significado se desprende lo típico y grávido de sentido. Los clásicos de la literatura alemana discutieron el problema extensamente. La correspondencia entre Schiller y Goethe alude continuamente a la distinción entre lo real y lo verdadero, y con la alta estimación de lo verdadero se da simultáneamente la desvalorización de lo individual. Schiller escribe (1794) que cada individuo es tanto menos hombre en cuanto es individual, que cada manera de sentir es tanto menos necesaria y humana cuanto es particular de un determinado sujeto. Se puede dudar de si esta opinión extrema habría sido comprendida por la Italia clásica; pero uno no puede hacerse ilusiones acerca del hecho de que el placer acerca del mundo multicolorado de los individuos cesa en el siglo XV. Lo individual no desaparece, sino que retrocede a favor de algo más general que no reproduce inmediatamente a un

3 Véase Richard Benz, "Goethe und die romantische Kunst" (Manchen, Piper und Co., 1940, ps. 49 a 52).

4 Citadas de acuerdo con Benz, 1. c. p. 21.

5 J. J. Winckelmann, "Geschickte der Kunst des Altertums" (Berlín, SafariÁ' erlag, 1942).

6 Véase Günther Müller, "Gescliichte der Deutschen Seele, Vom Fausthuch zu Goethes Faust" (Freiburg, Herder, Í939, p. 239).

7 Heinrich Wölfflin, "Gedanken zur Kmistgeschichte", Base, Benno Schwabe, tercera edición, 1941, ps. 25 y ss. (sobre todo p. 28).

hombre determinado con sus cualidades casuales, sirio que da un carácter decantado hacia lo típico. Leonardo nos brinda el primer magno ejemplo en su Cena en las cabezas de los apóstoles, de los que Goethe afirma acertadamente que no representan (como antes) personas aisladas, sino clases de personas," El acento que grava sobre el carácter legal de lo clásico en oposición a lo individual del arte no-clásico nos interesa sobremanera, por permitirnos poner en parangón el arte clásico con la seguridad jurídica y el arte romántico con la justicia del caso aislado. Goethe se convierte definitivamente al arte clásico durante su viaje a Italia (1786), dispuesto a defenderlo en la primera ocasión que se ofreciere. Esta ocasión se realizó cuando en 1797 los amigos Tieck y Wackenroder publicaron sus "Expansiones cardiales de un fraile aficionado del arte" ("Herzensergiessungen eines kunstliebenden Klosterbruders"). Este libro predica el arte como única salvación del hombre. A la par se efectúa una glorificación de la Edad Media. El arte no es un oficio que se aprende, sino un misterio que se revela. Ricarda Huch[8] compara esta obra con un misal que durante largos años ha descansado en una iglesia, que contiene canciones místicas e, intercalados, ornamentos áureos y flamígeros, y que es dulce a causa del incienso que todo el tiempo lo ha envuelto en sus nubes. Un año más tarde muere Wackenroder con sólo veinticinco años de edad. En el mismo año 1798 se funda en Weimar la revista "Los Propileos", dirigida contra el arte romántico conforme lo concibió Wackenroder. Sus padrinos espirituales son Goethe, Schiller y el "ministro de arte" de Goethe: Heinrich Meyer. Recordamos que el sentido de la voz "propileo" es el de ser vestíbulo de un templo. Wackenroder había querido transportarse como por arte de birlibirloque al centro del templo del arte. Goethe le contesta que todavía hace falta quedarse en el pórtico, el vestíbulo, donde mucho es preciso aprender. Contra Wackenroder se lanzan las siguientes palabras de la introducción[9]: "El joven, atraído por la naturaleza o el arte, cree con impaciente anhelo penetrar en el santuario; el hombre maduro advierte después de largas caminatas que todavía se halla en los patios exteriores." Además de los Propileos, en los que también se libran ataques contra el arte gótico, se organizan certámenes que premian las mejores pinturas consagradas a temas exclusivamente escogidos de la poesía griega. Runge y Cornelius tenían poco éxito en estos concursos. De artistas apreciables ganó un premio sólo Gaspar David Friedrich, a pesar de que su lienzo contiene el motivo religioso de una procesión hacia un crucifijo; pero el Tribunal lo concibe como mero adorno accesorio del paisaje. Prescindiendo de cortas recaídas de Goethe a favor del arte gótico (catedral de Colonia), pintura flamenca (Eyck) y pintura de los nazarenos (Cornelius), recaídas provocadas por los hermanos Boisserée y favorecidas por la ausencia de Meyer[10], Goethe sigue fiel al ideal del arte clásico.

---

8 Ricarda Huch, "Blütezeit der Romantik" (Leipzig, Haessel, décima edición, 1920, p. 102).

9 Citadas según Benz, 1. c. p. 29.

10 El poeta romántico Tieck solía ridiculizar a Meyer imitando su manera de hablar, y uno de los Boisserée le llama "el viejo zorro" (carta de Sulpiz a Melchior Boisserée del 6 de mayo de 1811, reproducida en Benz, 1. c. p. 161). Mencionamos de paso tan sólo que otra circunstancia favorable a la "recaída" era el descubrimiento y la subsiguiente publicación de los dibujos marginales de Dürer hechos en el misal del Emperador Maximiliano. Goethe

Respecto a la música, Goethe se mantuvo igualmente en una actitud antirromántica. Rechazó a Schubert, y sus relaciones con Beethoven, que se inician gracias a la intervención de Bettina Brentano (hermana del poeta romántico Clemens Brentano y esposa del vate igualmente romántico Achim von Arim[11], no son duraderas. Benz (1. c. p. 19) dice al efecto, con razón: "Les era en el fondo demasiado emparentado para no ver en ellos con repugnancia, inclusive con pavor, lo que en sí había domeñado para resistirlo: su ser elemental-dinámico"[12]. Estos mismos sentimientos determinan su actitud hacia la Revolución Francesa[13] y la Guerra de Independencia.

b) Goethe empieza su carrera poética dentro del movimiento que lleva como rótulo las palabras "Sturm und Drang" (tempestad de pasiones y pujanza). Esta comente se rebela contra el ilurninismo conforme se expresaba en la filosofía de Christian Wolff y ...... la estética de Gottsched; pero también se alza contra las reglas éticas de la burguesía. Los representantes de "Sturm und Drang" anhelan aniquilar las tablas tradicionales de valor y erigir como único ideal el de satisfacer las exigencias de la justicia del caso aislado. El fundador del movimiento es Johann Georg Hamann, llamado el "Mago del Norte", que, a semejanza con Nietzsche, siendo "llama" como éste, "quema cuanto toca, convirtiéndolo en ceniza" mística. Hegel, cuyo acierto en esta materia Goethe (conversación con Eckermann del 17 de febrero de 1829) alaba, y con el que también conversó acerca de Hamann, con ocasión de la visita que Hegel le hizo (conversación con Eckermann del 18 de octubre de de 1827), afirma que el modo espiritual de la piedad de Hamann demuestra la libertad de la muerte de las fórmulas; y Hegel sostiene a renglón seguido que el cristianismo de Hamaim es la energía de una actualidad viva e individual[14]. Hamann se acercó hacia el final de su vida a los círculos pietistas, a Münster y a la sociedad de la duquesa Gallitzin. Como es sabido, pasó también Goethe, antes de ir a Estrasburgo, por una breve fase pietista que más tarde plasmó en el sexto libro de "Wdhelm Meisters Lehrjahre" (Años de aprendizaje de Guillermo Meister) en las "Confesiones de un alma bella", que se basaban en apuntes de Susanne von Klettenberg. El verdadero jefe de "Sturm und Drang" es Herder, discípulo de Hamann. Herder es, a la par, el caudillo del movimiento siguiente romántico, que se relaciona con "Sturm und Drang" como la mariposa con la crisálida. Herder se hace amigo de Goethe y le transmite su entusiasmo por la Biblia, Homero, Shakespeare y Ossian[15]. Y ahora crea Goe-

---

reconoció públicamente (en "Jenaisclie Allgememe Literatur-Zeitung" del 10 de marzo de 1808, n. 67) su alto valor (Y. Benz, p. 147).

11 Ina Seidel, "Bettina" (Stuttgart, Gotta, 1944, ps. 59, 60).

12 Véase también Tilomas Mann, "Lotte in Weimar" (Fischer, Stockholm, 1946, p. 328).

13 En "Die Natürlidie Tocb.ter" se sostiene: "Wenn dir die Menga, guíes, edles Kind, —Bedeutend scheinen mag, so tadl'ichs nicht—, Sie ist bedeutend, mehr noch aber sinds —Die Wenigen, geschaffen, dieser Menge— Durch Wiiken, Bilden, Herrschen vorzustehen" (v. sobre este pasaje E. R. Huber, Goethe und der Staat, Estrasburgo, 1944, ps. 9 y ss.).

14 Jübilaumsausgabe samtliclier Werke Hegels, Stuttgart, Fromanns Verlag, 1937, t. 24, p. 953.

15 Ossian fue un héroe de la leyenda celta del siglo m d. C. Macpherson publicó en 1765 canciones referentes a él qué presenta como antiguas, pero las cuales parecen ser una falsificación "genial" (v. Bielchowsky, Goethe, München, Beclc, ed. 25, í. I, 1912, u. 117).

the rápidamente las obras maestras del "Sturm und Drang": Götz von Berlichingen (1773) y Werther (1774). Ambas obras pueden ser concebidas de guisa que se relacionan como el anverso y el reverso de la misma medalla. Götz vive en una época de anarquía. Ningún ordenamiento jurídico es eficaz y realiza el valor de seguridad jurídica. Götz tampoco es capaz de crear un orden jurídico real, pero sí lo es de tomarse la justicia por sus propias manos. Goethe mismo nos dice (en "Poesía y verdad", Parte 2-, Libro X) que "la figura de un hombre, rudo, más bien intencionado que en tiempo salvaje y anárquico se hace lo mismo justicia, provocó mi más intenso interés". Pero paralelamente a este conflicto entre falta de regía general y creación de orden individual en el terreno de la materia, se desenvuelve en la altiplanicie de la forma, otro entre regla tradicional y justicia del caso aislado. Goethe echa por la borda las reglas clásicas de la ciencia dramática acerca de las tres unidades. La obra transcurre durante un lapso considerable de años, tiene lugar en diferentes sitios y contiene una multiplicidad de acontecimientos. En el último aspecto basta recordar que al verdadero drama de Götz se une el de Weislingen, brotado de la vivencia de Goethe con Friederike Brion de Sesenheim. Las cuitas del joven Werther son provocadas por el conflicto entre las reglas generales de la moral burguesa y una exigencias justicieras del caso particular de Werther. Este, no obstante, no es ningún Götz: no sabe tomarse la justicia por sus propias manos, sino sólo quitarse así la vida. La forma de Werther no es, en cambio, revolucionaria. Por otro lado, también en esta novela epistolar intervienen sucesos de la vida de Goethe: principalmente, sus relaciones con Charlotte Buff y Johann Christian Kestner en Wetzlar, pero también las que sostuvo con, Maximiliane La Roche, madre de Clemens y Bettina Brentano. Ambas obras: Götz y Werther, simpatizantes de la justicia del caso aislado, encontraron general aplauso. No obstante, el poeta de más relieve: Lessing, les es hostil. En Götz le desagrada la anarquía formal, y él caracteriza la obra como un "bello monstruo"[16]; en Werther le repugna el suicidio del protagonista y su móvil[17], en último lugar, pues, la sublevación contra la ley. Si Lessing hubiese previsto que Goethe encontraría el camino hacia el orden y la regla general, no habría tomado tan severa actitud contra las primeras producciones juveniles de Goethe. No carece de cierta ironía histórica el hecho de que más tarde Goethe observa análoga actitud frente a Kleist, a la que Lessing había escogido respecto a él Kleist había creado obras de espantosa grandeza, como "Penthesilea", que ahonda en los abismos inescrutables donde se hermanan lucha, eros y muerte. Günter Müller (1. c. ps. 412, 413) enjuicia esta obra demoníaca del siguiente modo: "Lo trágico en la "Penthesilea" es su existencia y su esencia fáctica y única. He aquí una necesidad que no implica un, principio de validez o un significado simbólico. Precisamente lo único alberga lo trágico." Goethe, al que Kleist brindó la obra, la rechazó (v. Benz, página 413)[18]. Algo más tarde redacta Kleist su novela "Michael Kohlhaas", que tiene por tema expreso la lucha entre la justicia y la seguridad jurídica: Michael Kohlhaas, víctima de una injusticia, llega a ser salteador de caminos, asesino y rebelde.

---

16 V. Bielschowsky, 1. c. ps. 180, 181.

17 V. Bielschowsky, 1. c. ps. 203, 204.

18 Véanse cartas de Kleist del 24. I. y de Goethe de í. II. 1803 (Briefe Deutscher Klassiker, editadas de Albert Haiieis, Dieterich, Leipzig, 1941, ps. 359 a 361).

Pero más tarde Kleist (tal vez inspirándose en la poesía de Schiller "La lucha con el dragón") nos regala su obra dramática cumbre: "El príncipe de Homburg", en la que el protagonista, después de una larga lucha interna, aprende a apreciar la función de seguridad que la ley produce, si se la aplica sm tener en consideraciones particularidades del caso aislado. El príncipe gana una brillante batalla gracias a la infracción de una orden recibida; mas el Gran Elector le hace ver que el valor supremo consiste en la observación de la ley, y que sólo ojos miopes tienen apego a lo cercano y minúsculo. El ideal clásico en la poesía sojuzga a Goethe en el curso de su viaje a través de Italia. Dada la unidad del arte, no causa asombro el hecho de que Goethe reniegue simultáneamente del arte gótico (Viaje a Italia, Venecia, el 8 de octubre de 1786) y de la poesía romántica (en sentido lato). En Italia reciben tanto la "Ifigenia" como el "Tasso" su forma definitiva versificada, después de haber pasado por una versión prosaica, que inclusive fue aquella en la que "Ifigenia" fue estrenada en Weimar (el 6 de abril de 1779). Goethe nos relata sus dificultades en este aspecto (Viaje a Italia, 10 de enero de 1787: Roma), que giraban en torno a la búsqueda de reglas fijas de versificación. Pero lo técnico es sólo accesorio y simbólico[19]. Lo esencial es la dirección que desde ahora toma Goethe para domeñar los elementos volcánicos y sentimentales por la disciplina de la forma. Precisamente así se explica que sus obras nunca resultan a partir de aquel momento clásicas por excelencia y que, por ende, ambos movimientos de estilo invocan a Goethe con razón relativa. Mencionamos ya que Schiller demostró que "Ifigenia" no era tan clásica como lo aparentaba. Más fácil aún es esta prueba para el "Tasso". En la segunda parte de "Fausto", el himeneo entre Fausto y Helena encarna la conciliación entre el ideal clásico y romántico: sólo su compenetración engendra la poesía auténtica[20]. En cuanto a "Los años de aprendizaje de Guillermo Meister"., no encontramos sólo opiniones dispares de personas diferentes, sino que inclusive un solo hombre los concibió en una época de su vida como una obra maestra del romanticismo, sabiéndolos de memoria, mientras que poco tiempo después los condena duramente. Nos referimos a Novalis, del que proceden las siguientes palabras[21]: "Los años de aprendizaje de Guillermo Meister son, por cierto, completamente prosaicos y modernos. En ellos perece lo romántico, también la poesía de la naturaleza, lo milagroso. El libro no trata sino de cosas ordinarias, olvidando la naturaleza y el misticismo. Nos encontramos con un asunto poetizado, pero en el fondo burgués y doméstico. En esta obra se califica expresamente lo milagroso como poesía y fantasmagoría. El espíritu del libro es ateísmo artístico. Es extraño que logre efectos poéticos por medio de tamaña materia prosáica y banal. Guillermo Meister es un "Candide" dirigido contra la poesía." La novela de Novalis "Heinrich von Ofterdingen" intenta remediar estos defectos. La obra más característicamente romántica de Novalis son sus "Himnos dirigidos a la noche"; y, no obstante, había para ellos un modelo en la vasta producción de

19 V. V. Franz Schultz, "Klassik und Romantik der Deutschen" (Metzlersche Verlagsbuchhandlimg, Stuttgart, t. I, 1935, p. 238).

20 Kuno Fischer, "Goethes Faust" (séptima edición, Heidelberg, Carl Winter, tomo II, 1913, p. 105).

21 V. Ricarda Huck., í. c. t. I, p. 307, 308; v. asimismo Franz Schultz en su epílogo a las obras de Novalis (Novalis, Dichtungen, Insel-Verlag, Leipzig., p. 350).

Goethe, precisamente en el tan calumniado "Guillermo Maister", en la canción de Fhiline en el quinto libro, décimo capítulo. Así sostiene Goethe un equilibrio, a veces difícilmente guardado —recordamos la elegía de Marienbad y las relaciones con Ulrike von Levetzow que dieron origen a ella (1832)—, entre el elemento clásico y el elemento romántico, prevaleciendo la forma clásica sobre los sentimientos románticos. Oportunamente, y aludiendo a las ecuaciones: clásico— varonil, y romántico—femenino, se ha dicho[22] "que así como, según Otto Weininger, no existe en la realidad el tipo viril ni el femenino en su absoluta pureza, sino que de todo ser humano puede establecerse, por lo que atañe a su personalidad sexual, una fórmala mixta de elementos masculinos y femeninos, del mismo modo tampoco se da en la realidad el tipo clásico o romántico puro, a no ser en aquellos tipos de nulidad que forman la masa innominada".

3) Vimos los juicios teóricos emitidos por Goethe acerca de la lucha entre el clasicismo y el romanticismo; también expusimos la actitud goetheana encarnada en sus actividades artísticas propias: bellas artes y poesía. El resultado de nuestra encuesta justifica ampliamente las palabras que Goethe pronunció en aquel julio de 1793 en Maguncia, precisamente un año antes del célebre encuentro con "Schiller que inicia la fase clásica del clasicismo en la literatura alemana. En Maguncia, Goethe ya se había convencido de la ineludible e insustituible importancia del elemento legal. La regla general debe triunfar sobre las pretendidas exigencias del caso aislado. Con ello Goethe no se habría opuesto a la intervención bienhechora de la gracia que "reina en los corazones de los reyes y es un atributo de la divinidad, acercándose el poder terrenal al divino, si la gracia madura la justicia" (Shakespeare, "El mercader de Yeneda", acto XV, escena 1*). La salvación de Fausto, a pesar de haber perdido su apuesta con Mephistopheles, se basa en la gracia; y no es por casualidad que las últimas palabras del Doctor Marianus suplican de la Virgen Madre, Reina y Diosa, que siga concediendo gracia. Pero sí se opone Goethe a que alguien tome la justicia por su propia mano. Goethe no habría aprobado en su época madura a Crespo de "El Alcalde de Zalamea"[23]) que, por dudar del recto funcionamiento de la justicia castrense en contra de la afirmación de Don Lope: " . . . que también sé yo degollar si es necesario" (Jornada tercera), usurpa la jurisdicción para castigar al capitán que violó a su hija, aplacando luego al Rey con la siguiente sofistería (1. c.):

"Toda la justicia vuestra

es sólo un cuerpo no más;

si este tiene muchas manos,

decid, ¿que más se me da

matar con aquesta un hombre

---

22 Ricardo Baeza, "Clasicismo y romanticismo" (n. 23 del Libro del Pueblo, Serie VIII/04, Compañía Ibero-Americana de Publicaciones, Madrid, Barcelona, Buenos Aires, 1930, p. 15).

23 Aragoneses también condena la sentencia del Alcalde de Zalamea, partiendo del principio, por nosotros formulado, de la "partialidad". (V. "Foco", número 11, "La sentencia de Pedro Crespo").

que es otra había de matar?

Y ¿qué importa errar lo menos,

quien ha acertado lo más?".

Llegamos, pues, a la contestación de las interrogantes planteadas por don Jacinto Benavente. Goethe no sólo pronunció las famosas palabras de que preferiría cometer una injusticia que aguantar un desorden; Goethe tuyo que emitirlas en aquella época y a partir de aquella en cualquier otra posterior de su larga vida.

III. Fiat justitia, pereat lex! Pereat justitia, fiat lex! He aquí los dos lemas en nuestra controversia.

1) El examen del problema ha pasado en la literatura científica por dos fases. Durante la primera fue considerado de modo exclusivamente teórico, mientras que en la segunda se plantea como Lina cuestión política: como la lucha liberal del individuo contra arbitrariedades del tirano. La inexistencia del Derecho Internacional Público durante la primera etapa que comprende la Antigüedad y la Edad Media y la angostura del planteamiento de la interrogante en el curso del segundo período, confinó los pensamientos al terreno del Derecho interno, redundando en su perjuicio por hallarse la patria de las normas individuales en el Derecho Internacional Público. Su consideración habría arrojado abundante luz sobre la cuestión contemplada.

a) Aristóteles enfoca en la "Etica de Nicómaco" (Libro V) la relación entre la ley y la equidad, y enjuicia la última como una corrección de la generalidad de la primera. Estatuye al efecto; "Lo equitativo y lo justo son una misma cosa, y siendo buenos ambos, la única diferencia que hay entre ellos es que lo equitativo, siendo lo justo, no es lo justo legal, lo justo según la ley; sino que es una dichosa rectificación de la justicia rigurosamente legal. La causa de esta diferencia es que la ley, necesariamente, es siempre general, y que hay ciertos objetos sobre los cuales no se puede estatuir convenientemente por medio de disposiciones generales. Y así en todas las cuestiones respecto de las que es absolutamente inevitable decidir de una manera puramente general, sin que sea posible hacerlo bien, la ley se limita a los casos ordinarios, sin que disimule los vacíos que deja. La ley, por ésto, no es menos buena. La falta no está en ella, tampoco está en el legislador que dicta la ley; está por entero en la naturaleza misma de las cosas, porque ésta es precisamente la condición de todas las cosas prácticas. Por consiguiente, cuando la ley dispone de una manera general, y en los particulares hay algo excepcional, entonces, viendo que el legislador calla o que se ha. engañado por haber hablado en términos absolutos, es imprescindible corregirle y suplir su silencio, y hablar en su lugar, como él mismo lo habría hecho, si hubiera podido conocer los casos particulares de que se trata". Santo Tomás reanuda la discusión iniciada por el Filósofo (Summa Sacrae Theologiae, Prima Secundae). En primer lugar se pregunta si la ley es general o particular (quaestio 96, art. 1) y contesta que es general. Si la ley se limitara a un solo acto particular, de nada nos serviría, porque para dirigir y encauzar los actos humanos particularmente considerados bastan los preceptos del varón prudente. La ley, por el contrario, es un precepto común genérico. Luego (1. c.) Santo Tomás elimina la objeción de que una ley general carezca del acierto necesario. Tratándose de cosas contingentes, conforme lo son las de la naturaleza y las humanas, basta aquella certeza que tienen las cosas comúnmente: "ut in pluribus"; no nos debe preocupar la deficiencia que puedan tener en algunos casos determinados: "ut in paucioribus". Ahora bien: ¿qué ocurrirá en uno de estos pocos casos? Santo Tomás (1. c. art. 6) milita a favor de la justicia del caso aislado. Razona sobre " un ejemplo: "En tiempo de guerra, y respecto de una ciudad sitiada, se establece una ley según la cual las puertas de esa ciudad deben permanecer cerradas. Esta ley, en la generalidad de los casos, es indudablemente útil al bien común de los ciudadanos. Pero en el caso hipotético de que los sitiadores persigan a ciudadanos encargados de la defensa que son. el sostén mismo de esa ciudad, seria :sumamente perjudicial a los intereses mismos de esa ciudad, si para acoger a esos ciudadanos perseguidos no se abrieran las puertas. En. un caso así, contra lo que el texto de la ley prescribe, debe franquearse el paso en beneficio de. la utilidad pública, único objetivo del legislador". Y Santo Tomás añade (1. c.): "Nunca llega a ser v tanta la sabiduría humana, que a su luz pueden preverse con exactitud todos los casos en particular ... El legislador, pues, no puede traducir en palabras todo aquello que en su intención abarca. Dado aún que fuera posible, no sería conveniente: hay que evitar la confusión. Debe, por consiguiente, dictar sus leyes según lo que en la mayor parte de los casos sucede". Santo Tomás no distingue en estos pasajes con toda claridad la recta interpretación de la ley y su corrección mediante la equidad o epiqneya. En un pasaje posterior (Secunda Secundae, quaestio 120, dos artículos) Santo Tomás vuelve expresamente sobre el segundo tema y hace referencia de la opinión transcrita de Aristóteles. La ley trata de casos típicos y, por ende, es virtuoso corregirla en un caso particular atípico. La equidad pertenece a la justicia. La agudeza de Suárez (Tratado de las leyes y de Dios legislador. Libro VI, capítulo 6) descubrió la concatenación de los dos pasajes citados del filósofo aquinatense y los trata conjuntamente. Hace especial hincapié en que no se discute un problema de interpretación, sino uno de la ejecución de la ley. Por lo demás, sigue Suárez a Aristóteles y a Santo Tomás.

No deja de tener interés la discusión puramente teológica entre Marcion y Clemente de Alejandría. El primero distingue entre Dios que es justo, mas no bondadoso, y el Verbo que es bondadoso, pero no justo. El segundo le opone la fe cristiana según la que no hay sino un solo Dios y en virtud de la que la justicia no debe ser disociada de la bondad.

b) El liberalismo de la Edad Moderna anhela proteger al individuo contra las arbitrariedades del Gobierno. Por ello aboga a favor de leyes generales e inviolables; cualquier excepción a ellas, indusive la favorable a los individuos, le parece sospechosa. Montesquieu (De l'esprit des lois, 1758) no se hace todavía cargo de la nueva situación. Critica (libro III, capítulo 10) al Derecho persa que desconoce la gracia; y alaba su eficacia con tal que la ejerza un gobierno moderado (libro VI, capítulos 5 y 16). Pero ya Rousseau (Contrato Social, 1762) recalca la necesaria generalidad de la lejcomo consecuencia de la voluntad general que legisla (libro II, capítulo 6). "Cuando digo que el objeto de las leyes es siempre general, entiendo que la ley considera a los súbditos en cuerpo y a los actos como abstractos, jamás a un hombre como individuo ni a un acto particular. Así puede bien la ley estatuir que habrá privilegios, pero no puede nombrar al privilegiado; puede clasificar los ciudadanos y aun asignar las cualidades que darán derecho a estas clases, pero no puede nombrar a los que en ellas han de ser admitidos; puede establecer un Gobierno real y una sucesión hereditaria, pero no puede elegir un rey ni nombrar una familia real: en una palabra, toda función que se refiera a un objeto individual, no corresponde al poder legislativo". Antes Rousseau había dicho que no existe voluntad general sobre un punto particular. Lo general se suicidaría recayendo sobre algo particular, puesto que, separandolo de sí mismo, se despojaría de su carácter de general. Dos años más tarde predica Beccaria (Del delito y de la pena, 1764) la estricta aplicación de la ley. "El desorden que deriva de la rigurosa observancia de la letra en una ley penal, no debe compararse nunca con los desórdenes originados por la interpretación. Aquel pasajero inconveniente obliga a hacer la necesaria corrección en las palabras de la ley que han ocasionado la duda; pero impide la funesta licencia de razonar, de donde nacen las venales y arbitrarias controversias" (capítulo 4). Beccaria admite la gracia sólo como temperamento de leyes penales inadecuadas. "A medida que las penas son más benignas, se hacen menos necesarios la clemencia y el perdón. ¡Feliz la sociedad en la cual fueran funestos!" (Capítulo 20) . Kant sigue por el camino. En los "Principios metafísicos del Derecho" (1797) comprende por el título característico de "Jusaequivocum" la equidad y el derecho de necesidad y excluye ambas instituciones del ámbito del Derecho. Kant discute un caso de desvaloración de la moneda y sostiene la tesis nominalista del dinero: el criado no puede exigir sino la cantidad estipulada, aunque su valor adquisitivo haya disminuido considerablemente (Apéndice a la introducción al Derecho). Y haciendo donaire de la equidad, la llama una "divinidad muda". Con su rigorismo acostumbrado nos entrega Kant a la justicia ciega y a la equidad muda. "El lema (dictum) de la equidad es, pues: El derecho muy estricto es una injusticia muy grande (summum ius summa injuria). Pero este mal no puede corregirse por medio del derecho, por más que se refiera a una cuestión de derecho, porque la reclamación que se funda en la equidad no tiene fuerza más que en el tribunal de la conciencia (forum coeli), al paso que la cuestión de derecho se discute en el tribunal civil (forum soli)". Tampoco el derecho de necesidad es jurídicamente admisible. Kant menciona el conocido caso de dos náufragos que se agarran a una sola tabla inservible para salvar a ambos. Kant incurre en una contradicción, si, por un lado, declara al náufrago que empuja al compañero, culpable pero impune, y si, por el otro lado, declara que no puede haber necesidad que haga legal la injusticia, puesto que la impunidad es un efecto de la ley a través de la cual por consiguiente la equidad, venciendo su mutismo, habla. Lo que pasa es que la conducta del náufrago- homicida no es justificada. Kant considera lógicamente la gracia como una institución de alcance limitadísimo (la admite sólo en los delitos contra el príncipe) e inclusive en esta limitada función sospechosa (Apéndice E al §49). Bentham pertenece al mismo ambiente liberal, si bien, claro está, en otro aspecto entre el rigorismo de Kant. y el hedonismo de Bentham se abre un abismo. El gran inglés dedica varios capítulos a los conflictos entre la justicia e igualdad, por una vertiente, y la seguridad, por otra (Tratados de legislación civil y penal ,editados en 1810 por Dumont, capítulos 11 y 12). Bentham contempla sobre todo la conveniencia o inconveniencia de modificar una injusta distribución de la riqueza. "Cuando la seguridad y la igualdad están en oposición no se debe dudar un momento: la igualdad es la que debe ceder; porque la primera es el fundamento de la vida: subsistencia, abundancia, felicidad, todo depende de ella; pero la igualdad no produce más que una porción de bienestar, fuera de que por más que se haga siempre será imperfecta: porque aunque pudiera existir un día, las revoluciones del día siguiente la alterarían; y así el establecimiento de la igualdad es una pura quimera, y lo más que se puede hacer es disminuir la desigualdad".

Desde diferentes campos vuelve la doctrina moderna[24] su mirada hacia la equidad con benevolencia. En primer lugar, nos encontramos con el Derecho Natural redivivo que, sin prejuicios en el terreno político, concibe la equidad como el mismo Derecho Natural. "Resulta superficial el acordarse de la equidad tan sólo cuando el Derecho positivo entra en condiciones anormales. No es una corrección del Derecho Natural, sino la revisión continua de las leyes justas en un proceso de afinamiento, la revisión sustancial, la rehumanización perenne del orden jurídico, un volver a centrar el Derecho en el seno vivo de la justicia, dándole esa elasticidad y generosidad que les falta a las leyes positivas. En éste, como en todo camino humano, la meta es infinita" (José Corts Grau, "Principios de Derecho Natural", Editora Nacional, Madrid, 1944, p. 62). Castan ("Teoría de la aplicación e investigación del Derecho", Reus, Madrid, Í947, págs. 193 a 197) le asigna a la equidad una función triple como elemento constitutivo del Derecho positivo, como elemento de la interpretación de la ley y como elemento de integración de la norma. "En, realidad, más que fuente de Derecho, la equidad es un procedimiento de elaboración jurídica, que sirve no para formular normas nuevas, sino para aplicar debidamente las normas existentes al caso concreto de que se trate" (X. c. p. 195). Desde un segundo punto de vista, el de la Escuela del Derecho libre, la equidad experimentó igualmente una revalorización. Kantorowicz ("La lucha por la ciencia del Derecho", en "La ciencia del derecho", trad. esp. por Werner Goldschmidt, Losada, Buenos Aires, 1949, p. 363)[25] sostiene que "el juez puede y debe prescindir de la ley si no le parece verosímil con arreglo a su libre y concienzuda convicción que el Poder estatal existente en el momento del fallo hubiese dictado la resolución que la ley reclama". Por último, lucha en el mismo frente la tendencia antiliberal del siglo, que opone al normativismo el Derecho como ordenación concreta.

2) a) El término "seguridad jurídica" se refiere a la seguridad del cálculo con la ley, es decir, al grado de probabilidad con la que un individuo puede prever las reacciones de la sociedad a sus actos sociales. Este grado de probabilidad depende de la regularidad con la que la ley se ejecuta y es, en principio, independiente del hecho del cumplimiento positivo o negativo de la misma. Si por ejemplo un Estado suele decretar amnistías referentes a delitos políticos, infracciones de leyes tributarias o leyes de inmigración, la seguridad jurídica no es alterada con tal que estas amnistías se dicten con regularidad. Por el otro lado, el fenómeno de la seguridad jurídica supone una ley. Ni que decir tiene que no ha de tratarse de una ley en sentido constitucional. Em-

---

24 Véase p. ej. Rümelin, "Die Rilligkeit im Recht" (Mohr, Tühíngen, 1921); Rechíssícherheit (1. c. 1924); Castán, "La equidad y sus tipos históricos en la cultura occidental europea" (Madrid, Reus, 1950).

25 Nuestra traducción ha siclo reproducida en "Información Jurídica", Madrid, n° 116.

pleamos la voz "ley" como equivalente a "norma de aplicación múltiple". En efecto, una norma de aplicación única, por muchos destinatarios que tenga, es neutral respecto a la seguridad jurídica, puesto que no se puede jurídicamente contar con su repetición. Al revés, una norma de múltiple aplicación, aunque sólo posea un único destinatario, es asequible al valor de la seguridad jurídica, ya que un destinatario puede adaptar su conducta futura a la repetida y uniforme aplicación de la ley. Llamaremos, en lo que sigue, "norma general" a la norma de múltiple, y "norma individual" a la de única aplicación; y no dejamos de reiterar la indiferencia de ambos términos (pese a la ambigüedad lingüistica) hacia el número de destinatarios de la norma.

La norma general parte de un sector social supuesto y le enlaza una reglamentación[26]. Como esta reglamentación es susceptible de repetición —analizamos la norma general—, el sector social supuesto es típico, ya que a un sector social (real o supuesto) único no correspondería una reglamentación estandartizada. La norma general es, pues, una construcción ideal, por reales que sean los actos del legislador que la produce y los actos de los funcionarios y de los súbditos que la aplican. La ley es vida humana objetivada. Por ' consiguiente, tienen razón los que niegan su carácter imperativista, puesto que una orden es vida humana viviente[27]. Ahora bien, la aplicación de la norma general consiste en la producción de imperativos elaborados mediante conclusión y determinación a base de las normas generales, y en su cumplimiento. Su aplicación, de la que la interpretación no es sino una fase previa, es la retransformación de vida objetivada en vida viviente. He aquí el "salto egológico"[28]. Al igual a que la publicación de una poesía se debe, entre otras cosas, al deseo del autor de que el público le lea, mientras que su efectiva lectura por el público no se debe a la obediencia a este deseo, sino al propio deseo de leerla, siendo el deseo del autor meramente una condición del deseo del público por haber sido la causa de la publicación del libro, de igual suerte es la voluntad del legislador causa de la ley, pero sólo condición de su aplicación, siendo su verdadera causa la voluntad de los que la aplican[29]. Napoleón falleció hace más de un siglo, pero su Código civil continúa vigente, porque lo revitalizan continuamente los jueces y demás súbditos franceses. La interpretación del Código no debe, por ello, limitarse a la interpretación de la voluntad de Napoleón al crear el Código, sino que, principalmente, ha de tenerse en cuenta la voluntad de aquellos que actualmente le aplican. Por consiguiente, no se interpreta la ley sino la conducta humana al hilo de la ley.

---

26 Sobre las diversas clases de sectores sociales, véase nuestro artículo: "Los puntos de conexión" en "Información Jurídica", Madrid, n. 42, 1946, ps. 26 y ss.

27 Véase a lo que sigue el ideario egológico, sobre todo en Cossio, "La teoría egológica y el concepto jurídico de libertad" (Losada, Buenos Aires, 1944).

28 V. Cossio, "La coordinación de las normas jurídicas y el problema de la causa en el Derecho" ("Anales" de la Facultad de Ciencias Jurídicas de Eva Perón, vol. XVI, tirada aparte, ps. 43 y ss.). Pero Cossio "salta" de la conducta al hombre (pervirtiendo la conducta en objeto mundanal). Nosotros, en cambio, saltamos de un objeto prístinamente mundanal al sujeto egológico.

29 "The legislator is he (not by whose authority the law was first made, but) by whose authority it continúes to be law" (Hobbes) (citado por Austin, Lectures on Jurisprudence, Students edition, ed. 13, London, John Murray, 1920, p. 141).

Lo que acaba de decirse explica tanto la aplicación de una ley, en sí no vigente (piénsese en la recepción del Derecho Romano en Alemania) como la inaplicación de una ley en sí vigente (piénsese en la innegable fuerza derogatoria de la costumbre en la revolución victoriosa y en el golpe de Estado logrado). La seguridad jurídica consiste, por ende, en el grado de probabilidad con el que un individuo puede prever le revitalizacián de una norma general respecto a sus actos propios. La seguridad jurídica como instrumento de dominar la vida es un complemento de la "seguridad natural", que consiste en el grado de probabilidad con el que podemos prever las reacciones de la naturaleza a nuestros actos y el que no depende de la aplicación de normas generales, sino de su hallazgo, puesto que las leyes de la naturaleza se aplican siempre. La infracción de una norma general jurídica tiende a su derogación; la desviación de una ley de la naturaleza obliga a su rectificación.

Se dictan normas generales, si el autor de las normas enfoca la individualidad de los asuntos a reglamentar con indiferencia[30]. Precisamente por ello puede contemplarlos como ejemplos de tipos. Conocemos tres clases de asuntos cotidianos. Puede ser que los asuntos a reglamentar no afecten al autor de las normas (por ejemplo, el Estado) y que ni siquiera para las personas afectadas (por ejemplo, individuos) pasen de la calificación de asuntos cotidianos (asuntos cotidianos de primer orden). Puede ser que los asuntos a reglamentar no afecten en su individualidad al autor de las normas, aunque sí a otras personas (asuntos cotidianos de segundo orden). Por último, puede ser que los asuntos afecten al autor de las normas, pero que se trate de asuntos cotidianos (asuntos cotidianos de tercer orden). Siendo el juez, según las hermosas palabras de Aristóteles[31]: "justicia viva" —"iustitia animata" (Santo Tomás, Summa, Secunda Secundae, quaestio 60 ,art. 1, repondeo)—se comprende que para la aplicación de una norma general sólo debe ser utilizado un hombre indiferente respecto al caso aislado: también para el juez el asunto debe ser cotidiano. He aquí la raíz del requisito de la imparcialidad. En la aplicación de las normas generales la Justicia se pone la venda.

La seguridad jurídica se basa en una comparación de la norma general con su ejecución y es, por ende, inherente a la norma general. La justicia, en cambio, estriba en un parangón entre el caso aislado y su solución. De allí resulta que la norma general no puede participar de la justicia en sentido estricto. La norma general puede ser "justa" en sentido impropio, si proporciona a un caso típico una solución típicamente adecuada. Pero urge poner de relieve que hablar de la justicia de una norma general es como hablar de la avaricia de Harpagon, de la hipocresía de Tartuffe o de la inmoralidad de Adelheid. Una construcción mental no es justa ni virtuosa.

b) La justicia es un valor que se funda en la relación entre el caso concreto y su solución. El concepto de justicia no contiene ninguna relación esencial con la ley (norma general) y se puede, por ello, decir que la noción de justicia es alegal. Al contrario, el concepto de equidad (epiqueya) siempre —o al

30 Respecto a lo que sigue compare nuestro artículo: "Normas individuales y normas generales", en "Revista de la Facultad de Derecho y Ciencias Sociales" de Rueños Aires, Año IV, n. 16, 1949, ps. 1.187 y ss.

31 Etica a Nicómaco (edición Bekker, Libro V. capítulo 7. pág. 1.132 columna a, línea 23 a 24).

menos desde Aristóteles— constituye una corrección de la ley en aras de la justicia. En efecto, la ley como norma de lo típico puede resultar inadecuada, si su aplicación al caso concreto evidencia que se trata de un caso atípico. En este supuesto interviene la equidad que no es consustancial con lenidad. La equidad es, por consiguiente, una función especial de la justicia y puede, en ésta su función, ser calificada como contralegal. La identidad parcial entre justicia y equidad nunca ha sido puesta en duda; y es interesante que en inglés al término de "equidad" corresponde la voz "natural justice"[32]. La gracia en sentido estricto[33], es, en cambio, un acto moral, arraigado en el amor. Hay que distinguir entre la convivencia de separación y la convivencia de unión. La primera es la convivencia jurídica y estriba en el respeto; la segunda es la convivencia moral y se apoya sobre el amor. La primera recuerda el símil de Schopenhauer de los puercos espines que se acercan los unos a los otros tanto cuanto les sea necesario para darse calor, pero no tanto como para pincharse. La segunda se basa en la fusión de las almas. Pero téngase en cuenta que algunas veces la equidad y otras la costumbre derogatoria de la ley utilizan el ropaje de la gracia.

Entre paréntesis aludimos a dos fenómenos sobre los que las anteriores explicaciones arrojan luz. La donación remuneratoria cotidiana, la llamada propina, puede constituir un acto de equidad, si retribuye servicios a típicos, o un acto de gracia, dada por compasión. Como tales actos de equidad o de gracia ellos se distinguen categorialmente del cumplimiento de una obligación legal; y, por ello, el deber de los pasajeros de pagar un tanto por ciento en atención al servicio no es sino un aumento (tal vez muy justificado) del jornal de los empleados, pero sin función concreta; por ello la "propina" sigue de hecho existente, muchas veces inclusive en contra de una expresa prohibición. En segundo lugar mencionamos el duelo. La prohibición del mismo es considerada como inicua por ciertas clases de la sociedad que reivindican para sí un carácter atípico en comparación con el resto de la población. Su real impunición sería, por consiguiente, si se admite este razonamiento, un acto de equidad, no importa qué forma revistiera la misma (falta de persecución, indulto, gracia o amnistía)[34]

El sector social es captado mediante una norma individual en un número considerable de casos. De cierto modo, todo caso se resuelve en último lugar por una norma individual. Pero hemos de prescindir de aquella norma individual que no es sino conclusión de una norma general. Por lo demás, podemos distinguir dos clases de sectores sociales captados individualmente. El primer grupo abarca aquellos sectores sociales cuya reglamentación constituye un asunto vital para el autor de la norma; el segundo grupo comprende, cual

32 Véase H. C. Gutteridge, Comparative law (Cambridge, University Press, 1946, p. 96).

33 V. Pierre Duparc, "Origines de la grace dans' le droit penal romain et francais du Bas Empire á la Renaissance" (París, Sirey, 1942).

34 La amnistía da lugar a intrincados problemas. Se trata de una materia especial reglamentada por ella con generalidad. La primera característica explica que la amnistía puede constituir un acto de equidad o de gracia. La segunda es la causa de una posible inadecuación, que, tratándose de un acto de equidad, podría remediarse por una autocorrección de la misma. La gracia, al contrario, es de manga ancha.

cajón de sastre, muchos supuestos que se caracterizan, por una vertiente, por no ser el sector social vital para el autor de la norma, y, por la otra, por requerir, no obstante, una reglamentación especial (sector social único). Al primer grupo pertenecen muchas normas de Derecho Internacional Público. Del segundo forman parte, por ejemplo, las normas sintético judiciales del Derecho Internacional Privado (por razones técnicas), las de la determinación de la pena (para conciliar la antinomia entre lo que es cotidiano para el Estado y vital para el individuo), las creadas en virtud de la autonomía de las partes (por razones semejantes a las de la hipótesis anterior, puesto que la autonomía, en cuanto no es mera conclusión sino auténtica determinación sustituyendo Derecho positivo por Derecho específico, sólo opera en asuntos" no cotidianos para las partes), etc.

La situación descrita se complica por el fenómeno de la "materia social". Entendemos por materia social un conjunto de sectores sociales, de suerte que, si bien la materia constituye para el autor de las normas una individualidad susceptible y necesitada de una reglamentación individual, los diversos sectores, de los que la misma se compone, soportar sin embargo, una reglamentación típica. También en este aspecto cabe distinguir entre materia social vital y materia social única. Hallamos ejemplos de materias sociales vitales en la reglamentación de la criminalidad de guerra a raíz del segundo conflicto mundial o en la ley española de responsabilidades civiles y políticas de 9 de febrero de 1939 con motivo de la Guerra Civil. Piénsese asimismo en la ley española de contratación en zona roja del 5 de noviembre de 1940 o en la legislación alemana de revalorización (del 14 de febrero de 1924, 16 de julio de 1925 y de 9 de julio de 1927). Un ejemplo de materia social única nos lo ofrece cualquier Derecho transitorio concreto, verbigracia las disposiciones transitorias del Código Civil hispánico de 1889 o la Ley de introducción al Código civil alemán de 1900. En todos estos casos el legislador parte de una situación determinada (no supuesta, sino existente) que suele describir en el preámbulo de la ley y cuya reglamentación o es vital para él o es tan específica que no le parece asequible a una reglamentación típica que no sólo abarque el caso presente sino cualquier caso futuro. Un tratado teórico de Derecho transitorio, como, por ejemplo, la segunda parte del octavo volumen del "Sistema del Derecho Romano Actual" de Savigny (1849) o el libro: "De la irretroactividad e interpretación de las leyes" (trad. esp. por Aguilera de Paz, Madrid, 1893) de Fiore, intentan esbozar una reglamentación típica, edificándola sobre leyes individuales. En efecto, las leyes que disciplinan materias sociales únicas son, en principio, susceptibles de una cautelosa aplicación analógica.

Citamos ya las palabras de Aristóteles, de acuerdo a las cuales el juez es la "justicia animada". Si, por tanto, la ley dimana de una actitud desinteresada del legislador, como ocurre en el supuesto de las normas generales, e igualmente en él de los sectores y materias sociales únicos, el juez ha de ser animado por análogo desinterés. Desde este punto de vista la justicia puede ser definida como la pasión por el desapasionamiento. La situación es diferente, si nos encontramos con sectores y materias sociales vitales. Al interés vital del legislador corresponde idéntico interés vital del juez. También en este supuesto el juez es la ley viva. No es del caso investigar cómo puede reconciliarse la existencia de éste interés con una actitud de imparcialidad, base de toda clase de justicia.

Las normas individuales pueden ser justas, pero no se prestan a la realización de la seguridad jurídica en sentido estricto.

c) Un conflicto entre seguridad jurídica y justicia se plantea en apariencia si la aplicación de una norma general nos llevaría a un resultado injusto. Ello ocurriría, si el caso a resolver es atípico con respecto a la norma general. El conflicto es, no obstante, más aparente que real y se reconduce a la lucha entre una interpretación verbalista o teleológica de la ley, resuelta desde hace mucho tiempo a favor de la última. En efecto, el legislador no desea sino la aplicación de la ley a los casos típicos. Una persona que calcula, por ende, la probable aplicación de la ley a un caso futuro, puede prever la solución justa de un caso concreto. La dificultad estriba en que muchas veces no podrá prever el caso concreto mismo. Sin embargo, en otros supuestos el que tiene un interés en la seguridad jurídica es el protagonista del caso concreto y, por ello, lo conoce. Este conocimiento se dió por ejemplo en el hurto de corriente eléctrica. Prescindiendo de la prohibición de la aplicación analógica desfavorable de la ley penal y del adagio: "in dubio pro reo" aplicado a la interpretación de la misma, habría procedido su castigo. También en el suceso que provocó las palabras de Goethe, el sujeto sospechoso, que fue protegido por el poeta, debía conocer perfectamente lo atípico de su situación. Ahora bien, en aquel suceso se mezclan dos consideraciones: una consiste en no aplicar a aquel caso concreto la ley general, y otra en determinar el órgano competente para enjuiciar la aplicación o inaplicación de la ley. La repugnancia de Goethe se dirige menos contra la infracción de la seguridad jurídica en holocausto a la justicia que contra el acto de autoayuda de la multitud. Esta segunda consideración es ajena a nuestro tema.

En otros supuestos la ley suele hacer una declaración expresa a favor de uno de los dos ideales en litigio: debe, verbigracia, proteger al que adquiere de buena fe del no propietario o tutelar al propietario. En el primer caso se facilita la celebración de compraventas, en el segundo la de depósitos y comodatos. El Estado se resolverá según lo que estime más importante para la comunidad. Pero la solución del conflicto en la ley es, a su vez, como todo enfocado por una norma general, meramente típica, de modo que se expone a fracasar en un caso atípico de conflicto, por ejemplo, de un propietario al que se ha robado su cosa o de un objeto adquirido en el mercado. Y así "ad infinitum". En otro supuesto, la ley sostiene los negocios realizados por el heredero aparente en perjuicio del heredero verdadero. De este modo se facilita la celebración de negocios entre el "heredero" y un tercero; en cambio, se perjudica a los herederos verdaderos, normalmente a la familia. Los dos ejemplos citados evidencian que, si la ley resuelve un conflicto cualquiera por medio de normas generales, el problema del antagonismo entre seguridad jurídica y justicia del caso aislado no ha sido solucionado, sino que ha desaparecido. En el primer ejemplo la ley escoge entre la protección de un tipo de contratos (arrendamiento, depósito, comodato, etcétera) o de otro (contratos de enajenación). En el segundo ejemplo la ley elige entre la protección de ciertos contratos celebrados entre heredero aparente y tercero y el amparo de los herederos. Los cuatro objetos de tutela, contemplados en los dos ejemplos, revisten por igual carácter general. Y ambas leyes, no importa la resolución que tomen, se exponen a su vez a una inadecuación frente al caso concreto atípico.

El resultado es, pues, que el auténtico conflicto trágico entre seguridad jurídica y justicia del caso aislado se produce, si la ley se encuentra con un caso atípico imprevisible para aquél de los protaganistas, al que perjudicaría su aplicación o su inaplicación. Al contrario, este conflicto no existe, si la ley, enfrentada con dos tipos de casos, pospone uno y antepone otro; como tampoco existe, si el protagonista puede prever el caso atípico. No se puede argüir que la inaplicación de la ley a un caso atípico no afecte a la seguridad jurídica por el carácter excepcional de lo atípico. Se podría replicar que, si bien cada caso atípico es excepcional, no lo es lo atípico como tal; y que, por consiguiente, el tenerlo en consideración lleva un factor de inseguridad al cálculo con la ley. El problema consiste en saber si podemos perforar la dura corteza de la ley y alcanzar su núcleo flamígero de justicia. Esta perforación es obligada. Pero antes de justificarla, conviene precisar dos puntos: l°) La anteposición de la justicia es tarea de los jueces, y no lo es de los particulares: seguridad jurídica en el sentido definido y el monopolio de la coacción en manos del Estado (prohibición de tomarse la justicia por sus propias manos) son dos cosas bien diversas. La institución de la cosa juzgada no protege la seguridad jurídica en el sentido indicado, sino que tiende a impedir la autoayuda.

En efecto, el funcionamiento de la ley no es menos previsible en un proceso continuamente renovado que en un proceso de instancias limitadas. Lo que pasa es que sólo en trueque de una resolución rápida y definitiva las partes renuncian a la autoayuda. La cosa juzgada es, pues, un medio para poner a salvo el monopolio de la coacción cuya titularidad caracteriza al Estado. La cosa juzgada no sacrifica, por consiguiente, la justicia del caso aislado en holocausto a la posibilidad de hacer cálculos acertados respecto al funcionamiento de la ley, sino que renuncia a la justicia del caso aislado en aras a la supresión de la anarquía o, lo que es lo mismo, a la existencia misma del Estado. En este aspecto rige el lema: "Pereat iustitia, fiat respublica". No obstante, no se eche en olvido que este brocardo no justifica sino la injusticia del caso aislado, o sea la injusticia aislada. A la injusticia general hay que oponer el dique del grito opuesto: "Fiat iustitia, pereat respublica"! 2°) Los jueces deben poseer análoga imparcialidad que el legislador. Ahora bien, la seguridad jurídica como el cálculo acertado con la ley da a los particulares la posibilidad de prever ciertos acontecimientos, de prevenirles y de dominarles: en otras palabras, la seguridad jurídica da poder. Toda atribución de poder, empero, como la de cualquier otro bien jurídico, debe basarse en la justicia. La seguridad jurídica no es un valor sino que es un bien. Este bien es valioso, si lo es la Ley que lo atribuye. El valor que mide el Derecho es la justicia. La justicia se refiere siempre a la solución del caso aislado. Si hablamos de una ley injusta queremos decir que es injusta la solución que da al caso típico. Pero tampoco se debe tolerar una solución injusta del caso atípico.

Nos vimos obligados a llevar la contraria a Benavente en dos puntos: Goethe pronunció las palabras controvertidas y Goethe turo que pronunciarlas. En un tercer punto nos unimos al gran dramaturgo hispánico: "Fiat iustitia, pereat lex"!

6) La imparcialidad como principio básico del proceso ("Partialidad" y parcialidad)[1]

En memoria del 28 de junio de 1940. fecha del fallecimiento de James Goldschmidt en Montevideo.

Indice de materias

I. Las exposiciones del Derecho Procesal, tanto en su rama civil como en la penal, suelen contener, a título de introducción, un capítulo consagrado

1 Publicaciones del "Instituto Español de Derecho Procesal", Serie 2° n° 1°, Madrid, 1950. Se trata del discurso de recepción del autor como miembro de número del Instituto.

a los principios de aquella disciplina[2]. En sentido lato suele entenderse por "principio", según palabras de nuestro inolvidable maestro y amigo don Jerónimo González[3], "en toda investigación de tipo filosófico, el punto de partida o base discursiva que, si es fundamental para las demás verdades estudiadas, no tiene fundamento dialéctico o no lo necesita por su propia evidencia". En sentido estricto, los principios forman parte del hontanar de una materia jurídica, y se confunden en España, con arreglo al artículo 6°, párrafo 2'? del Código Civil, con "los principios generales del Derecho"[4]. Desde este punto de vista, todas las materias jurídicas poseen principios, ya que su reglamentación siempre se basa en pautas generales. Si, no obstante, no es costumbre exponerlos en todas las ramas del saber jurídico, ello se debe a que su análisis sólo es oportuno, si los principos reúnen tres condiciones;

1°) No saltar a la vista y, por consiguiente, no resultar su esbozo superfluo (como suele ocurrir en Derecho Penal).

2°) No ser tan numerosos que su enumeración no constituya una verdadera economía intelectual (como suele acontecer en Derecho Civil).

3°) No ser tan abstractos que sean inidóneos de servir para la solución de dudas interpretativas (como acaece igualmente en Derecho Civil). Los principios reúnen estas tres condiciones negativas, precisamente en. disciplinas formales, cuyo formalismo los esconde, mientras que, por el otro lado, el carácter artificial de ellas los reduce a un número exiguo de ideas directrices enjundiosas. Así no es por casualidad que las materias que más cariño demuestran hacia sus principios, sean el Derecho Procesal y el Derecho Hipotecario. Los principios son básicos del Derecho positivo y de su elaboración científica en un sistema; básicos, por ende, también, en una posible Parte General que siempre será parte del sistema. Los principios, en cambio, son asistemáticos.

---

2 Véase por ejemplo: I. — Respecto a Alemania: 1) Proceso penal: Beling: Derecho Procesal Penal (traducción Fenech, Labor, 1943, § 9 de la obra alemana de 1928); también ya en su obra de igual título de 1914 (traducción Roberto Goldschmidt y Ricardo C. Núñez, Córdoba, Argentina, 1943, libro II, capítulo I). 2) Proceso civil: James Goldschmidt: Derecho Procesal Civil (traducción Prieto Castro, Labor, 936 §11). En cambio, la obra de Leo Rosenberg, Lehrbuch des Deutschen Zivilprozessrechts (edición segunda, Liebmann, 1929), no contiene principios generales. II. — Respecto a España: 1) Proceso penal: James Goldschmidt: Problemas jurídicos y políticos del proceso penal (Bosch, 1935, § 4); Miguel Fenech: Derecho Procesal Penal (Librería Bosch, 1945, tomo I, libro I, capítulo I, IV, 1), e Instituciones de Derecho Procesal Penal (Librería Bosch, 1947, libro I, capítulo I, IV i); Emilio Gómez Orbaneja: Comentarios a la Ley de Enjuiciamiento Criminal (Bosch, tomo I, 1947, págs. 26 a 33). 2) Proceso civil: Prieto Castro: Exposición del Derecho Procesal Civil de España (Librería General de Zaragoza, primera edición, tomo I, 2 941, libro II, capítulo I); Manuel de la Plaza: Derecho Procesal Civil Español (Editorial Revista de Derecho Privado, Madrid, edición primera, tomo I, 1942, Parte General, libro II capítulo I); Jairne Guasp: Comentarios a la Ley de Enjuiciamiento Civil (primera edición, Aguilar, tomo I, 1943, págs. 46 a 48); Pedro Aragoneses Alonso-Carlos Viada: Derecho Procesal adaptado al programa de Jueces comarcales (Madrid, 1949, págs. 157 a 164).

3 Véase ahora Estudios de Derecho Hipotecario y Derecho Civil (Ministerio de Justicia, Madrid, tomo I, 1948, pág. 289).

4 Así, acertadamente. Guasp. 1. c., pág. 46.

II. Extrañamente, no se consigna como uno de los principios fundamentales del proceso el de la imparcialidad[5]. No obstante, pocas objeciones se levantarán —y desde que llamamos la atención sobre este particular[6] se han levantado[7]— en considerar la imparcialidad como el fundamento del proceso civil, penal, contencioso-administrativo, en fin: del proceso como tal. Antes de calar más hondo y de penetrar en los intrincados problemas que la imparcialidad brinda, analizaremos brevemente las ramificaciones que ella produce a primera vista en la órbita del Derecho Procesal.

1) La justicia se basa en la imparcialidad de las personas que intervienen legalmente en la resolución de la causa. Excepto las partes en sentido material, respecto a las cuales la parcialidad es condición esencial, todas las demás personas deben ser tan impar dales como sea posible y en razón directa de su influencia legal sobre el contenido de la resolución. Por ello, hace falta más imparcialidad en el juzgador que en el fiscal o en el perito; más en el fiscal o en el perito que en el testigo. He aquí la raíz del instituto de la recusación. Esta no tiene la función de garantir el debido reparto de trabajo entre los diferentes juzgadores (como los conflictos de competencia territorial), categorías de juzgadores (conflictos de competencia objetiva), Poderes (conflictos de juris-dicción) o sujetos de Derecho Internacional (por ejemplo, conflicto entre el Estado y la Iglesia). La recusación en todas sus formas[8] asegura, en cambio, la base misma de la justicia, y sus regias generales pueden considerarse como "principios generales de Derecho", más exactamente como ramificaciones del principio general de la imparcialidad. La abstención "propio motu" de una persona que se considere parcial, constituye un complemento del derecho a recusarla y no se debe configurar como facultad, sino como deber de la persona.

5 Gómez Orbaneja (1. c., págs. 114 a 116) habla de la "imparcialidad del juez" con ocasión del artículo 2" de la Ley de Enjuiciamiento Criminal. La segunda parte de esta disposición desea proteger al acusado durante el sumario, mientras que carezca de defensor ,y no se relaciona con el principio que enfocamos. La primera parte establece una de las facetas de la imparcialidad del Ministerio Fiscal y de la policía judicial. No se dirige al juez, puesto que sería superabundante mandarle "consignar y apreciar las circunstancias así adversas como favorables al presunto reo". En ningún caso —como tampoco en el comentario de Gómez Orbaneja— se relaciona el artículo 2" con el sistema de abstenciones y recusaciones.

6 Véase nuestra reseña de Fenech, Derecho Procesal Penal, en "Revista Crítica de Derecho Inmobiliario", núm. 214, 1946, pág. 210. Muy interesante, si bien principalmente desde el punto de vista sociológico, Otto Brusiin: Ueber die Objektivität der Rechtsprechung (Helsinki, 1949).

7 Véase Pedro Aragoneses Alonso-Viada, 1. c., pág. 157, y en su obra inédita: El principio de congruencia de las resoluciones judiciales en la jurisprudencia del Tribunal Supremo Español.

8 Inclusive en el caso de una recusación que no requiera alegación de motivos como se encuentra, p. ej., en el "Code d'instruction criminelle" francés respecto a la recusación de jurados: *"L' accusé premiérement ou son conseil et le procureur général, récuseront tels qu'ils jugeront á propos, a mesure que leurs noms sortiront de l'urne, sauf la limitation exprimée ci-aprés. L'accusé, son conseil, ni le procureur général ne pourront exposer leurs motifs de récusation" (art. 399). "Les récusations que pourront faire l'accusé et le procureur général, s'arrêteront lorsqu'il ne restera que douce jurés"* (art. 400). La Ley del Jurado española de 1888, en cambio, sólo admite recusación, fundada (art. 44, § 5 en relación con los arts. 12 y 13).

En atención, a las personas, pueden distinguirse: 1°) Recusación de juzgadores: a) estatales; b) particulares. 2°) Recusación de auxiliares fungibles del juzgador: a) secretarios; b) fiscales; c) peritos y contadores-partidores. 3°) Recusación de auxiliares no fungibles del juzgador: testigos[9]. En atención a los efectos, la recusación en sentido lato puede, caso que prospere, o eliminar a la persona recusada (recusación en sentido estricto) o sólo tacharla de parcial (tacha).

Una exposición del principio general de imparcialidad debería, pues, ensamblar todas las dispersas disposiciones sobre recusación, abstención y tachas, y elaborar su reglamentación uniforme. También habrían de tenerse en cuenta, conforme observa Aragoneses (1. c. en nota 7), las reglas sobre nombramiento de jueces y de fiscales.

2) El principio de la imparcialidad abarca igualmente el análisis del adagio: "Audiatur et altera pars", que no sólo rige en el proceso penal, al que únicamente se refiere el artículo 19 del Fuero de los Españoles, del 17 de julio de 1945, sino en toda clase de procesos[10]. En efecto, todo proceso tiene por objeto una controversia sobre un determinado objeto[11]. Por consiguiente, el deber de imparcialidad exige enterarse de la misma, lo que supone haber dado audiencia a ambas partes. El Derecho Alemán antiguo posee un brocardo que expresa el mismo pensamiento que el apotegma latino. Reza así:: "Eines Mannes Rede, ist keines Mannes Rede. Man soll sie billig hören beede" (las alegaciones de uno son de ninguno. Hay que escuchar a ambos).

El sistema de recusaciones en sentido lato y de abstenciones —brevemente se podría hablar de las "reglas de selección personal"—intenta impedir que una persona que sea parte intervenga en el proceso en un papel que no sea el de parte. El brocardo: "Audiatur et altera pars", en cambio, desea evitar una parcialidad. Un juez recusable (pero no recusado) puede dictar una resolución justa, puesto que una cosa es ser parte, y otra (si bien fácilmente enlazada a ella) ser parcial. Quien, al contrario, no confiere audiencia a ambas partes, deber cuyo cumplimiento ya los jueces atenienses debían prometer al prestar juramento, por este mismo hecho ya ha cometido una parcialidad, porque no ha investigado sino la mitad de lo que le incumbía indagar, y una resolución acertada no sería en este supuesto sino obra del azar. El juez recusable ve el camino recto y puede deambular por él, aunque debe tener mucho cuidado, ya

9 Véase en el Derecho español, p. ej.: Recusación de jueces, LEC., arts. 188 a 193; recusación de magistrados, jueces de primera instancia y asesores, LEC., arts. 194 a 217, 326 a 328, 355; recusación de los auxiliares de Tribunales y Juzgados, LEC., arts. 234 a 247, recusación de árbitros y amigables componedores, LEC., arts. 798, 799, 831, 832; abstención de fiscales, Estatuto del Ministerio Fiscal del 21 de junio de 1926, art. 41; recusación de peritos, LEC., arts. 619 a 625; recusación de contadores-partidores. LEC., art. 1.073; tacha de testigos, LEC., arts. 660 a 666. — V. Emilio Gómez Orbaneja, Sobre la irrecusabilidad del Ministerio Fiscal en "Revista de Derecho Procesal", Madrid, t. V, n'1 4, ps. 601. a 623.

10 Véase Guasp: Administración de justicia y derechos de la personalidad (Instituto de Estudios Políticos, 1944, págs. 91 a 93).

11) Véase nuestro artículo: "Controversias y soluciones: Guerra, duelo, proceso", en "Revista de Estudios Políticos", n° 54; y Pedro Aragoneses Alonso, 1. c., pág. 6, y en el "Boletín de Justicia Municipal", año IV, núm. 134, del 21 de noviembre de 1948, pág. 652.

que está rodeado de abismos. El juez que no presta audiencia sino a una sola parte, se asemeja a un ciego: sólo por pura casualidad halla la buena senda.

El lema: "Audiatur et altera pars", obliga al juzgador a reconstruir la base de la controversia. Con posterioridad lógica surge otro problema diferente: ¿En qué medida se vincula al juez a lo alegado por las partes? A esta pregunta contestan de diverso modo los sistemas del proceso dispositivo y del proceso inquisitivo. Ellos no se diversifican en atención al principio de la imparcialidad que a ambos preside, sino en vista de la intensidad de la búsqueda de los hechos, la que depende del interés de la comunidad en ella. El principio de la audiencia judicial proporciona el mínimo de dicha intensidad al obligar al juzgador que descubra la controversia como tal controversia, es decir, como oposición de dos puntos de vista.

Por lo demás, hay que distinguir las siguientes cuestiones:

1ª ¿A quién hay que oír?

2ª ¿Qué se entiende por oír?

3ª ¿Cuándo se prestará audiencia?; y ¿Qué forma reviste la misma?

a) El juez debe oír a las partes. Por tanto, no debe llamar a otras personas, tal vez interesadas en el asunto, pero que no sean partes en sentido formal. Precisamente por esta razón la sentencia produce efectos sólo con respecto a las partes (limitación subjetiva de la cosa juzgada)[12], puesto que sólo ellas pueden hacer oír su voz. Por el otro lado, el aforismo de la audiencia judicial no exige siempre la audiencia de la misma parte. Basta, y en muchos casos es necesario, oír a su representación. Así, por ejemplo, una parte menor de edad necesita siempre ser representada. Pero aun siendo mayor, la requiere en aquellos procesos en los cuales la postulación incumbe a letrados y procuradores[13],. En algunos supuestos, la Ley desea la presencia y audiencia de la propia parte. Piénsese en el derecho del procesado a la última palabra en el proceso penal: Mas inclusive en el proceso penal basta, a veces, la presencia del defensor, puesto que el Tribunal puede expulsar al procesado por razón de su conducta[14]. La exigencia de prestar audiencia se exterioriza en el proceso civil en el perfecto paralelismo de demanda y contestación, réplica y duplica, reconvención y contestación, escrito de ampliación y contestación, apelación y adhesión a ella, etc. En el proceso penal se usa, para expresar el mismo fenómeno, el lema de la "igualdad de armas"[15].

b) El principio de la audiencia judicial no reclama la misma audiencia, sino meramente su posibilidad. No se exige, en cambio, que esta posibilidad se convierta en realidad, puesto que, en caso contrario, fácil sería para el demandado impedir el desarrollo del proceso. El proceso de rebeldía no infringe, por consiguiente, el principio contradictorio, si el rebelde fue llamado debidamente al proceso y tuvo la posibilidad de asistir. De lo dicho se desprenden

12 Art. 1-252, C. C. esp.

13 Arts. 3?, § 1, y 10, § 1, LEC. esp.

14 Arts. 739 y 687, LECr. esp.

15 Véase, por un lado, LEC. esp.; arts. 524, 530; 546, 688, 563, 564, 858, por el otro, Beling (Labor, 1. c., § 34, págs. 102 y ss.).

fácilmente las diversas hipótesis en las que el rebelde puede protestar contra la sentencia dictada en rebeldía, mediante un remedio que se denomina característicamente "audiencia": o porque el emplazamiento no llegó a su poder, o porque una fuerza mayor le impidió asistir al proceso[16]. Si la sentencia dictada en rebeldía es extranjera, no se reconoce ni se ejecuta en España[17]. Finalmente, la Ley no autoriza un proceso penal por razón de delitos contra rebeldes[18].

c) En cuanto al momento de prestar audiencia, conste que, en primer lugar, la audiencia ha de concederse en todos los procesos de cognición. Por ende, los llamados procesos de ejecución no la precisan, puesto que un juicio cognitivo les puede siempre preceder o seguir. Así, por ejemplo, en el mal llamado proceso monitorio la cognición le puede seguir[19]; a la ejecución de sentencias de cognición, ésta les precedió[20]. El juicio ejecutivo normal y el juicio ejecutivo hipotecario poseen una fase cognitiva, por rudimentaria que sea, en la que rige nuestro adagio[21]. El proceso ante amigables componedores es cognitivo, y se inspira, por tanto, en el principio de la audiencia judicial[22]. En segundo lugar, merece mención el hecho de que la audiencia no ha de concederse en cada fase del proceso cognitivo, sino sólo en cualquier fase idónea, para que la parte se defienda y se haga oír. Así, por ejemplo, el demandado comparece ante el Tribunal sin asistencia de la parte actora[23]; una parte enferma absuelve las posiciones en su casa, sin que se dé a la contraria la posibilidad de presenciar el acto[24]; el demandante tramita sólo el recurso contra la repulsa de la demanda en el juicio ejecutivo[25].

d) La forma, por último, de la audiencia —pese al vocablo—, es escrita u oral, según la forma que rija en el determinado proceso.

III. Acabamos de ver cómo el Derecho intenta lograr la imparcialidad de las personas que intervienen en el proceso: Por una vertiente, se impide que intervengan personas en tentación de ser parciales; por la otra, se prohíbe al juzgador que cometa una parcialidad determinada: la de informarse de la controversia desde un solo punto de vista, pervertiendo un diálogo en un monólogo. En el primer caso, se evita que una persona que es parte ocupe otro lugar en el proceso que precisamente éste-, el de ser parte. Se teme que, en caso contrario, tal persona pudiese realizar parcialidades. En el segundo supuesto, se prohíbe una parcialidad determinada.

---

16 Arts. 774 a 777, LEC. esp.

17 Art. 954, núm. 2, LEC, esp.

18 Arts. 839 a 841, LECr. esp. — El "Code d'instruction criminelle" (arts. 465 a 478) conoce la condena criminal de un ausente.

19 Art. 8ª LEC. esp.

20 Art. 919, LEC. esp.

21 Arts. 1.464 a 1.467, LEC. esp., y art. 132, § 4, Ley Hipotecaria del 8 de febrero de 1946.

22 Art. 833, § 2, LEC.

23 Arts. 525, 530, LEC. esp.

24 Art. 591, LEC. esp.

25 Atrs. 1.440, § 2, y 1.441, § 1, LEC. esp.

Ahora bien, acerca del segundo aspecto pocas palabras cabe añadir. El proceso como resolución de una controversia requiere, para su propia existencia, la comprobación de esta controversia, que supone la obediencia al lema: "Audiatur et altera pars". También se podría justificar el adagio con la faceta igualitaria de la justicia: Quien presta audiencia a una parte, igual favor debe a la otra. Pero el carácter formal del concepto de igualdad hace preferible la anterior justificación. En efecto, la igualdad de las partes es un dogma expuesto a discusiones.

Sea ello como fuere, en lo que sigue analizaremos el primer aspecto de la imparcialidad. Formularemos el problema planteado del siguiente modo: ¿Que relación existe entre el ser parte y la imparcialidad? La contestación no parece difícil. Se admitirá que conceptualmente el ser parte (la "partialidad"), y el ser parcial (la "parcialidad"), son dos cosas diferentes; pero se sostendrá que psicológicamente ambas se confundirán en una sola con excesiva rapidez; por lo cual, se supondrá que casi nunca, en la vida y en la ciencia, se confiará en la imparcialidad de una parte. Someteremos este juicio a una revisión; el resultado será que, tanto en el proceso como en las ciencias sociales en general, los casos abundan en que se exige de una parte la más estricta imparcialidad.

1. En efecto, pronto se advierte que el Derecho no ha conseguido (o no ha querido) eliminar radicalmente el deber de imparcialidad de las partes. Enumeremos algunos de estos casos:

a) La Ley admite, por ejemplo, que en el proceso civil la parte absuelva posiciones bajo juramento. En algunos países se castiga el falso testimonio de la parte como un delito penal[26]. De todos modos, y aun prescindiendo del juramento, se afirma que a la parte incumbe un deber de decir la verdad. En algunas leyes existen delitos especiales referentes a las "mentiras procesales" de las partes[27]; en otras, se les castiga haciendo recaer sobre la parte .no verídica desventajas procesales[28]. No nos interesa en este lugar la construcción procesal de esta figura que enfoca a la parte, no en su función de parle, sino como "objeto del proceso", como medio probatorio, ya que a la parte como tal nunca pueden incumbir obligaciones[29]. Lo que en este contexto nos llama la atención es el hecho de que el legislador cree que una parte puede ser capaz de ser imparcial. La confesión verídica es la mejor demostración de esta creencia. Inclusive el acusado en el proceso penal puede, en algunos países[30], corroborar sus declaraciones con un juramento.

---

26 P. ej.: art. 153 del Código Penal alemán del 15 de mayo de 1871.

27 §§ 292 y ss. de la Ordenanza prusiana criminal de 1805; arts. 88, 92 del nuevo Códice italiano di Procedura Civile; Couture, Proyecto de Código de procedimiento civil (Montevideo, 1945, ps. 108 a 110, xi. 62); ley finlandesa de 29 de julio de 1948 (v. Tauno Ellila, en "Archiv f. d. Zivilistische Praxis", t. 150, Cuaderno 6, 1949, ps. 540 a 545).

28 Así, el Derecho Procesal Argentino. Véase Jofré: Manual de procedimiento (civil y penal) (quinta edición hecha por Halperín, Buenos Aires, "La Ley", tomo III, 1942. pág. 263); Cámara de Comercio el 16 de septiembre de 1936, sentencia reproducida en "La Ley", tomo IV, págs. 6 a 8; también "Nueva Recopilación", Ley 2, título 7, libro IV.

29 James Goldschmidt: Prozess als Rechtslage (Berlín, Springer, 1925, págs. 125 a 133).

30 Así, el "Criminal Evidence Act", inglés, de 1898 (v. Jenks: El Derecho inglés, Reus, Madrid, 1930, traducción por Paniagua, pág. 130).

b) A la parte como testigo corresponde el testigo como parte. Así, por ejemplo, suele declarar el testigo que sea pariente o afín de una parte, o que tenga un interés directo o indirecto en el resultado del pleito[31]. Tal testigo puede ser considerado como parte en sentido material.

c) Por el otro lado, nadie pone en duda que al fiscal, parte en sentido formal, incumbe un deber de imparcialidad[32]. El Ministerio Fiscal es la parte imparcial por excelencia.

d) En estos casos, la Ley exige a las partes, en sentido amplio, una actitud de imparcialidad. Tal vez el legislador peque de cándido, y conocidas son las malas experiencias que se han hecho con la confesión en juicio. Sin embargo, tal candidez carece de mayor importancia, toda vez que los actos de las partes quedan sometidos al examen de un juez imparcial que puede poner coto, si una de las partes incurriere en una conducta parcial. La imparcialidad del juez, que a la par se refiere a la comprobación de los hechos como a la aplicación del Derecho, parece la barrera infranqueable de la justicia en el proceso, y ella, a su vez, supone que el juez no sea parte. Nadie puede ser juez y parte a la vez. Pero a un análisis profundo no resiste inclusive esta aparente barrera.

a) En numerosos supuestos, el juez es parte en sentido material. Ello ocurre en amplia medida en el Derecho Internacional Público. La Carta del Tribunal Militar Internacional para el castigo de los criminales de guerra en Europa, de 8 de agosto de 1945, prevé en su artículo 2° un Tribunal formado por representantes de las cuatro potencias principalmente afectadas (Inglaterra, Estados Unidos, Rusia y Francia), y excluye en su artículo 31 expresamente la recusación de los magistrados. El Estatuto del (ya inexistente) Tribunal Permanente de Justicia Internacional, previsto por el artículo 14 del Pacto de la Sociedad de Naciones, de 13 de diciembre de 1920, declara en su articulo 31 que los jueces de la nacionalidad de cada una de las partes litigantes conservan el derecho de actuar en el asunto confiado al Tribunal, y que, si en el Tribunal no actúa ningún juez de la nacionalidad de las partes, cada una de ellas puede proceder a la designación o a la elección de un juez nacional. El Estatuto de la actual Corte Internacional de Justicia reproduce, en su artículo 31, la reglamentación transcrita. No obstante, el ser parte no es obstáculo a que se exija a los jueces la más estricta imparcialidad. Así, por ejemplo, obligó el Reglamento del antiguo Tribunal Permanente de Justicia Internacional a los

31 Así, al menos, según la LEC, esp., arts. 660 a 666. El C. C. esp. introdujo desgraciadamente para algunos supuestos la institución del "testigo inhábil" (art. 1.247).

32 p. ej.: art. 2°, LECr. esp. Véase James Goldschmidt: Der Prozess ais Rechtslage, 1. c. págs. 127, nota 702; 300, nota 1.565; 336, nota 1.710 a; 448. Por lo demás, hay que distinguir en algunos Derechos (p. ej.: el alemán y el francés), si el Ministerio Fiscal actúa como parte o como autor de un dictamen. En Francia se habla en el primer caso de "*partie principale*"; en el segundo, de "*partie jointe*"; y, en este último supuesto, se admite la recusación. Carnelutti (Sistema di diritto processuale civile, T. I, Padua, 1936, núm. 144; Lezioni sul processo penale, v. I, Roma, 1946, núm. 102) considera al Ministerio Fiscal "parte imparcial". El art. 1° del Estatuto del Ministerio Fiscal de 21 de junio de 1926 exige del Ministerio Fiscal que procure "siempre impar cialmente el mantenimiento del orden jurídico y la satisfacción del interés social". James Goldschmidt (Problemas jurídicos y políticos del proceso penal, Bosch, Barcelona, 1935, p. 29) afirma que "se puede objetar que esta exigencia de imparcialidad cae en el mismo error psicológico que ha desacreditado el proceso inquisitivo".

magistrados a prestar juramento en que prometen "absoluta imparcialidad" (artículo 59). Sin embargo, el presidente de la Corte, Arnold Mac Nair, se abstuvo en el pleito petrolero angloiranio, en vista de su nacionalidad inglesa (v. La Prensa, Buenos Aires, del 10 de junio de 1952). El arbitraje internacional nos ofrece nuevos casos, en los que un sujeto de Derecho Internacional Público funciona a la vez como juez y parte. Frecuente' mente, los tratados de arbitraje exceptúan de la jurisdicción de los árbitros diferencias que afectan los intereses vitales, la independencia o el honor de las partes[33], juzgando cada pare por sí misma, si uno de estos casos se da en el presente. La doctrina de la guerra justa, que domina desde la Edad Media hasta la mitad del siglo XVII, se basa en la función del príncipe ofendido como juez; "per accidens" del país criminal[34].

b')Pero no sólo en la órbita del Derecho Internacional Público, tachado por algunos autores de imperfecto, hallamos jueces que, a la vez, son partes: los encontramos igualmente en el seno del Derecho interno, y aun prescindiendo de épocas remotas[35]. Recordamos los muchos casos de leyes de tendencia política, dirigidas contra grupos de personas consideradas como enemigos del Estado. En todas las épocas ha habido tales leyes, y es de suponer que no dejará de haberlas. En estos supuestos, el Estado, encarnado en un régimen determinado, es parte en la lucha, y es lógico que tome las medidas oportunas para que los jueces lo sean igualmente. Si un Estado dicta, por ejemplo, una Ley contra los negros, los jueces llamados a aplicarla, con toda seguridad serán blancos. Por el otro lado, si el Estado desea proteger a la clase obrera, procurará que los jueces que intervengan, tengan una marcada tendencia social. Estos hechos cobran superlativa evidencia, si representantes de los patronos y de los obreros forman parte de la magistratura del trabajo. Comparándolos con Tribunales en asuntos comerciales, que comprenden a comerciantes como jueces legos, la diferencia salta a la vista: los comerciantes son jueces-peritos; los obreros y patronos, jueces-partes. De cierto modo en todos los procesos penales, sobre todo tratándose de delitos políticos, el Estado es parte. Muchas veces e inclusive formalmente como fisco, lo es en procesos civiles. También lo es siempre en lo contencioso-administrátivo. Mencionamos, por último, los frecuentes casos del Derecho Inglés, en los que un "abogado en ejercicio" puede ser simultáneamente "juez", tanto en asuntos criminales como en asuntos civiles (Ernst J. Cohn, Reich des Anwalts, Lambert Schneider, Heidelberg, 1949, págs. 11 a 15). También son dignos de mención los "tribunales" de ár-

---

33 Así, p. ej.: el tratado de arbitraje concluido en 1903 entre Inglaterra y Francia, que constituyó el modelo de numerosos tratados similares (véase Oppenheim-Lauterpacht: *International Law*, sexta edición, Longmans, Green and Co., vol. II, 1944, § 17, pág. 30).

34 Citas abundantes y concienzudas en el magnífico libro del P. Lucas García Prieto, *La Paz y la Guerras Luis de Molina y la Escuela Española del siglo xvi, en relación con la ciencia y el Derecho Internacional Moderno* (Zaragoza, 1944, págs. 121. 122 y nota 158). En contra de este hecho Juan Bautista Alberdi, "El crimen de la guerra", declara: "En la guerra una justicia sin juez, hecha por las partes y, naturalmente, parcial" (cita según "Revista Peruana de Dr. Int.", t. X, n° 33, 1950, p. 86).

35 En la época carlovingia los Tribunales estaban, p. ej.. compuestos de jueces de la nacionalidad respectiva de las partes (v. P. Arminjon: *Précis de droit International privé*, París, Dalloz, tomo I, tercera edición, 1947, núm. 37, pág. 73).

bitros y de amigables componedores en los que cada parte suele tener a un juzgador de su elección; y más digno de mención todavía es el hecho de que el arbitraje en casi todos los países desplaza a la jurisdicción estatal.

2. En resumidas cuentas: Pese a la estrecha relación psicológica entre el ser parte y el ser parcial, vemos, pues, que el Estado exige imparcialidad de partes en sentido formal, de partes en sentido material, de partes en ambos sentidos y que inclusive confía la resolución de procesos a jueces que, a la vez, son partes. También vimos que el mismo Estado, en la esfera del Derecho Internacional Público, actúa frecuentemente como juez y parte simultáneamente.

a) Ahora bien; si se amplía el ámbito de nuestra atención, nos damos cuenta de que la relación entre el ser parte ("partialidad") y el ser parcial (parcialidad), en el Derecho no es sino un caso especial de aquel otro tema que tanta fama ha adquirido en el último siglo y que es archiconocido bajo la denominación: "la concepción materialista de la historia"[36].

a') Los orígenes de esta doctrina remontan a la teoría baconiana de los ídolos. Bacon enseña que el conocimiento adecuado de la naturaleza peligra por cuatro clases de prejuicios, ídolos, que clasifica en "idola tribus", "idola specus", "idola fori" e "idola theatri". Los prejuicios de la tribu arraigan en la naturaleza humana; los de la caverna son privativos de cada cual; los prejuicios del mercado dimanan de la convivencia y anidan en el lenguaje; y los del teatro, por último, abarcan erróneos dogmas filosóficos. Todos estos prejuicios, empero, son superables por medio de un conocimiento purificado. Este germen de la tesis moderna de la concepción materialista de la Historia, se distingue de ésta, en primer lugar, por referirse al conocimiento de la naturaleza y no a las ciencias sociales; y, en segundo lugar —y ello se relaciona con el punto antecedente—, por atribuir a los ídolos carácter intelectual y no pujanza emocional, prescindiendo de alusiones ocasionales de Bacon a este aspecto del problema.

b') Helvétius da el paso del prejuicio al presentimiento, de las aberraciones intelectuales a las desviaciones emocionales. La dependencia de las ideas de las formas de vida sociales se funda en la determinación del pensamiento y actividad humanos por los intereses personales. A la vez, Helvétius enfoca el conocimiento de las realidades sociales, en lugar del de la naturaleza. Los hombres no tienen interés alguno en ver las cosas como son y, por ello, nacen las diferencias sobre la moral, el Estado y la metafísica. Las raíces de las perturbaciones son el amor propio y el afán de poder. "Los prejuicios de los grandes, son las leyes de los pequeños". Pero Helvétius coincide con Bacon al

36 Véase a lo que sigue Hans Barth: Wahrheit und Ideologie (Manesse Verlag, Zürich, 3945). De paso tan sólo sea dicho que tan refutable como dicha tesis, lo es la contraria, que puede ser bautizada como la "concepción idealista de la historia", y que explica sucesos reales de la historia como efectos de doctrinas expuestas con anterioridad. Ni las tesis científicas de Marx —prescindimos de su actividad de político práctico, que ésta sí que era causal— eran las causas del socialismo, ni la doctrina de Nietzsche era el origen del nacionalsocialismo. La relación entre la realidad histórica y las teorías científicas no es la de causa y efecto. No se trata sino de meras ocasiones. El hecho de que Marx era filósofo-político no era casual. De él proceden las célebres palabras: "Die Philosophen haben die Welt bisher nur interpretiert; es kommt darauf an, sie zu verändern" (Hasta ahora los filósofos solo han interpretado el mundo; lo que importa es modificarlo).

estimar los prejuicios vencibles. La verdad descubre los prejuicios y presentimientos, y la libertad permite la búsqueda, el desenvolvimiento y la divulgación de la verdad.

c') Holbach sostiene una tesis similar. Una de sus obras se titula: "Essai sur les préjugés" (1770). El lema reza del siguiente modo: "Déchirer le voile des préjugés".

d') La filosofía de Schopenhauer contribuye poderosamente a fortalecer las concepciones esbozadas. Schopenhauer reivindica la primacía para la voluntad, y no considera el intelecto sino como un instrumento de ella. Por esta razón, el intelecto está en continuo peligro de ser desviado bajo la influencia de la voluntad. Pero Schopenhauer sigue admitiendo la posibilidad de aniquilar tales influencias . El intelecto supera la voluntad.

e') Marx recoge esta multifacética tradición y la une a la "ideología" de Destutt de Tracy, transformando su sentido. Para Destutt de Tracy, "ideología" es la teoría de las ideas; e ideas no son entidades, en el sentido de Platón, sino elementos sensualistas del conocimiento. Marx, en cambio, concibe una ideología como una conciencia falsa, creada por prejuicios emocionales. Marx afirma que la cultura humana no es sino la supraestructura de las relaciones económicas. Las ideas de la libertad de conciencia eran, spor ejemplo, el trasunto del principio de la libre competencia económica. La tesis de Calvino de la exclusiva salvación por la gracia, correspondía al hecho económico, dentro del mundo capitalista, de que el éxito o la quiebra no dependen del mérito del comerciante individual, sino de circunstancias independientes de él. Marx no extiende su tesis a la matemática o a las ciencias de la naturaleza. La limita a las ciencias sociales en sentido lato. El arte constituye un capítulo aparte, y ofrece dificultades especiales. No obstante, -el mismo pertenece a las formas ideológicas, y depende, según Marx, igualmente de las relaciones económicas. "En la producción social de su existencia, los hombres entran en relaciones determinadas, necesarias, independientes de su voluntad; estas relaciones de producción corresponden a un grado determinado de desarrollo de sus fuerzas productoras materiales. El conjunto de estas relaciones de producción constituye la estructura económica de la sociedad, la base real, sobre la cual se eleva una supraestructura jurídica y política, y a la que corresponden formas sociales determinadas de conciencia. El modo de producción de la vida material condiciona el proceso de vida social, política e intelectual, en general. No es la conciencia de los hombres la que determina la realidad; por el contrario, la realidad social es la que determina su conciencia"[37]. Una conciencia es ideológica, si el conocimiento no se refiere a la realidad histórico-social, sino que se inspira en un resultado anticipado, a base de proyectos de vida. Esta inspiración, a su vez, se realiza dentro de un esquema hermenéutico y valorativo en el que se han objetivado los intereses sociales de un grupo o de una cana social. Lo que distingue a la doctrina de Marx radicalmente de todos los precursores, es su tesis implícita de que la dependencia de la cultura de las relaciones económicas es ineludible, y que, por tanto, toda la cultura premarxista es ideológica. No es difícil objetar a Marx —y muchas veces se ha empleado

37 Marx: Crítica de la economía política, prólogo.

tal argumento[38]— que también el marxismo se expone a ser una ideología proletaria. No nos interesa entrar en esta discusión. Pero no se olvide que, según Marx, las ideologías nacen desde el momento en que el trabajo intelectual se separa del trabajo manual, puesto que por esta división el intelecto pierde la conciencia de reflejar la práctica existente y se imagina representar algo, sin que este algo sea real, llegando por este camino a la creación de las teorías puras. La división del trabajo es la causa por la que la conciencia sustituye el sér real por sus propias creaciones. Por consiguiente, una vez abolida esta división, puede ser que el peligro de las ideologías desaparezca. El tema de la producción no reconocida por su propio autor como tal —el mito de Lalos, padre de Edipo— proviene ya de Fichte, según el cual, el Yo crea el No-Yo, sin que el yo empírico se dé cuenta de esta creación; por ello, el No-Yo no nos parece familiar, sino extraño y hostil. Fichte, a su vez, llega a esta teoría ensanchando la tesis de Kant de que la forma del mundo exterior es producción inconsciente nuestra. Marx, y más tarde Freud, nos ofrecen variaciones sobre este tema.

Los autores marxistas siguen las doctrinas expuestas. Lukacs afirma, por ejemplo, que el existencialismo es la ideología burguesa: en su momento de crisis[39]. También Mannheim[40] sostiene que todo pensamiento humano es condicionado de modo ineludible por el punto de vista del pensador. Todas las formas y contenidos del pensamiento se convierten en funciones de la sociedad históricamente individualizada. La ideología es la conciencia falsa de la clase dominante, la utopía de la dominada.

f') No queremos dejar de aludir al psicoanálisis que afirma que la subconciencia influye sobre nuestra conciencia, pero que admite la posibilidad de quitarle la careta, tornándola consciente. He aquí el efecto catársico de la conciencia.

b) La filosofía de la Historia tropieza con dificultades análogas a las que acabamos de mencionar. El historiador es parte y juez, simultáneamente, y no cabe duda alguna de que esta su doble función contenga serios peligros para una imparcial exposición de la Historia. Los filósofos hacen hincapié en la diferencia que existe entre la investigación de la Naturaleza y la de la Historia[41]. Respecto a la primera, el investigador es juez-tercero; en cuanto a la segunda, el juez-parte. Theodor Litt[42] describe esta diferencia, que analógicamente hallamos entre una controversia, en la que el juez es neutral y la en la que

38 Truyol y Serra: Esbozo de una sociología del Derecho Natural (en "Revista de Estudios Políticos", año IX, núm. 44, pág. 28).

39 Véase Georges Lukacs: Existencialisme ou Marxisme? (París, 1948), y la reseña de este libro en "Revista de Estudios Políticos", año IX, núm. 46, 1949, págs. 299 a 301.

40 Ideologie und Utopie, Bonn, 1929. Edición inglesa: Ideology and. Utopia. An Introduction to the Sociology of knowled.ge, Londres, 1936.

41 Todavía Cervantes (Don Quijote de la Mancha, I, cap. 9) dice ingenuamente: "...habiendo y debiendo de ser los historiadores puntuales, verdaderos y no nada apasionados, y que ni el interés ni el miedo, el rencor ni la afición no les haga torcer del camino de la verdad, cuya madre es la historia, émula del tiempo, depósito de las acciones, testigo de lo pasado, ejemplo y aviso de lo presente, advertencia de lo porvenir".

42 *Wege und Irrwege geschichtlichen Denkern* (München, Piper, 1948, págs. 24, 25).

es parte, del siguiente modo: "Puesto que el hombre, en su encuentro con la naturaleza, nada siente de una solidaridad con ella, la que, en cambio, le vincula a todas las formas de lo humano, el conocimiento de la naturaleza no le cuesta ningún esfuerzo, y fácilmente el hombre guarda la posición del observador desapasionado y sin prejuicios. Cuando la investiga, no le asaltara emociones que pudiesen seducirle a hallar verdades apetecidas. Cualquier verdad con la que se encuentra, la admitirá con igual agrado. Ello no nos causa asombro. Donde el odio y el amor callan, la voz de la verdad fácilmente halla oídos abiertos. De este modo encuentra la indiferencia del objeto respecto al deseo de conocer, su contrapeso en la indiferencia con la que el sujeto del conocimiento lo contempla. La distancia que separa ambas partes aparece en cada una de ellas ... Lo extrahumano no se abre, por consiguiente, al conocimiento en la misma profundidad que lo humano Este conocimiento se mueve dentro de estrechos límites; pero dentro de ellos le es asequible un alto grado de seguridad. El autoconocimiento del hombre, al contrario, penetra en profundidades considerablemente mayores que el conocimiento del objeto; pero la identidad, base de esta familiaridad, suspende todas las garantías que arraigan en el distanciamiento de sujeto y objeto. Precisamente por ser todo lo humano tan familiar al hombre, que se siente con ello solidario en el sentido más profundo, le interesa lo humano con una vivacidad que excluye la constitución de un objeto auténtico y que dificulta la conservación de la objetividad de manera extrema. La verdad sobre el tema de la investigación no se encuentra al alcance de las manos, como se quisiera creer, habida cuenta de su cercanía. El buceo en el interior también puede resultar un ensimismamiento en la propia ilusión". No obstante, los filósofos de la Historia creen que una imparcial captación de la Historia, a pesar de constituir un autoconocimiento, es perfectamente hacedera[43]

3. El resultado de este breve esbozo de la sociología del saber, demuestra que, con excepción de los marxistas, siempre se ha sostenido la posibilidad de vencer los obstáculos emocionales de un conocimiento imparcial; y que, inclusive los marxistas, la defienden, si bien ello sólo ocurriere en su propia causa. No queremos, por último, dejar de aludir a un caso en la historia de la filosofía, en el que se ha exigido expresamente que una. persona sea parte para enjuiciar con provecho los problemas. Nos referimos a las célebres palabras de San Anselmo, que ya remontan a San Agustín[44]: "Credo ut intelligam"[45]. Goethe enuncia un análogo pensamiento al decir[46]: "Si no lo sentís, no lo cazaréis".

IV. 1. Si pasamos revista a los diferentes fenómenos reseñados, algunos no ofrecen una problemática intrincada. Las partes en sentido formal y material y

---

43 Litt, I. c., págs. 22 a 38.

44 Augustinus? Opera, Migne, P. L., t. "VTII, Contra Faustum, liber 32, cap. 18.

45 Véase un comentario a estas palabras en Michael Landmann, *Problematik. Nichtwissen und Wissensverlangen im philosophischen Bewusstsein (Vandenhoeck und Ruprecht,* 1949, págs. 144 a 150).

46 *Wenn ihr's nicht fühlt, ihr werdef's nicht erjagen* (Faust, parte 1ª Noche). Según el contexto, las palabras se refieren al logro de fuerza retórica. Sin embargo, el sentido en que se suelen citar estas palabras es el indicado.

las partes en sentido material, pueden constituir medios insustituibles de información para averiguar la verdad, a instancia de parte u oficialmente, y, por esta razón, el Derecho tiene que confiar a que una parte cumpla el deber de imparcialidad. La libre apreciación de la prueba en manos de un juzgador responsable, constituye bastante garantía de esta credulidad del legislador. Este es el caso de la confesión en juicio, de las declaraciones del acusado y de las de los testigos tachables. Por el otro lado, la imparcialidad de una parte en sentido formal, como lo es el Ministerio Fiscal, no ofrece problema alguno, ya que el peligro de parcialidad no existe sino respecto a la parte en sentido material.

El supuesto verdaderamente problemático es el del juzgador que, a la vez, es parte. Conviene destacar que el juzgador no es parte material en sentido estricto; pero ello no excluye que en los casos aludidos tenga interés en, una de las posiciones de la controversia. El juez "ad hoc" de la Corte Internacional de Justicia, pertenece, mediante su nacionalidad, a uno de los Estados que comparecen como parte. Los magistrados del Tribunal Militar que juzgó a los criminales de guerra pertenecían, igualmente mediante su ciudadanía, a los Estados que se consideraban las principales víctimas de los. acusados. Los representantes de las organizaciones de patronos y obreros pertenecen a los portadores de los intereses generales en lucha, de la cual, un episodio se efectúa en el litigio presente. Análoga consideración se aplica a los juzgadores que integran los Tribunales destinados a enjuiciar delitos políticos de todas clases. El problema que se nos plantea es el siguiente: ¿Existen supuestos —y, en caso afirmativo, cuáles— en los que la institución de los jueces-partes posee una justificación?

La doble función de ser juez y parte implica serios peligros, sin carecer de ventajas. Los peligros consisten en que el juez se deje vencer por la parcialidad que radica en su cualidad de parte. Las ventajas estriban en su mayor conocimiento del asunto enjuiciado y en la agudeza centuplicada de los sentidos, que le hace apto de recoger todos los matices, tonalidades y pormenores de la controversia.

2) a) Para hallar la contestación al problema suscitado de indicar los casos en que se justifica la institución de un juez que simultáneamente sea parte, debemos pensar en las palabras de Aristóteles, pronunciadas en la "Ética de Nicómaco (Libro V), según las cuales, el juez es la justicia viva. También se puede decir que el juez es la vida de la ley y de la justicia. Por consiguiente, es lógico suponer que el ser o el no ser parte del juzgador, tenga una relación íntima con el ser o el no ser parte del legislador. Para corroborar este pensamiento conviene traer a colación el hecho de que el legislador resuelve, al igual que el juez, controversias. Este dato salta a la vista en tiempos de lucha social; pero inclusive en tiempos de tranquilidad la causa de ella no consiste en que no se da una controversia, sino en que ésta, por la constelación de las fuerzas, está de antemano decidida.

b) El autor de la norma —el Estado o la comunidad de Estados— puede poseer una relación diferente con los sectores sociales de cuya reglamentación se trate[47]. Puede ser que los asuntos a reglamentar sean vitales o que

47 Véase a lo que sigue, nuestro artículo: "Normas individuales y normas generales. Análisis de los conceptos del Derecho Internacional Público" (en "Revista de la Facultad de Derecho y Ciencias Sociales", de Buenos Aires, año IV, núm. 16. págs. 1.187 a 1.209).

sean cotidianos para el legislador. Hemos de distinguir asuntos cotidianos de tres clases. El asunto puede ser cotidiano, no sólo para el legislador, sino también para los individuos, como, por ejemplo, normalmente los contratos del Derecho Privado (asuntos cotidianos de primer grado). El asunto puede ser cotidiano para el legislador y vital para los individuos, como, por ejemplo, normalmente las causas criminales (asuntos cotidianos de segundo grado). Finalmente, el asunto puede consistir en la actividad cotidiana del mismo legislador, como, por ejemplo, expedición de cartas credenciales a los propios embajadores o la del exequátur a los cónsules de Estados extranjeros (asuntos cotidianos de tercer grado). En otros casos, en cambio, el asunto es vital. Ello ocurre con suma frecuencia en el Derecho Internacional Público y con alguna en el Derecho Interno. Si el asunto es vital, el legislador, según que se trate de un solo sector social o de un conjunto de sectores, lo capta o mediante una norma (por ejemplo, un tratado de alianza militar) o mediante una materia individual (por ejemplo, una Ley de responsabilidades civiles y políticas). Si el asunto es cotidiano, la reglamentación, en cambio, es general. No obstante, hay que tener en cuenta que, por una vertiente, existen normas generales con ocasión de asuntos vitales (a saber, en la reglamentación de la materia individual); y que, por la otra, existen normas individuales en relación con asuntos cotidianos (por ejemplo, en el Derecho Internacional Privado), como igualmente existen materias individuales cotidianas (por ejemplo, un Derecho transitorio determinado).

Ahora bien; en todos los asuntos cotidianos, el legislador no se siente parte y, por tanto, es obvio que el juzgador tampoco debe serlo. En todos los asuntos vitales, al contrario, el Estado es parte y, por tanto, el juez lo será igualmente.

Sabemos, pues, que la institución de juez-parte no sólo existe, sino también que se halla en todos aquellos casos en que la norma, cuya aplicación le incumbe, enfoque asuntos vitales para el legislador. En estos supuestos siempre nos encontramos, o con normas individuales o con normas generales dentro de una reglamentación individual. A título de ejemplo aludimos a la aplicación de un tratado de alianza militar, por un lado, y a la Ley de 5 de noviembre de 1940 sobre contratación en zona roja, por el otro lado.

3) Nos queda todavía por saber, si el ser parte del legislador o, al menos, del juez, es en aquellos supuestos evitable. Se podría pensar en la búsqueda de un camino que, en analogía a como los asuntos vitales de los individuos son reglamentados por el Estado como asuntos cotidianos, nos permitiría llevar los asuntos vitales internos y externos de un Estado a una instancia que los enfocara como cotidianos. La conversión de un asunto vital individual en un asunto cotidiano colectivo no deja de tener su problemática. Nos encontramos con el conflicto trágico de individuo y colectividad. El Derecho ha ideado recursos para mitigar a favor del individuo dicho conflicto, si bien estos recursos poseen una finalidad compleja. Mencionamos la equidad, la gracia y la autonomía de las partes. Pero prescindiendo de la justificación ética de la conversión, baste en este lugar su posibilidad. El individuo, como tal, no es autor del Derecho, y, por ello, se comprende que, por duro que este suceso resulte, el criterio del carácter cotidiano o vital de un asunto está en manos de la comunidad. Pero si ahora contemplamos la situación del Estado, surge la interrogante siguiente: ¿De qué comunidad superior forman los Estados parte

en número tan considerable, que los asuntos vitales de ellos pueden considerarse cotidianos para ella? Hay que llamar la atención sobre el hecho de que la conversión de un asunto vital en cotidiano, no sólo supone la incorporación de los Estados a una comunidad superior, supuesto éste tal vez existente puesto que los Estados viven en cierta comunidad internacional; sino que, además, esta conversión, supone que los miembros de la comunidad deben alcanzar un número comparable al número de los individuos en un Estado, puesto que sólo en esta hipótesis puede la conversión realizarse, ya que sólo entonces lo vital de un miembro es lo cotidiano de la comunidad. Este segundo supuesto, por cierto, no existe. La comunidad internacional se asemeja más a una familia (mal avenida) que a un Estado. En una familia, es decir, en una colectividad en la que cada miembro interesa en su individualidad y no como mero representante de un tipo, lo vital de cada miembro es, a la vez, vital para cada otro y para la familia en su totalidad.

No parece, por tanto, posible hallar una autoridad para la que un asunto vital de un Estado sea meramente un asunto cotidiano. No obstante, parece interesante examinar, si no se podría encontrar, por lo menos, una autoridad para la que un. asunto muy vital de un Estado resulte menos vital, y si la menor intensidad en la calidad de ser parte aumenta las garantías de la imparcialidad. ¿No parece, por ejemplo, más acertado que los criminales de guerra hubiesen sido juzgados por magistrados pertenecientes a países neutrales, que por jueces de los Estados-víctimas? ¿No parece más conforme con las exigencias de la justicia que una lucha sobre las fronteras entre Chile y la Argentina o entre Bolivia y el Paraguay fuese resuelta por Inglaterra o por los Estados Unidos, que por los propios interesados? A primera vista parece, en efecto, que la mayor distancia de otros países del tema de la controversia implique mayor garantía de imparcialidad. Pero un análisis más profundo nos hace descubrir la distinción entre lo inmediatamente vital y lo vital a larga vista. La composición de la comunidad de Naciones de pocos miembros estables, a semejanza a la de una familia, lleva consigo el hecho de que cada miembro cuenta continuamente con relaciones futuras vitales con cada uno de los restantes. La consecuencia de esta situación reside en que, si bien una controversia vital entre A y B, tal vez inmediatamente solo lo sea para estos dos Estados, todos los demás tienen en cuenta en sus cálculos la posibilidad concreta de que se plantee el día de mañana una controversia vital entre ellos y A o B, para cuyo planteamiento y solución su punto de vista en la actual controversia será decisiva. Por consiguiente, la controversia inmediatamente vital para A y B, lo es, a larga vista, para todos los demás. Todos los miembros de la comunidad son, por ende, partes en las controversias de todos.

Sólo la constitución de un Superestado, que, sin embargo, poseería sus propios asuntos vitales, podría, si rebajara a los demás Estados al papel de provincias autónomas y los fraccionara suficientemente, desempeñar de cierto modo la función de un juez que no fuere parte, en los asuntos vitales de los mismos.

En los asuntos vitales, ninguna parte quiere dejar la decisión en manos de un tercero. El "porqué" no sólo consiste en la vitalidad del asunto. Quien así opinara, incurriría en un superficial materialismo. La explicación reside principalmente en una situación paradójica y trágica. Las partes en un asunto vital tienen el sentido de justicia tan agudizado, tan enquistado hasta las raíces mismas de su propio ser, que un tercero parece carecerles de suficiente información. Solo una fusión mística de ambas partes constituiría un juez ideal de una controversia vital. Pero aun esta unión no sería un tercero. No existiendo este expediente, cada parte es más idónea de enjuiciar la controversia que cualquier tercero. Variando un refrán conocido, podría decirse: "Más sabe la parte en su propia casa que el juez en casa ajena". En términos de una filosofía actualmente de moda, también se puede estatuir: "Una controversia vital sólo puede ser comprendida y resuelta por quienes participen de ella existencialmente". El verdadero problema consiste, por consiguiente, en la existencia de controversias que no son resolubles por jueces-terceros, y sí lo son por jueces-partes, por no serles sino a estos últimos asequible la información completa acerca de una controversia vital.

V. Volvamos al punto de partida: la imparcialidad como principio del Derecho Procesal. Imparcialidad no significa, pues, el no ser parte. Una persona puede tener una relación con el objeto de la controversia y ser, por tanto, parte en sentido material; también puede tener una relación con las expectativas, posibilidades, cargas y exoneraciones de cargas procesales, y ser, por consiguiente, parte en sentido formal. Pese a ello, cabe la más perfecta imparcialidad. El principio de la imparcialidad connota una relación entre los móviles de una persona y un acto procesal (declaración o resolución). Esta relación, para poder ser calificada de "imparciar', debe consistir en lo siguiente: el móvil de la declaración (de la parte, del testigo, del perito, etc.) o de la resolución debe ser el deseo de decir la verdad, de dictaminar con exactitud, de resolver justa o legalmente. No importa, por un lado, si en la esfera objetiva el testimonio es verdadero, el dictamen exacto y la resolución justa o legal. Baste que el acto se inspire en este deseo. Por el otro lado, inclusive un acto legal de un funcionario puede basarse en una motivación de parcialidad, por ejemplo, en el deseo de adquirir un regalo, parcialidad punible como cohecho[48]. Tampoco importa si en la esfera subjetiva la imparcialidad sólo inspire la motivación próxima, mientras que la remota sea alimentada por sentimientos de odio, amor o pura maldad. La mayor parte de los que denuncian un hecho delictivo y después declaran como testigos en el proceso penal, son movidos por el odio como motivo remoto; pero si denuncian hechos que suponen verdaderos, el motivo próximo es el deseo de decir la verdad; y ello es suficiente. Lo dicho no es obstáculo a que no sea conveniente aumentar la posibilidad de motivación remota parcial. El Estado que promete a los denunciantes una participación en la multa en un determinado porcentaje, infringe el principio de la imparcialidad. La imparcialidad consiste en poner entre paréntesis todas las consideraciones subjetivas del juzgador. Este debe sumergirse en el objeto, ser objetivo, olvidarse de su propia personalidad. La imparcialidad es en la esfera emocional lo que la objetividad es en la órbita intelectual. También se distinguen la imparcialidad y la justicia. La primera enfoca la motivación, la segunda el contenido de los actos; la primera es negativa y ahuyenta las influencias subjetivas, la segunda es positiva y atribuye a cada uno algo, por respeto a su particular personalidad.

48 Véase, p. ej.: art. 390, Código Penal español o § 331 Deutsches Reichsstrafgesetzbuch de 1871.

Siendo la imparcialidad una especie determinada de motivación, resulta inasequible a la observación directa de terceros. El Derecho positivo capta, por ello, sus objetivaciones. Por una vertiente, impide dentro de lo posible que una parte declare, dictamine o juzgue; por la otra, prohíbe la parcialidad de no dar audiencia a una de las partes. El proceso cumple análogas funciones que la guerra[49]. Por ello, podemos suponer que la imparcialidad del proceso aparezca también en alguna forma en la guerra. Hay que distinguir la concepción de la guerra justa que reina durante toda la Edad Media y los primeros siglos de la Edad Moderna, y la de la guerra legal que triunfa en la época del positivismo. Durante el dominio de la primera concepción, el príncipe-víctima se canvierte en juez del principe ofensor. Pero este juez debe proceder con "recta intentio", sin odio y afanes imperalisias, en otras palabras: con imparcialidad. En la época del positivismo surge la institución de b neutralidad. A los neutrales les incumbe un deber de imparcialidad[50]. Los neutrales no son partes, no son beligerantes en sentido formal, y, por ello, deben abstenerse de ayudar a los mismos. El Derecho Internacional, como todo Derecho, contempla las objetivaciones de la imparcialidad. No obstante, éstas ce llevan a efecto gracias a una motivación adecuada. Por lo demás, y en el terreno de la motivación remota, el neutral puede albergar y manifestar simpatía con una, odio a la otra parte beligerante[51].

La imparcialidad supone la existencia de partes; la de partes implica la de una controversia. El principio de la imparcialidad puede, por ende, sólo existir donde hay controversias; pero allí también siempre existirá. Así hallamos la imparcialidad en la guerra, en la concepción de la guerra justa en la "recta intentio" del principe ofendido que desempeña funciones de juez, en la de la guerra legal en la imparcialidad de los neutrales; lo hallamos en el duelo en la imparcialidad de los padrinos; y lo volvemos a descubrir en el proceso en múltiples ramificaciones; no importa si se trata de la resolución de una controversia social por la ley o de una individual por sentencia.

El establecimiento del principio de imparcialidad, como uno de los principios fundamentales del proceso, arroja a la vez luz sobre la inconfundible particularidad del Derecho Procesal y su oposición al Derecho Material, y constituye, por consiguiente, una aportación a la doctrina fundada por James Goldschmidt, de acuerdo a la que el proceso requiere categorías propias[52].

---

49 Véase nota 11.

50 Véase Oppenheim-Lauterpacht, l. c. §§ 294, 316, 317.

51 Oppenheim-Lauterpacht, l. c., § 294, pág. 516.

52 V. acerca de este estudio Niceto Alcalá-Zamora y Castillo en "Rev. de la Facultad de Derecho de México", nos. 1, 2, junio de Í951, y Carlos Cossio en "La Ley" del 21 de marzo de 1953, texto a nota 28.

7) EL ÚLTIMO PROLETARIO

(Temas concretos de justicia)[1]

Los gigantescos progresos de la justicia social obligan a todos a buscar y denunciar los casos a los que ella todavía no ha podido llegar. He aquí uno: el del autor de obras científicas.

La ciencia económica distingue entre dos clases: la que dispone de los medios de producción —la clase capitalista— y la que vive de la venta de su fuerza de trabajo —el proletariado—. EJ. autor de obras científicas es en muchos casos un proletario en dos aspectos. En el primero lo es, porque no puede confeccionar su obra sin pedir auxilio a los que disponen de bibliotecas, laboratorios y maquinaria sumamente valiosa e inalcanzable a él. En el segundo lo es, porque no puede llevar su obra a la publicidad sin implorar el socorro de una empresa editorial. No hablemos en estas páginas de la primera faceta; lo hicimos en otra oportunidad[2]: limitémonos a la segunda. Con respecto a ella repetiremos, pues que el autor de una obra científica, en cuanto necesita para su publicación. al editor, es un proletario que se encuentra enfrentado con un capitalista. Esta situación social tiene, como es costumbre en estos casos, sus repercusiones sobre las relaciones jurídicas existentes entre las personas interesadas. A este efecto pasaremos revista a las obligaciones del editor y las del autor.

La doctrina del Derecho Civil distingue entre obligaciones naturales y civiles: las primeras se caracterizan, a diferencia de las secundas, por el hecho de que su infracción no acarrea sanciones de ninguna clase. La doctrina del Derecho Civil no distingue, aunque merece la pena hacerlo, entre prestaciones directamente controlables, indirectamente controlables e incontrolables. Sí el deudor paga una cantidad de dinero, el acreedor puede cerciorarse, sí la prestación debida se ha llevado a efecto. También puede convencerse de ello, si se trata de la entrega o del arreglo de una maquina, puesto que, si bien él mismo no pudiera examinar personalmente su mecanismo, puede encargar el control a cualquier perito o sencillamente observar su funcionamiento. Otras prestaciones, sobre todo las de omisión, pero también las de guardar ininterrumpidamente una determinada conducta positiva, no son controlables sino indirectamente: lo que se puede descubrir es una infracción. El cumplimiento del deber de fidelidad conyugal no se puede probar pero sí es posible dar con casos de incumplimiento. Por último existen obligaciones cuyo debido cum-

1 Este trabajo fue publicado en "Sarmiento", Tucumán, vol. II, n° 18. junio de 1952.

2 V. nuestro trabajo. La concepción normológica aplicada al ordenamiento iusprivistista internacional argentino, en "Revista de la Facultad de Derecho y Ciencia Sociales", Montevideo, Año II, núm. 2, abril de 1951 ps. 350 a 352.

plimiento es prácticamente incontrolable. En este grupo entran p. ej. muchas de las obligaciones concretas engendradas por el contrato de trabajo. Ahora bien, las obligaciones principales del editor resultan, en parte, controlables, pero solo naturales; y, en otra parte, civiles, pero no controlables. Las obligaciones del editor de publicar la obra dentro del un determinado plazo y de distribuirla debidamente, dan lugar a prestaciones controlables. Se puede comprobar, si la obra se ha publicado en un determinado momento. También es hacedero para uno enterarse, si la obra ha llegado en un lapso prudencial a las librerías del propio país y del extranjero. Pero estas obligaciones son meramente naturales; su infracción no produce consecuencias para el editor, puesto que éste nunca consentirá una formulación del contrato que autorizará al autor a pedir indemnización de perjuicios y daños o una pena convencional en el supuesto de su incumplimiento. ha obligación del editor de no imprimir sino un número determinado de ejemplares es una obligación civil. Su transgresión produciría consecuencias civiles e inclusive penales. Pero el cumplimiento o el incumplimiento de esta obligación es para el autor prácticamente incontrolable. Ni qué decir tiene que una violación del mencionado deber sólo se efectuará en contadísimos casos, tal vez nunca, pero no se puede negar razonablemente, por el otro lado, su posibilidad. Existe un modo de convertir el deber de prestación incontrolable en un deber de prestación indirectamente controlable; consiste en que el autor firme los diferentes ejemplares de suerte tal que, así que se descubra un ejemplar sin firmar, quede probado el entuerto del editor. En algunos países existe, en efecto, esta costumbre; pero en la mayoría de ellos los; editores se negarían indignados a firmar un contrato sobre esta base, aunque el anhelo del acreedor de saber si el deudor cumple es tan justo como el deseo de éste de tener un comprobante de haber cumplido. Sin embargo, la obligación del editor de limitar la edición a un número determinado de ejemplares es esencial, puesto que su cumplimiento o incumplimiento acelera o demora respectivamente una ulterior edición de la obra, particular de la máxima importancia del que más adelante nos tocará tratar. El número de ejemplares editados y vendidos figura en muchos contratos editoriales también como factor determinativo de los emolumentos del autor. Pero en esta función el deber del editor de no producir sino un .número limitado de ejemplares es sólo accesorio, por la sencilla razón de que también lo es el derecho del autor a una ganancia. ¡Veámoslo! Si se quiere adaptar el horario del autor al coste de la confección del trabajo, habrían de tenerse en cuenta los siguientes rubros: 1°) Intereses y amortización del capital invertido en la educación profesional del autor; 2°) Intereses y amortización del capital invertido en biblioteca, laboratorio, etc.; 3°) Gastos de material como p. ej. papel, elementos empleados en los experimentos, etc.; 4°) Sueldos y jornales de fuerzas auxiliares (ayudantes, mecanógrafas, etc.); 5°) Sustento del autor con arreglo a su clase social durante el tiempo utilizado para hacer su trabajo[3]. Los honorarios calculados en atención a estos factores determinarían un precio que hiciera la venta del libro prácticamente imposible. El verdadero precio, al revés, implica honorarios tan bajos que el autor no puede ni remotamente vivir de ellos y que más que una contraprestación constituyen una gabela

3 Véase a lo que sigue Theodor Geiger, Aufgaben und Stellung der Intelligenz in der Gesellschaft, Ferdinand Ente. Verlag, Stuttgart, 1949, ps, 108, 103, 111.

simbólica por medio de la que el editor reconoce la "soberanía" del autor con respecto a la obra. Por estas razones caracterizamos antes el deber del editor de retribuir al autor como meramente accesorio. En la mayoría de los casos los autores renunciarían gustosamente a la participación en la ganancia procedente de la venta de la obra con tal que su publicación se hiciera rápidamente, su distribución resultare eficaz y se asegurare la confección de una nueva edición dentro de un plazo prudencial.

También el autor ha de cumplir obligaciones: debe entregar la obra muchas veces dentro de un determinado plazo; y siempre le incumbe la carga de redactarla con el mayor esmero. La primera obligación suele ser natural, puesto que la demora del autor en la entrega del manuscrito no engendra sanción alguna. La segunda prestación que debe, es prácticamente incontrolable para el editor.

Pero a pesar de estas características de los deberes del autor, editor y autor se encuentran en situaciones completamente difemtes. El editor puede dormir tranquilamente. El primer interesado en cumplir es el propio autor. Por ello sus deberes en sentido estricto no son obligaciones sino cargas. La publicación de una obra científica importante significa para el autor prestigio y, como consecuencia práctica del mismo, la posibilidad de desempeñar cargos nacionales y extranjeros. Cuanto antes entregue una obra, tanto más tiempo de vida le queda para disfrutar de ella; cuanto mejor la redacte, tanto más ventajoso será su goce. He aquí una diferencia importante entre el proletario intelectual (científico o artista) y el manual: el último sustrae a veces al capitalista la plusvalía mediante la minusvalía de su trabajo; el primero, en cambio, es incapaz de ello por ser un proletario vocacional. El autor, al contrario, sufre de insomnio. Lo que para él es una empresa vital, para el editor constituye una faena cotidiana[4]. Para el editor el libro es una mercancía, un bien fungible: si no le es posible o si no lo estima oportuno poner a la venta en un momento dado el libro a, echa al mercado el libro 6, sin tener en cuenta que a lo mejor con la posposición del primero acorte la vida de un autor contemporáneo, mientras que con la anteposición del segundo beneficie a un autor fallecido desde hace mucho tiempo y al que, por consiguiente, un año de espera en nada perjudicaría. El editor mide el tiempo con el tic tac del reloj, el autor con los latidos de su corazón.

Teniendo en cuenta lo que antecede, bien se comprenden las palabras de Geiger[5] de que es el editor quien decide qué trabajos han de ir a la imprenta y cuáles deben regresar al cajón del escritorio. Con ello queda bien ilustrada la enorme importancia cultural del editor. Los editores de un país son de mayor importancia para su desarrollo científico que sus sabios. Los editores son los jueces de los autores vivos y muertos. De los editores depende si un país posee en el ámbito de la cultura predominio o si se estanca en una situación de coloniaje cultural. No mencionemos sino dos peligros que acechan al editor. El primero es el de la profusión de traducciones. Consiste en lo siguiente:

4 Véase acerca de esta distinción fundamental nuestro estudio: "Normas individuales y normas generales, en "Revista de la Facultad de Derecho y Ciencias Sociales", Buenos Aires, Año IV, núm. 1949, ps. 1187 a 1209.

5 L. c. p. 111.

Publicar la traducción de una obra extranjera conocida resulta más ventajoso que la de una obra original de un autor contemporáneo por ser muchas veces la suma de los derechos de traducción y los honorarios del traductor inferior a los emolumentos del autor de la obra original, y por constituir el prestigio del autor extranjero un medio eficaz de propaganda. Donosa, pero acertadamente se ha afirmado que, si un autor patrio publicara su obra original primeramente en el extranjero y en un idioma foráneo, su traducción al castellano saldría a la luz con anterioridad a la fecha en la que la obra habría sido publicada, si su autor desde el principio hubiera buscado a un editor compatriota. Ha habido casos en los que todas las librerías de la capital de uno de los países hispanoamericanos exhibían un libro traducido hace cinco años de una obra alemana que comentaba una ley germánica entretanto derogada, mientras que una obra recién salida sobre el Derecho positivo del propia país esperaba en la trastienda pacientemente la tímida demanda de un comprador. El segundo peligro que aguaita en el camino es el de la venta de la edición. La ciencia posee un interés vital en que ciertas obras, sobre todo manuales y tratados de toda índole, se publiquen en muchas ediciones poco espaciadas, puesto que sólo de esta manera es posible mantener una obra al día y darle la perfección que un continuo examen de una materia lleva forzosamente consigo. Las ventajas de obras extranjeras sobre obras nacionales no consisten muchas veces, en sus primeras ediciones sino en que las nacionales se estancan en ellas quedando anticuadas e imperfectas, mientras que las obras extranjeras llegan a tener treinta ediciones pulidas y brillantes como diamantes de treinta quilates. Ahora bien, la venta rápida de una adición supone un número limitado de ejemplares y una inversión de capital relativamente elevado en gastos de propaganda y distribución.

¿Cuáles son las conclusiones? En primer lugar, el Estado debiera seguir fomentando y perfeccionando las publicaciones oficiales de las Universidades. También podría en ciertos casos subvencionar a las empresas editoriales particulares, puesto que, si bien es verdad que es nocivo llevar adelante una tarea cultural con espíritu comercial, también lo es que es injusto exigir de un comerciante abnegación y sacrificio en holocausto a la cultura. En segundo lugar se podría proponer una ley reglamentaria del contrato editorial que imponga como requisito obligatorio de su validez la determinación de un plazo prudencial para la publicación de la obra y una pena convencional a cargo del editor para cada día de demora; la obligación de ambas partes de entregar a la venta sólo ejemplares firmados por el autor ;por último, determinación obligatoria de un plazo prudencial para la confección de una nueva edición en el supuesto de manuales o tratados científicos, háyanse vendido o no los ejemplares de la anterior. Pero con ello no basta. Hace falta igualmente establecer que cada editor haya de publicar anualmente obras científicas escritas originariamente en castellano que representen en su volumen un determinado porcentaje de las demas. Ni qué decir tiene que todas estas proposiciones necesitan una cuidadosa elaboración técnica.

8) La justicia sin venda[1]

Introducción

Se suele representar a la justicia con los ojos tapados. La venda de la justicia empezó siendo una ironía[2]. En un grabado en madera que ilustra la primera edición de "La nave de los locos", de Sebastián Brant (1495) —libro satírico que flagela los vicios y locuras de su época—, vemos a un bufón tapando, por detrás, los ojos de la justicia con una venda. A pesar de este origen pronto se comenzó a interpretar la venda en un sentido serio como símbolo de la obligación de la justicia de aplicar el Derecho sin tener en consideración a la persona. Como a nadie se ocultará, esta fórmula es demasiado amplia. Hay, sin duda alguna, circunstancias personales que el Derecho ha de tener en cuenta. Nos limitamos a aludir al sexo, a la edad, a la salud mental, etc. Lo que aquella fórmula rechaza es la apreciación injustificada de circunstancias personales. Ahora bien, a fin de distinguir entre las circunstancias personales apreciables y las no atendibles, hay que levantar forzosamente la venda y echar un vistazo a la realidad.

No obstante, el anterior argumento (si bien exacto, sin embargo, algo quisquilloso) no nos habría inducido nunca a protestar contra una imagen cuya recta interpretación en el aspecto mencionado apenas corre peligro. Pero hay más: Con un poco de malicia la figura de la justicia con la venda puede pasar de *símbolo de la justicia* a la función de constituir el *símbolo de la ciencia dedicada al estudio de la justicia*. En efecto, si se pasa revista a la literatura científica consagrada al análisis de la justicia, podemos distinguir dos grupos de enfoques que, sin embargo, ambos se caracterizan por el hecho de llevar una venda: el primero por exceso de abstracción, el secundo por su unilateralidad. El primer grupo de escritos referentes a la justicia se basa en ideas iusfilosóficas. Su primer representante clásico es Aristóteles con su distinción entre justicia distributiva y justicia correctiva o sinalagmática, que es a su vez o conmutativa o judicial[3]. Estas obras poseen, sin duda alguna, un alto valor teórico; pero poco nos sirven, si con ellas quisiéramos analizar la justicia en un caso determinado. El segundo grupo de producciones literarias abarca la multitud de proyectos de reforma social. La "República", de Platón, nos brinda ya un ejemplo

---

1 Conferencia pronunciada bajo los auspicios de la Asociación de Martilleros de Rosario el 26 de noviembre de 1952 y publicada en "Juris", Rosario, nos. 175 a 179, t. II, ps. 457 y ss.

2 V. Radbruch, Introducción a la Filosofía del Derecho (*Vorschule der Rechtsphilosophie,* 1948), trad. de Roces, 1951, p. 141.

3 V. nuestra exposición de la materia en "Revista Crítica de Derecho Inmobiliario", Madrid, Aio XXIII, núm. 224, 1947, ps. 58 a 64.

célebre en esta esfera. Este segundo grupo se dedica, pues, al estudio de la justicia social. Pero tampoco en este campo se contempla el caso concreto. Los reformadores exigen justicia para determinadas clases de la sociedad, para los burgueses con respecto a los nobles, para los obreros frente a los capitalistas, etc. Ni siquiera se suelen tener en cuenta situaciones injustas cuyos elementos personales pertenecen promiscuamente a diferentes clases sociales. Cabría p. ej. pedir justicia para los intelectuales con respecto a otras clases favorecidas del Estado o para los autores con respecto a los editores[4] o para el público con respecto a las empresas, etc.

El carácter abstracto o unilateral de la literatura científica sobre la justicia ha repercutido sobre la actividad de los tribunales. La venda regresa como símbolo de la ciencia consagrada al estudio de la justicia, a la justicia misma y simboliza no sólo la justificada ignorancia de circunstancias personales de las partes, sino también la injustificada ceguera de la unicidad del caso, de su carácter atípico que provoca la inidoneidad de la ley. En lo que sigue quisiéramos iniciar la tendencia de adentrarnos en el análisis de la justicia de casos concretos en ésta su concreción. Por ello pretendemos encaramo s con la justicia sin venda.

I. El caso de las máquinas de coser. — El caso que quisieramos estudiar fue resuelto por sentencia del 7 de diciembre de 1948 del Juzgado Municipal de Dingolfing[5]. Se trataba de lo siguiente. Ambas partes se encontraban como alemanes en 1946 en un campo de expulsión checo. Los funcionarios encargados de la vigilancia del campo confiscaron a ambas partes sendas máquinas de coser. Luego adjudicaron a la demandada una máquina de coser en atención a su profesión de modista. Esta máquina fue la que previamente se había confiscado al actor. Una vez regresados a Alemania reivindicó el actor de la modista la consabida máquina. El Juzgado hace lugar a la demanda. Sus considerandos se limitan a descartar las legislación checa sobre confiscación de la propiedad alemana como ineficaz en Alemania por ser atentatoria al Derecho Natural y al Derecho Internacional Público. También los comentarios que los juristas alemanes han publicado con motivo de esta sentencia, giran todos exclusivamente en torno a la eficacia en Alemania del Decreto del Presidente de la República checa del 25 de octubre de 1.945 sobre la confiscación de la propiedad de los llamados alemanes de los Sudetes.

Intentaré demostrar que esta sentencia no es justa. A. este fin hay que acudir a un determinado método consistente en variar mentalmente los diferentes elementos del caso para observar cuáles de ellos (y en qué sentido) son esenciales para nuestra apreciación.

Supongamos que el jefe del campo o hubiera dejado a la modista su máquina desde un principio o que la hubiere adjudicado su máquina después de haberse incautado de ella. En ambos casos la sentencia alemana habría tenido que haber dejado a la modista su máquina. Por el otro lado, los dos casos supuestos no se diferencian del caso real sino por una mera contingen-

4 V. nuestro ensayo *El último proletario*, en "Sarmiento", Tucumán, vol. II, n9 18, junio de 1952.

5 V. p.ej. en *Die Deutsche Rechtsprechung auf derti Gebiete des internationalen Privatrechts in den Jahren* 1945-1949 (Sonderveroffentlickung der Zeitsclirift fur Ausländisches und Internationales Privatrecht), Gruyter, Berlin, und Mohr, Tübingen, 1952, ps. 4 a 8.

cia. En todos ellos sigue en pie la confiscación de los bienes alemanes y la adjudicación de una máquina a la demandada habida cuenta de su profesión de modista. Parece por lo tanto que el auténtico resultado de la sentencia no consiste en destruir en Alemania los efectos de una medida enemiga, estimada como injusta, sino en permitir que el actor se aproveche de una mera contingencia ocurrida a raíz de aquella medida. Se podría, no obstante, replicar que la intención de la dirección del campo de dejar a la modista una máquina es tan inatendible en Alemania como la misma legislación confiscatoria, y que el hecho sencillo es que la máquina del actor se salvó, mientras que la de la demandada se perdió.

Ahora bien, ¿es realmente la adjudicación de la máquina de coser a una modista inatendible? Supongamos que la dirección del campo hubiera atribuido la máquina a la demandada por haber demostrado simpatías políticas a los checos. En este supuesto un tribunal alemán podría rechazar esta consideración como inadmisible. Pero partiendo de la situación existente de que ambas personas carecían de máquina y que para ellas sólo una era disponible, su concesión a la modista es perfectamente justa. Es fácil objetar a este argumento que parte de la confiscación como medida que hemos de consentir, mientras que Alemania precisamente aspira deshacerla.

Pero creemos que contra esta objeción cabe aducir un punto de vista importante. Nadie duda que desde el ángulo visual alemán lo más justo sería devolver a cada una de las partes su propia máquina. El verdadero problema consiste en saber, si, dada la absoluta necesidad de dejar a una de ambas partes sin su máquina, es más justo que carezca de ella la modista o el actor que no la necesita como instrumento de trabajo y, por ende, medio de vida.

Con ello llegamos, creo, al núcleo del problema. El Derecho alemán que el tribunal, como es lógico, aplica, protege una determinada distribución de los bienes. Los checos procedieron a una nueva distribución de los bienes entre los alemanes. Ambas partes fueron víctimas de esta distribución. Es razonable que los alemanes no admitan la necesidad del nuevo reparto. Pero como no pueden volver las cosas al estado anterior, hay que partir del mismo como de un hecho. Una vez embarcados en la nueva distribución resulta perfectamente justo dejar o dar a una modista una máquina de coser con preferencia a una persona que no lo sea. La falla del tribunal y, como consecuencia, la injusticia del fallo consiste en aplicar a una distribución de bienes que el propio Estado de todos modos no puede deshacer, un Derecho enderezado a proteger otra distribución diferente.

Conviene comparar nuestro caso con. los grupos de casos semejantes que se han dado en los últimos lustros. Durante la Guerra Civil española las autoridades de la zona roja iniciaron una nueva distribución de la riqueza a base de confiscaciones y subsiguientes colectivizaciones de muchas empresas. Después del triunfo del Gobierno Nacional, tales actos fueron considerados nulos y se concedió también la anulación de los contratos celebrados en zona roja en determinadas circunstancias[6].Luego a raíz de la dominación nazi, tan-

6 La ley sobre contratación en zona roja del 6 de noviembre de 1940. V., igualmente p. ej. Rafael Núñez Lagos, *Situación jurídica de los actos realizados por los gestores sin mandato durante la dominación marxista* (Barcelona, 1942).

to en la misma Alemania, como en los países ocupados se dictaron multitud de leyes a fin de anular los actos de expoliación[7]. Pero en todos estos casos, aunque por cierto no fue posible desandar todo el camino, las anulaciones no perjudicaban a las víctimas sino a los autores o cooperadores de los regímenes rechazados. En nuestra hipótesis la ayuda a una de las víctimas checas perjudica a otra de sus víctimas. Pero aun suponiendo que en cualquiera de los numerosos casos las 'consecuencias de las anulación repercutieran tambien sobre una de las victimas, el hecho en que su calidad de víctima se fundaría, difícilmente sería idéntico al que hizo víctima a la persona beneficiada. En el caso de autos ambas partes fueron despojadas en la misma situación por la misma causa de igual cosa. Esta circunstancia distingue nuestro caso de los supuestos contemplados por las numerosas legislaciones actuales encaminadas a deshacer expoliaciones y que o enfocan la relación: víctima-culpable, o la relación: victima-tercero. En nuestra hipótesis nos encontramos con la relación entre covíctimas, y la ventaja de una de ellas se debe a causas ajenas a la expoliación y en sí idóneas para fundarla.

Supongamos que uno de los países ocupados después de terminada la ocupación dijera lo siguiente: Como de todos modos no es posible volver por completo al estado anterior, repartiremos los bienes existentes entre las víctimas teniendo en cuenta la dureza de la persecución, la pobreza de la víctima, etc. Ello no sería justo, porque el régimen que acaba de reconquistar su territorio dispone de una solución más justa: volver al estado anterior dentro de lo posible. Alemania, en cambio, ha de escoger entre el reconocimiento ' del nuevo reparto en sí justo o el restablecimiento de una fracción mínima e incompleta del reparto anterior.

Al final se plantea un problema de Derecho positivo alemán: Admitida la injusticia de restituir al actor su máquina de coser ¿cual es la vía legal para impedirlo? Creemos que la demandada podría servirse de la "exceptio dolí generalis" que el Derecho alemán[8], siguiendo al Derecho común[9], autoriza. Lo doloso del actor consiste en la contradicción en la que incurre al aprovecharse de la calidad de la demandada de modista gracias a la cual existe en Alemania la máquina de coser suya, mientras que al reivindicarla desconoce dicha calidad.

II. *El caso del torero.* —En España ocurrió, hace algunos años, lo siguiente: Un. famoso torero y la hija de una familia de rancio abolengo se amaron mutuamente. Los padres de la joven se opusieron al matrimonio. No obstante, siendo ella mayor de edad, la oposición no pudo impedirlo. El matrimonio fue muy feliz hasta que, después de breves años la mujer murió a causa de

7 V. p. ej. para la Zona Francesa de Alemania la "Ordonnance Np 120 relative á la restitution des bien ayant fait l'objet d'actes de spoliation", v. para la misma Francia la Ordenanza del 21 de abril de 1945 (ambos textos p. ej. en E. Mezger, *Quellenheft zur Verordung N° 120 über die Rückerstattung geraubter Vermögensobjekte in der franzosischen Zone (Paris, Association pour la Déjense des intérets des victimes de l'Axe).*

8 V. p. ej. *Reichsgerichtsratekommentar*, ed. séptima, Gruyter, Berlín y Leipzig, nota 4 al párrafo 242, t. I, ps. 363 a 365.

9 V. p. ej. Thibaut, *System des Pandektenrechts*, nueva edición de Buchholtz, ed. 9. Jena, Mauke, 1846, párrafo 617, nota g, p. 516.

una intoxicación. En estos años el diestro había ganado varios millones de pesetas. Como no había descendencia, los padres, que hasta el último momento habían interrumpido toda clase de relaciones con el matrimonio, reclamaron su parte en la sucesión.

Según el Derecho Español la mitad de los bienes gananciales corresponden a la mujer corno socia (art. 1426) y constituyen, por consiguiente, su patrimonio relicto. Como no había testamento, los padres sucedían en los bienes relictos (art. 935) salvo el derecho del cónyuge supérstite a una tercera parte de la herencia en usufructo (art. 836, par. I). Conste, por lo demás, que aún habiendo hecho testamento, los padres habrían tenido su legítima forzosa correspondiente a la mitad del haber hereditario de los hijos (art. 809). De paso tan sólo sea dicho que según el Derecho Argentino el diestro no hubiera heredado nada (arts. 3567 y 3576). Por testamento podría haber heredado un tercio (art. 3594). Como se ve es, pues, el Derecho Español más favorable al cónyuge que el Derecho Argentino.

Ahora bien, ¿es esta solución en nuestro caso justa? La indignación general que se produjo a raíz de la reclamación de los padres, constituye un síntoma de que alguna consideración especial desvía en este supuesto la justicia general de la reglamentación de la ley. ¿Dónde reside lo particular de este fallo?

Desde luego no consiste en el mero hecho de que los padres se habían opuesto a la boda. Tampoco se refiere a su actitud hostil hasta el último momento. Si la hija se hubiera casado contra la voluntad de los padres —pongamos por caso— con un comerciante, la reclamación de los padres no encontraría oposición.

Una circunstancia interesante en nuestro caso consiste en que los padres se aprovechan con su conducta precisamente de aquella calidad del yerno que les había servido como motivo de su oposición. El ser torero había sido la piedra de escándalo; y es a esta profesión a la que se debe la ganancia fabulosa.

Supongamos que el prometido de la hija hubiera sido un bolsista o un jugador y que los padres se hubieran opuesto por considerar esta profesión como muy insegura. Nos parece que en este caso tampoco sus reclamaciones habrían producido indignación, popular. No es que el ser bolsista o el ser jugador tenga algo de indigno. Pero la ganancia obtenida se considera como fortuita, como un regalo de los dioses, aunque, por lo menos en el supuesto del bolsista, no ha de serlo así. Pero por algo reza el refrán popular: "Dinero de sacristán. bailando viene, bailando va".

Variemos ahora el caso en el sentido de que la hija se hubiera enamorado de un inventor y que los padres se hubieran opuesto alegando la falta de talento del novio y la penuria económica que iba a sobrevenir. Supongamos que el inventor hubiese ganado una fortuna durante los años del matrimonio gracias a su genialidad técnica y que, después de la muerte de la hija, los padres, pese a la interrupción absoluta de relaciones, reclamaran su parte en la herencia. Aún en este caso, me parece, no se provocaría la indignación popular. Si bien es cierto que la actividad creadora de una persona, sea la misma técnica o artística o científica, no causa éxitos con carácter fortuito o con la sospecha de que lo sean, no lo es menos que la actividad creadora no implica normalmente peligros de vida y salud.

He aquí una de las circunstancias decisivas: La cuota hereditaria reclamada por los suegros, ha sido lograda con continua exposición de la vida. Las personas que precisamente por lo arriesgado de la profesión de diestro se opusieron a la boda, ahora desean recoger los beneficios que estos riesgos han causado. No quisieron estar a las duras, pero si quisieran estar a las maduras.

¿Opinaríamos del mismo modo, si se tratara de la petición de herencia de los padres del diestro en el supuesto de su muerte y en la hipótesis de que en su tiempo se hubiesen opuesto a que escogiera dicha carrera y que no hubiera habido reconciliación por culpa de los padres? Indudablemente nuestro parecer sería distinto. También en este caso no sería posible negar la contradicción interna consistente en considerar la carrera de diestro como motivo de ruptura durante la vida y en pedir sus resultados económicos después de la muerte del torero. Pero la diferencia está en que la relación paternofilial fundante del derecho sucesorio nunca fue rechazada como tal, constituyendo el conflicto un mero incidente de esta misma relación. En nuestra hipótesis se basa, en cambio, la reclamación de los padres sólo en apariencia en la relación paterno-filial: económica y aún jurídicamente estriba en el matrimonio de la hija con el torero, y este matrimonio fue precisamente rechazado desde un principio.

Los padres del torero nunca dirían: "No queremos ser sus padres". Lo que dirían sería: "Precisamente por ser sus padres, no queremos que se haga torero." Los padres de la joven, en cambio, dijeron: "Precisamente por ser torero, no queremos que sea nuestro yerno".

La rebelión de nuestro sentimiento de justicia en el caso de autos arraiga, pues, en que, por un lado, la petición de herencia de los padres de la mujer descansa en realidad en dos hechos: 1°) en el matrimonio de la hija con un diestro; y 2°) En los riesgos de vida de esta profesión, fuente de sus fabulosas ganancias; y en que, por el otro lado, los padres hasta el momento mismo de la reclamación habían desautorizado el primero por razón del segundo. Así resulta que personas que ni le han dado la vida y que tampoco la aprueban por el riesgo que corre, se aprovechan de la ganancia que este riesgo produce.

¿Cómo es posible rechazar la petición de herencia de los padres dentro del Derecho Español legislado? Desde luego no han incurrido en ninguna causa de indignidad. Cabe pensar en el remedio del abuso del derecho admitido por la moderna jurisprudencia del Tribunal Supremo de España[10].

III. *El caso del armazón de cama.* — El Tribunal de primera instancia (Landgericht) de Hildesheim juzgó en su sentencia del 18 de noviembre de 1947 el siguiente caso[11]. Las partes vivían en una zona antes alemana y actualmente perteneciente a Polonia. Entre ellas había desde hace mucho relaciones de amistad. En febrero de 1945 huyó la actora y abandonó muchas de sus cosas. El demandado se quedó hasta que fue expulsado en 1946. Le permitieron llevar consigo sólo pocas cosas entre las cuales, además de las propias, se llevó igualmente un armazón de cama que antes había sido propiedad de la

10 V. Sentencia del Trib. Sup del 14-11-1944.

11 V. *Zeitschrift fur Ausländisches und Internationales Privatrecht.* Jahrgang 15, 1949, Heft I, ps. 137 y 138.

actora. La actora reivindica este armazón. El demandado aduce que toda la propiedad que los alemanes fugitivos han dejado en sus casas, llegaron a ser propiedad del Estado Polaco.

Tanto el Juzgado Municipal como el tribunal de primera instancia desestimaron la demanda en atención de que era un hecho notorio de que Polonia había declarado propiedad del Estado cuantos bienes particulares habían sido abandonados por los fugitivos dentro del territorio nacional. Por consiguiente, la actora había perdido de todos modos su propiedad. No importa, por consiguiente, si el demandado llegó a ser propietario o poseedor legítimo. Los autores alemanes[12], al contrario, critican esta sentencia por no haber estimado la expropiación de bienes alemanes por Polonia como atentatoria al orden público alemán.

Coincidimos con la sentencia del Amtsgericht y la confirmatoria del Landgericht Hildesheim, aún admitiendo el acierto del argumento de dichos autores para un tribunal alemán. Intentaremos exponer nuestro punto de vista.

En toda la órbita del Derecho se reconoce el trabajo como fuente de derechos. Recordamos las coinocidas doctrinas sobre el título iusfilosófico de la propiedad[13]. Una de las teorías proclama directamente el trabajo como base del derecho de propiedad. Otra, en apariencia opuesta a la anterior, invoca la conquista como título del dominio. No es difícil hallar una raíz común a ambas tesis, además de fundar el derecho de propiedad en un acto individual y de enfrentarse por esta razón con las que lo cimentan sobre un acto social. En efecto, el trabajo y la conquista constituyen ambos un esfuerzo, el trabajo un esfuerzo más metódico y de menos riesgos, la conquista un esfuerzo más desordenado y con muchos riesgos, pero tanto el trabajo como la conquista son, sin duda alguna, esfuerzos reconocidos por el Derecho[14].

Otra materia en la que el trabajo desempeña, dentro de la ley, un papel como título originario de propiedad es la especificación. Quien convierte una cosa ajena en un objeto nuevo, adquiere su propiedad sin perjuicio de tener que abonar al propietario de la cosa una indemnización. A este efecto declara el art. 2567 del Código Civil Argentino: "Adquiérese el dominio por la transformación o especificación, cuando alguien por su trabajo, hace un objeto nuevo con la materia de otro, con la intención de apropiárselo". Aludiendo a la antigua lucha entre Sabinianos y Proculeyanos nos dice el Codificador en la nota a este artículo: "Puede decirse que existe hasta hoy sobre la especifica-

12 V. Beitzke, en ZAIPr, 1. c. ps. 145 a 148. En el caso de la máquina de coser y en el de la cama se expresan, por lo menos en el resultado, a favor de nuestra solución Ficker, Grundfragen des Deutschen Interlokalen Rechts (De Gruyter, Berlin, 1952, ps. 94 y ss.); Drobnig, Extraterritoriale Reílexwirkungen Ostzonaler Enteignungen (ZAIPr; 18. Jahrg., 1953, Heft 4, ps. 685, 686); Martin Wolff, Das Internationale Privatrecht Deutschlands (3. Aufl, Springer Verlag, Berlin, Gottingen, Heidelberg, 1954, . p. 68); Wengler, Fragen der Faktizitat und Legitimitát bei der Amvendung fremden Rechts, en Festschrift f. Hans Lewald, Basel, Helbing und Lichtenhann, 1953, p. 630, nota 38.

13 V. p. ej. Ahrens, *Curso completo de Derecho Natural o de Filosofía del Derecho con arreglo al estado actual de esta ciencia en Alemania* (Madrid, Bailly-Bailliére, 1846 ps. 286 y s.).

14 Sobre la ocupación como clase de trabajo v. Blackstone, Commentaries on the laws of Englasd (ed. 15, Strahan, London, 1809 t. II. Book 2, chapter 1, p. 7).

ción la controversia entre las escuelas de los Sabinianos y Proculeyanos. Estos últimos enseñaban que la materia era un accesorio de la forma, pues que la materia primera había perecido civilmente; y que el ser nuevo que el trabajo había producido, debía pertenecer al creador, al especificador. Los Sabinianos, al contrario, decían que la materia debía triunfar sobre la industria, ya porque la materia existía siempre, y la nueva forma que ella había afectado no había hecho más que modificarla sin destruir su substancia, ya porque la materia era en todos los casos lo principal, o ya porque la forma no tenía una existencia propia e independiente".

Otro título legal de propiedad es la apropiación. "La aprehensión de las cosas muebles sin dueño, o abandonadas por el dueño, hecha por persona capaz de adquirir con el ánimo de apropiárselas, es un título para adquirir el dominio de ellas" (art. 2525, Código Civil Argentino). La apropiación constituye un esfuerzo pacífico, si se trata de cosas abandonadas por su dueño, esfuerzo que muchas veces constituye un auténtico trabajo. En otros casos se trata de una actividad de lucha, como p. ej., en la caza y también en la pesca. Otros a su vez, como p. ej., la explotación de una mina, suponen uno de los trabajos más duros que existen.

En el Derecho Internacional Público la ocupación[15] como título de adquisición de soberanía implica muchas veces una auténtica conquista en sentido militar. Se entiende por ocupación la apropiación de un territorio que no está sometido a la soberanía de ningún Estado a los efectos del Derecho Internacional Público, pero que sí puede estar habitado por tribus. También es base de la soberanía la subyugación[16] con la que puede terminar una guerra justa.

Volviendo ahora a ¡nuestro caso nos encontramos con dos personas, ambas en idéntica situación de peligro ante la próxima invasión del enemigo. Una de ellas prefiere huir dejando tras de sí los bienes que no puede llevar consigo. La otra se decide a hacer frente al peligro y a quedarse en defensa de sus bienes. Por ello no los pierde y se hace —no sabemos cómo— con el mencionado armazón. ¿Sería justo que el que ha huido, esquivando el peligro de vida y libertad, se beneficie del riesgo corrido por otro? Cabe decir que el demandado ha corrido el riesgo por su propia voluntad y en interés propio. Y que es cuestión aparte de si su especulación ha salido bien o no. Desde luego parece que se frustró, puesto que al final y tal vez después de padecer muchas y graves tribulaciones también se ha visto obligado a abandonar su hogar. Pero ello no justifica que se resarza adueñándose de bienes ajenos, sean de la actora, sean del Estado Polaco.

Supongamos que la actora hubiere dado las cosas al demandado en depósito. Sí el demandado le hubiere prometido expresamente defenderlas contra las amenazas inminentes, no cabe duda alguna que sería justo obligar al demandado a devolverlas, fuesen los peligros que hubiere corrido los que fuesen.

---

15 *Oppenheim-Lauterpacht, International Law,* ed. 6ª del tomo I (Longmans, Green and Co., London, 1947), párrafo 220.

16 Oppenheim-Lauterpacht, 1. c. párrafo 236.

El asunto varía, si no se puede aceptar tal promesa, sea p. ej. porque la actora, le dió las cosas en depósito cuando todavía no existía la amenaza que luego sobrevino, sea sencillamente porque el demandado, aún admitiendo el depósito en situación de peligro, a nada se comprometió, cosa, por lo demás presumible, dado el carácter gratuito del deposito. En esta hipótesis el depositario no incurre en culpabilidad, si o abandona las cosas escapándose o si las entrega al Poder ocupante que muchas veces exigió tal entrega so pena de muerte. La pérdida de las cosas hubiera constituido un caso fortuito, una fuerza mayor no imputable (v. p. ej. art. 2203 Código Civil Argentino; art. 1777 Código Civil Español). He aquí un caso típico de lo que la doctrina moderna referente a la culpabilidad denomina la no-exigibilidad de otra conducta. La permanencia en el lugar de peligro y la desobediencia al Poder de ocupación pueden estimarse, pues, como acto originario de adquisición de la propiedad.

Es lógico suponer que el depositario haya quedado también a fin de defender sus propios intereses. ¿Cambia por ello el problema dada la obligación del depositario de poner las mismas diligencias en la guarda de la cosa depositada que en las suyas propias (v. p. ej. art. 2202 Código Civil Argentino)? No lo creemos, porque nunca es posible exigirle más diligencia que la normal, puesto que la "*diligentia quam in suis rebus adhibere solet*" es una mitigación de la diligencia ordinaria, concedida en vista del carácter gratuito del depósito[17].

Ahora bien, si inclusive en la hipótesis de que el demandado hubiere recibido las cosas en depósito, pudiese retenerlas, con más razón ello ha de ser posible, si ni siquiera, como en el caso de autos, das tuvo en tal concepto. Hay que agregar a ello otro punto de vista. Todo mandatario, gestor de negocios ajenos sin mandato o interventor en negocios ajenos tiene derecho a exigir que le restituyan sus gastos (y. p.ej. Código Civil Argentino, arts. 1948 y sgts., 2298 y 2306). En nuestro caso los gastos no consisten en expensas materiales sino en gastos morales; en haber corrido riesgos de vida y libertad. Sólo un craso materialismo puede negar su idoneidad para servir de base a un resarcimiento. Ahora bien como el valor de los riesgos corridos es superior al de la cosa, el demandado la ha adquirido.

Nos parece, por consiguiente, que aunque los alemanes no quieren reconocer que la propiedad de la actora se ha perdido por expropiación, sí debieran admitir que la misma se ha extinguido por pérdida de la cosa. Lo que el demandado se apropia son jurídicamente cosas nuevas sin dueño.

Al final quisiéramos mencionar otra hipótesis que arroja luz sobre nuestro problema. Supongamos que tanto la actora como el demandado se hubieran quedado en sus hogares; pero que la actora hubiere dado ciertas cosas al demandado en depósito, p. ej. por disfrutar éste de protección diplomática y por reunir por ello su casa mejores condiciones de seguridad. En este supuesto el demandado, sin duda alguna, debiera haber devuelto los objetos depositados.

---

17 V. Windscheid, *Diritto delle Pandette*, ed. por Fadda y Bensa (Torillo, II, 1904, 265 nota 15, p. 68). Machado, *Exposición y comentario del Código Civil Argentino*, (Buenos Aires, t. VI, 1900) autoriza (p. 40) al depositario a salvar las cosas propias con preferencia de las ajenas y, en otros casos, a reembolsarse de la pérdida sufrida en la cosa propia con parte del valor de la salvada.

La actora se habría redimido por haber corrido los mismos o aún mayores riesgos que el depositario.

IV. *El caso de la sirena.* — El último caso que les someto a continuación fue resuelto por el Tribunal Supremo de España por sentencia del 2 de abril de 1941[18]. Parece que con anterioridad, el 25 de julio de 1925, dictó el Tribunal Supremo de Cuba otra sentencia análoga[19].

La sentencia española nos relata que el demandado y hoy recurrente suscribió con fecha 8 de mayo de 1928 el documento privado fundamento de la acción ejercitada en la demanda, en la cual se hace constar que, habiendo propuesto el que lo firma, y que es de estado casado, a la señorita y actora terminar las relaciones de índole amorosa e íntimas que venían sosteniendo hacía varios años, no ha tenido inconveniente ésta en acceder a su deseo, a condición de que el demandado deposite en el Banco del Río de la Plata, de Madrid, la suma necesaria para que durante dos años pueda la referida señorita retirar mensualmente la cantidad de 2.000 pesetas para sus gastos en la República Argentina, comprometiéndose dicho señor a depositar tan sólo la suma de 24.000 pesetas, por no convenirle movilizar una cantidad tan considerable, sin perjuicio, una vez ésta se haya consumido, de abonar directamente durante otro año más, y en las mismas condiciones, la cantidad de 2.000 pesetas mensuales, pero entendido que su obligación queda liberada por el hecho de residir la demandante, habitual o accidentalmente, en Europa, por más o menos tiempo, durante el plazo de dos años. El consentimiento de la actora está demostrado por el hecho de la aceptación del documento y legitimación notarial del mismo, realizada a su instancia, no menos que por el de su salida para América y cobro o percepción de la mitad de la suma en que consistía el objeto del propio documento. El demandado sólo cumplió la obligación consistente en la entrega de 2.000 pesetas mensuales durante el primer año de vigencia del contrato, sin que por parte de la demandante hubiera existido infracción de sus obligaciones. La Sala de Instancia declara resuelto el contrato originario e impone al demandado la obligación de indemnizar a la actora la cantidad de 24.000 pesetas. El recurso tuvo éxito. En efecto, hay que estimar el segundo motivó que sostiene la infracción de los artículos 1261, N° 2 y 3, en relación con 1271 y 1275, todos del Código Civil. La causa del contrato está constituida para la actora por la obligación contraída por el demandado de entregarle 2.000 pesetas mensuales durante dos años, y para éste por la que contrajo la actora de terminar las relaciones amorosas mantenidas hasta entonces, así como la que, con carácter mas secundario, y para facilitar dicha finalidad, se estipuló también de permanecer fuera de Europa durante dos años. En mérito de lo expuesto resulta indudable que, al condicionar la parte actora la ruptura de un estado no sólo anormal, sino contrario a las leyes y a los dictados de la moral menos exigente, a la entrega de una cantidad, prevaliéndose de la sugestión e influencia que ejercía sobre la voluntad de la otra parte, equivale a contratar sobre un acto inmoral e ilícito,

18 V. en "Revista Crítica de Derecho Inmobiliario", Madrid, N° 158, ps. 434 a 437, con nota del autor.

19 Citada en Jacques Maury, *Le concept et le rôle de la cause des obligations dans la jurisprudence*, Extrait de "Revue Internationale de Droit Comparé", 1951, N9 3, ps. 16 y 17

estipulando el pago de cantidad determinada a cambio de una obligación de hacer, consistente en dejar a aquella parte en libertad para el cumplimiento de sus deberes legales, lo cual no puede menos de viciar esencialmente el objeto y la causa del contrato. Y al no haberlo entendido así el Tribunal sentenciador, incide en las infracciones legales denunciadas en el recurso, en cuanto valora equivocadamente y disocia los elementos del negocio jurídico, desconociendo que para discernir la licitud o ilicitud del objeto y de la causa contractual hay que atender no a las obligaciones secundarias o accidentales que puedan estipularse sino a las que tengan carácter principal en relación con el fin del convenio, debiendo ser contempladas esas prestaciones y obligaciones que integran la causa en los contratos onerosos, según el artículo 1264 del Código Civil, no como separadas e independientes entre sí, sino en mutuo engranaje, ya que la relación de causalidad que liga a las recíprocas obligaciones, posiblemente irreprochables en la consideración aislada de sus respectivos objetos, puede hacer, y hace sin duda alguna en el presente : caso, intolerable e inmoral el negocio.

Hasta aquí la sentencia del Supremo Tribunal de España. Vemos, pues, como éste está en desacuerdo con la Audiencia que había: conocido en segunda instancia acerca de la moralidad o inmoralidad del contrato controvertido. ¿Cuál de ambos tribunales tiene la razón?

Desde luego hay asentimiento general a la premisa mayor del fallo del Tribunal Supremo según la cual, con conceptos de las Siete Partidas (Ley 47, Título XIV, Partida V), es inmoral hacer u omitir contra precio lo que de todas maneras uno está obligado a hacer u omitir sin. contraprestación alguna. Tampoco puede haber discusión alguna sobre la obligación de ambas partes de abstenerse de sus relaciones adulterinas. De ahí resulta que, si el pago mensual durante dos años realmente constituyese la contraprestación de dicha abstención, conforme opina el Tribunal Supremo, la causa del contrato es inmoral y el contrato, por ende, nulo. El asunto cobra, al contrario, otro aspecto, si siguiésemos el parecer de la Audiencia, que estima el pago mensual durante dos años contraprestación de la obligación de la querida de permanecer ausente de Europa durante este mismo lapso de tiempo. La obligación de una persona de no residir en un sitio determinado, no es inmoral, siempre que se trate de un tiempo limitado[20].

A fin de aclarar la situación, conviene de nuevo acudir a nuestro método de las variaciones. Supongamos que fuere la mujer del demandado la que concertara con la actora un convenio similar. En esta hipótesis no hubiere duda alguna de que la contraprestación esencial de la actora consistiere en abstenerse de las relaciones adulterinas y de que el alejamiento de Europa durante dos años tuviere meramente la finalidad secundaria (pero, por ello, no menos importante) de garantir el cumplimiento de esta obligación por parte de la actora.

¿Por qué cambia el asunto en el caso de autos? Ello ocurre por una razón sumamente sencilla, tan sencilla que inclusive da fatiga mencionarla. Las relaciones amorosas suponen necesariamente la voluntad de dos personas.

---

20 Así opina el Tribunal Supremo Alemán en una sentencia de 1915, v. "Reichsgerichtsrätekommentar", ed. 7ª 1929, párrafo 138, I, A. d., p. 219.

Por este motivo cualquiera de ambas puede poner fin a ellas así que lo desee. El marido no habría tenido necesidad de pagar algo a la actora, si su finalidad fuere el cese del comercio adulterino. Su resolución de poner coto a él bastaría por completo.

Naturalmente no es suficiente eliminar una causa. Tenemos que indicar ¿cuál es la causa auténtica del consabido convenio? ¿Lo es acaso el silencio de la actora, su obligación de no armar escándalo, sobre todo cerca de la familia del demandado? Se puede dudar si el avisar a la familia de sus pasadas relaciones constituye o no un acto inmoral; lo que no es dudoso es que raya en la inmoralidad denunciarlas por no recibir dinero o no denunciarlas por recibirlo. Pero no parece que ésta fuere la causa del convenio, puesto que, si así fuese, el demandado habría tenido mucho cuidado en redactar el documento privado conforme lo redactó. Seguramente habrían acudido a cualquier simulación para justificar el pago mensual durante los dos años.

¿Es posible que el pago se haga en atención y como contraprestación de las relaciones pasadas? También en este caso la causa sería inmoral y el contrato nulo. Hay una copiosa jurisprudencia en varios países sobre la inmoralidad de una donación entre vivos o "mortis causa" hecha con motivo de relaciones amorosas pasadas. Ni qué decir tiene que en nuestro caso el convenio tiene relación con las relaciones amorosas pasadas. Pero, no obstante, dichas relaciones no son la causa. Si así fuese, habría de tratarse de una donación, remuneratoria, ya que la causa sería un conjunto de hechos pasados. Al contrario, el contrato en tela de juicio enfoca el porvenir y obliga a la actora a determinada conducta futura.

¿Cuál es esta conducta futura? Creemos que la Audiencia tiene razón si la cifra en el alejamiento de Europa durante dos años. Tamaña obligación es lo suficientemente gravosa para justificar una contra prestación tan crecida como la estipulada en nuestro caso. Pero con ello no hemos todavía acabado el análisis de la causa. Parece algo formalista considerar como causa de la prestación del demandado la ausencia de la actora de Europa sin tener en cuenta el por qué de esta ausencia; y aunque cabría que en el Derecho sólo interesa la causa y no el móvil, difícil es negar que la finalidad de la ausencia tiñe esta causa de modo decisivo.

Supongamos que un comerciante pague a otro una cantidad mensual para que éste se aleje de Europa y no le haga competencia. También aquí el móvil de alejar a la otra parte contratante colorea la causa de la prestación. Esta hipótesis nos ofrece, por cierto, el ejemplo de un alejamiento con causa perfectamente lícita.

¿No podría ocurrir que, a semejanza a como el comerciante paga a otro con miras de garantizar su obligación de, no llevar a cabo actos de competencia, el demandado pagare a la actora para fortalecer su deber moral de no hacerle ofrecimientos deshonestos? En este caso, si bien en primer plano se pagaría a la actora para que se aleje, en segundo se pagaría para que no haga lo que de ningún modo debiera hacer: intentar el restablecimiento de relaciones ilícitas. Con ello nos encontraríamos en un supuesto de inmoralidad.

A pesar de la aparente solidez del argumento, el mismo no es exacto. El comerciante al que se aleja para hacer imposible que realice actos de competencia, podría realizarlo, si quedare en el país. Sería inclusive difícil para la otra parte controlar su abstención en todos los casos. Por este motivo se encamina realmente el alejamiento al fin indicado: proporcionar al otro comerciante la absoluta seguridad de que el peligroso competidor ya no le haga competencia alguna. En el caso de autos la situación es diferente y, con ello, volvemos sobre algo que ya hemos puesto de relieve con anterioridad. A diferencia de actos de competencia que constituyen actos unilaterales y, por ello, dimanantes exclusivamente de la voluntad del competidor, las relaciones amorosas son bilaterales y la resistencia a ofrecimientos de amor es suficiente para impedirlas. Si por consiguiente el demandado anhela alejar a la actora, el verdadero móvil de ésta su aspiración consiste en impedir que los haga el mismo. La actitud del demandado es comparable a la de Ulises en la antigua leyenda griega que manda a sus marineros que le aten al mástil de la nao a fin de poder resistir el canto de las sirenas. El alejamiento de la sirena no es sino otro procedimiento técnico que la atadura al mástil: la finalidad es en ambos casos la misma, la de impedir la caída en tentación. El alejamiento de la actora con las miras indicadas es tan moral como lo hubiera sido el traslado del domicilio, de parte del demandado, al extranjero a fin de alejarse de la actora. También este traslado habría costado dinero, con seguridad mucho más que el alejamiento de la actora. El hecho de que el alejamiento de la actora se paga a base de un contrato y en concepto de contraprestación, mientras que el propio alejamiento habría constituido un acto jurídico —cambio de domicilio— con gastos propios, no puede revestir importancia jurídica ni moral.

Si la huida ante la enemiga es moral, también ha de serlo ponerla en fuga, y no es sensato dificultar o hacer imposible tal acto tildando de inmoral la necesaria colaboración de la fugitiva.

El desacierto de la sentencia criticada salta igualmente a la vista por sus probables consecuencias prácticas. Una vez conocida la jurisprudencia del Tribunal Supremo, mujeres en situación similar o pedirán una cantidad al contado o no se alejarán poniendo en peligro el cese de relaciones adulterinas. No creemos, por consiguiente, que la mencionada sentencia contribuya a robustecer la moralidad.

CONCLUSIONES

Ningún lego pondrá en duda la importancia que el análisis de la justicia en un caso dado posee. Al contrario, los juristas se inclinarán a considerar tal examen como supérfluo habida cuenta de que la ley positiva les resuelve todos los problemas.

La búsqueda de la solución justa de un caso determinado incumbe, desde luego, al moralista, sea al teórico de la materia, sea al sacerdote en el confesionario.

También el legislador está interesado en estas investigaciones. A primera vista se podría objetar que, si bien, el legislador a fin de confeccionar una ley ha de averiguar lo que es justo, sin embargo no enfoca la justicia de un caso concreto sino la justicia de tipos de casos, o, para decirlo con palabras menos precisas pero más breves, que no contempla la justicia concreta sino la justicia abstracta. Desde cierto punto de vista esta afirmación es exacta. El legislador se basa algunas veces en consideraciones generalísimas de justicia, p. ej. si estima que mi Negocio con causa inmoral debe ser nulo. En este supuesto el legislador ni siquiera ha de indagar en qué tipos de casos la causa puede reputarse inmoral. Le basta con pronunciar el principio general. En otros supuestos el legislador parte de consideraciones generales de justicia. Declara p. ej. justo que los padres tengan participación en la herencia de los hijos, si éstos les premuriesen sin dejar descendencia. Sin embargo, no se olvide que cualquier principio general susceptible de ser aplicado a la realidad es el resultado de la generalización del principio elaborado en un caso concreto. Sólo a base del estudio de la justicia en casos concretos es posible llegar a consideraciones generales y generalísimas sobre la justicia de soluciones legales. ¡Entiéndase bien! No decimos que el caso concreto engendra el principio general sino que sólo con ocasión del caso concreto se descubre el principio general.

Pero, ¿no hay casos únicos, inidóneos para dar lugar a una doctrina general y no son nuestro cuatro casos de esta clase? Cada caso es único, en su configuración temporal, material y personal. Empero la solución del caso con arreglo a la justicia se basa siempre en principios generales. Precisamente por este motivo dejamos constancia de que los principios generales, no son engendrados por el caso concreto sino sólo hallados con ocasión de él. El caso de las máquinas de coser pone de realce el siguiente principio: Un régimen, aunque no desea reconocer el reparto de bienes hechos por otro, debe reconocerlo, sin embargo, en aquella parte que de todos modos no la puede deshacer y que, partiendo de la necesidad de un nuevo reparto, resulta justa en cuanto no favorece a sus causantes o a terceros y sí favorece a otra víctima por una circunstancia razonable. El caso del torero nos enseña el siguiente principio: Si una adquisición se basara exclusivamente en hechos que el adquirente primeramente intentó impedir y los que luego desautorizó, ella no debe llevarse a cabo, si las cosas a adquirir proceden de una persona que las logró exponiendo su vida y su salud. El caso del armazón de cama contiene el siguiente principio: Quien no lucha por su derecho por temor al peligro, no puede reclamarlo de otro que, teniendo los mismos motivos de temor, no obstante hizo frente al peligro; en otras palabras: quien no arrisca no aprisca. El caso, por último, de la sirena nos hace saber que ayudar a una persona a hacer lo que sin ayuda también debiera hacer es lícito, aún reclamando un pago por tal ayuda.

Tampoco el Juez puede inhibirse del estudio de la justicia. Muchas veces el Juez no tiene ninguna ley a su alcance. Así ocurre al amigable componedor que juzga "*ex aequo et bono*". También jueces internacionales han de proceder así con frecuencia. Conviene pensar igualmente en jueces que juzgan en momentos en los que el orden jurídico vigente ha sido derogado sin que el nuevo régimen revolucionario haya tenido el tiempo suficiente para elaborar otro.

Pero, inclusive el Juez que actúa dentro de un Derecho positivo detalladamente elaborado no puede descartar la investigación de la justicia. El mismo orden jurídico se lo da a entender de modo indubitado. Conceptos como "abuso de derecho", "*exceptio doli generalis*", "buenas costumbres", "moralidad" requieren para su adecuada aplicación estudios sobre temas concretos de justicia.

Tales estudios no son fáciles. Nos falta la práctica, los argumentos y el método para ello. Creemos que el mejor procedimiento consiste en lo que se podría denominar el "método de las variaciones". Por medio de este método se intenta encontrar el valor de las diferentes circunstancias del caso examinando el resultado que sus alteraciones producirían. Otra piedra de toque es la generalización de nuestras soluciones. Invocamos a este efecto la doctrina moral de Kant Ahora bien, tanto el enjuiciamiento de la justicia del caso real como de sus modalidades fingidas como, por último, de la generalización del principio descubierto se lleva a cabo mediante el sentimiento enigmático de justicia que poseemos[21]. Este sentimiento no obra en todos del mismo modo. El mérito principal del método de las variaciones descansa precisamente en la exactitud con la que permite apreciar el diverso juego de este sentimiento. De análoga manera a como un matemático no nos puede dar el valor exacto de un número irracional, pero sí cualquier aproximación al mismo, nosotros no podemos decir con exactitud por qué una solución nos parece justa, pero sí podemos averiguarlo con una aproximación cualquiera.

Nuestro examen de cuatro casos intrincados recoge, de cierto modo, el hilo enhebrado por LEIBNIZ en 1663 al disertar en la Universidad de Nürnberg, en Altdorf, "*De casibus perplexis in jure*[22]. No es extraño que su voz haya quedado desoída durante tres largos siglos. El que contempla a la justicia sin venda corre peligro de quedarse ciego. Pero ya supimos antes: Quien no arrisca, no aprisca.

---

21 Jacques Maritain, Neuf leçons sur les notions premiéres de la philosophie mor ale, París, 1949, Sección tercera, intenta explicar los juicios de valor moral como juicios de inclinación razonable. Maritain desea esquivar las teorías racionalistas, sentimentalistas y sociológicas.

22 V. *Opera omnia Leibnilti* (el Duten, Genaveae, Apud Fratres de Tournes, 1768, t. IV. Pars tertia): 1) Specimen difficultatis in jure sen dissertatio de casibus perplexis (ps. 45 a 67); 2) Specimen difficultatis in jure, seu quaestiones philophicae amoeniores ex jure collectae (ps. 68 a 91). V. sobre este segundo trabajo de Leibniz: *Huntingon Cairns. La teoría del Derecho do Leibniz* (trad. de "Harvard Law Review", núm. 2, vol. 60, 1946, por Matilde Pizarro Crespo, Córdoba, R. A., Universidad, 1947, ps. 5 a 7), Leibniz estudia en ambos trabajos casos intrincados. Pero le interesan menos sus dificultades de justicia que los problemas lógicos que plantean.

9) Problemas de justicia en "medida por medida" de Shakespeare*

Indice de materias

Reproduzcamos al principio, y de manera simplificada, el argumento de la obra de Shakespeare: "Medida por medida"[1], a fin de poder analizar a continuación los diversos problemas que ella plantea en el ámbito de la justicia.

Un duque legendario de Viena nombra a Angelo su lugarteniente durante su ausencia. Angelo aplica con todo rigor leyes que durante casi dos décadas habían quedado letra muerta, entre otras una que castiga con la pena capital las relaciones sexuales fuera del matrimonio, aunque no fueran adulterinas. Acusado de este delito sentencia Angelo a un joven noble, de nombre Clau-

* Este estudio ha sido publicado previamente en el núm. 72 de la "Revista de Estudios Políticos" (Madrid), en 1953.

1 El título aparece en las palabras del duque (V, i): " An Angelo for Claudio, death for death! Haste still pays baste, and leisure answers leisure; like doth quit like, and Measure still for Measure" (Un Angelo por un Claudio. muerte por muerte. Pasión se paga con pasión, el ocio contesta al ocio; igual quita igual y Medida por medida). No quisiéramos dejar de llamar la atención sobre la revolucionaria interpretación historicista de Shakespeare que Bertram Joseph está realizando (v. "Elizabethan Acting", Oxford University Press, 1951, y "Conscience and the king, A study of Hamlet", Chatto and Windus, London, 1953).

dio. Su hermana Isabel se dirige a Angelo a suplicar perdón por su hermano. Angelo, tentado por su belleza, le promete indultar a Claudio, si ella accede a sus ruegos. Isabel logra hacerle creer que ella cumple sus deseos, introduciendo bajo el amparo de la noche en su aposento a la antigua prometida de Angelo, Mariana, abandonada por él hace tiempo. Sin embargo, Angelo, lejos de indultar a Claudio, confirma la orden de su ejecución.

Abandonemos en este lugar la trama teatral para iniciar el análisis de los diversos problemas. En primer lugar habremos de examinar la justicia de la ley aplicada por Angelo; en segundo lugar, nos toca indagar la justicia de la sentencia que Angelo dicta y luego confirma.

A) JUSTICIA DE LA LEY APLICADA POR ANGELO

El primer problema se desdobla a su vez en dos: Hemos de averiguar si la ley en el momento de su aplicación era o no vigente; y someteremos a nuestras meditaciones su justicia intrínseca.

I. Vigencia de la ley aplicada por Angelo.

Durante catorce años no se han aplicado en Viena las leyes penales. Un estado general de licencia y desorden se ha producido. El duque comprende que hace falta un cambio radical. Pero opina que no es él el llamado a realizarlo, puesto que su dejadez anterior convertiría severidad en tiranía. Por esta razón el duque nombra a Angelo lugarteniente suyo, a fin de que este último haga justicia.

> *"Since 'twas my fault to give the people scope*
> *'Twould be my tyranny to strike and gall them*
> *for what I bid them do: for we bid this be done,*
> *When evil deeds have their permissive pass,*
> *And not the punishment" (I, 4)*[2].

¿Qué efectos produce la inaplicación de una ley con respecto a su validez?

1. La Ley Natural y su desuso.

Hay que distinguir la Ley Natural y la Ley Humana. La Ley Natural que en lo esencial comprende los diez mandamientos que Dios dió a Moisés en el monte de Sinaí (II, Moisés, 20, 1 a 17), es la participación de la ley eterna en los seres racionales (Santo Tomás, Summa TeolI, II, qu. 91, art. 2, resp.), y

2 Como fue mi falta Haber dado al pueblo libertad, sería tiranía reprocharles y penarles por lo que yo les mandé hacer, puesto que, en efecto, lo ordenamos, si permitimos los malos hechos en lugar de castigarlos.

como tal no puede ser abolida del corazón del ser humano (Santo Tomás, 1. c. qu. 94, art 6) a no ser arrancándosele el mismo corazón. La validez de la Ley Natural persiste incólume aunque los hombres dejen de aplicarla o inclusive dicten leyes contrarias a ella (Santo Tomás, 1. c. qu. 96. art. 4, resp.). El sexto mandamiento del Decálogo prohibe cualquier pecado de lujuria externa ,o sea de obra (II, Moisés, 20, 14), prohibiendo el noveno también (1. c. vers. 17), la lujuria meramente interna, a saber las delectaciones y deseos impúdicos[3]. Parece, por lo tanto, que el temor del duque de Viena de llevar de nuevo a la práctica la ley penal contra la inmoralidad no era fundada. Sin embargo, hay que distinguir con sumo rigor la mera prohibición de la inmoralidad dimanante de la Ley Natural Teológica y su castigo teologal, por un lado, y su detallada descripción y el establecimiento de una pena terrenal en una ley humana, por el otro lado.

2. *La Ley Humana y su desuso.*

a) La Ley Humana

Con ello llegamos a la ley humana que puede ser completa o meramente auxiliar.

a') La ley humana completa se deriva de la Ley Natural por conclusión y determinación (v. Santo Tomás, 1. c. qu. 95, art. 2, resp,). Lo importante es ver que toda ley humana completa emplea, a la par, ambos procedimientos de derivación[4]. En efecto, por una vertiente, toda ley humana completa. constituye una conclusión del principio supremo de que se debe hacer lo bueno y dejar de hacer lo malo; por la otra vertiente, toda ley humana completa determina, dentro de un amplio campo de posibilidades, algunas dándoles forma concreta. Si p. ej. el Código Penal castiga con la pena de muerte quien, matare con alevosía y deliberación, nos encontramos con una conclusión del principio supremo de toda moral, el cual ha recibido simultáneamente determinaciones, tanto en el tipo legal de la norma (matar con alevosía y deliberación), como en su consecuencia jurídica (pena capital). En cuanto al último aspecto, hay que tener en cuenta que, si bien la Ley Natural Social exige un castigo terrenal del asesinato, no estatuye precisamente la pena de muerte.

b') La ley humana incompleta o auxiliar constituye una mera determinación de principios iusnaturalistas recogidos en otra ley humana diferente. Una ley referente al registro de la propiedad es ejemplo de tal ley humana incompleta: ella determina facetas secundarias de la propiedad privada que, según la buena doctrina, pertenece a la Ley Natural.

---

3 P. Juan B. Ferreres, S. I., Compendio de Teología Moral, Barcelona, Eugenio Subirana, t. I, 1920, núm. 515, p. 362. Además del pasaje citado ver sobre todo la Epístola de San Pablo a los Gálatas, cap. 5, vers. 19, 21.

4 Derecho Natural y Derecho Positivo son dos hebras de una misma tela (según Graneris, citado por Domingo Galati en la "Rev. de la Fac. de Derecho y Ciencias Sociales", Buenos Aires, Año VIII, n') 32, 1953, p. 228).

b) Su desuso

a') las determinaciones de la Ley Natural, como dimanan, en cuanto determinaciones, de la Ley humana pueden ser modificadas tanto por una nueva Ley humana como también por una costumbre. En efecto, "así como por medio de la palabra manifiesta el hombre una y otra potencia, su querer y su percepción o inteligencia, así también puede manifestarlas por medio de los hechos: aquello que uno hace, es considerado como lo que uno quiere y tiene por un bien. Ahora bien; por medio de la palabra, oralmente, puede el hombre cambiar una ley y también exponerla, porque; la palabra revela nuestros movimientos interiores y las concepciones de nuestra mente. También, pues, cabrá una mutación y asimismo una exposición de la ley, y hasta una creación de una norma con carácter y fuerza de ley, por medio de la repetición o multiplicación de actos, que es lo que da origen a las costumbres: porque esos actos repetidos denotan y reflejan los movimientos interiores de nuestra voluntad, y las concepciones de nuestra razón.

La realización constante de un acto obedece, indudablemente, a un juicio deliberado de nuestra razón. Así, pues, la costumbre tiene fuerzas de ley, puede abolir una ley, y es intérprete de las leyes" (Santo Tomás, 1. c., qu. 97, art. 3, resp.). La prevalencia de la costumbre sobre las leyes humanas no puede ser derogada por disposición alguna de otra ley humana (arts. 5 Código civil Español, art. 17 C. c. Argentino), puesto que el legislador humano lo es en cada momento el pueblo can entera libertad en cualquiera de sus manifestaciones, ora legislativa ora mediante acción directa[5]. La misma prohibición legal de la costumbre "contralegem" cae por su pie en virtud de una costumbre "contralegem"[6] cuya fuerza superior dimana de la misma Ley Natural.

¿Qué sigue de lo que antecede con respecto a nuestro caso? La prohibición de las relaciones inmorales, como procedente de la Ley Natural, no queda afectada por la inobservancia del pueblo, tolerada por la autoridad. En cambio, sí ha de considerarse como derogada por el desuso la determinación que el duque había dado a esta prohibición tanto en lo que atañe a la formulación exacta del delito como en lo que se refiere al establecimiento de la pena. Por consiguiente hace falta un nuevo acto legislativo a fin de resucitar la antigua ley penal. El duque podría llevar a cabo tal acto sin incurrir en tiranía, puesto que la ley humana es mudable (Santo Tomás, 1. c., qu. 97, art. 1, resp.). Se comprende, por el otro lado, su temor a confesar su equivocación y que prefiere hacer patente la resurrección de las antiguas leyes por un cambio de gobierno. No obstante, inclusive en un régimen monárquico absoluto debiera haberse anunciado antes la renovada aplicación, de las antiguas leyes. La asunción

5 V. en este sentido ya nuestro vocablo "fuentes" en Diccionario de Derecho Privado" (Labor, Barcelona, t. I, 1950, ps. 1991 y ss.).

6 V. Cossio, La bi-valencia de la verdad y el error como fuerza de convicción y como arbitrariedad (en "La Ley" de 15.IV.1953) contra el art. 17 C.C. Argentino, prohibitivo de la costumbre "contra legem". Cossio menciona una sentencia de la Cámara de Apelación de La Plata, hoy Eva Perón, (en Jurisprudencia Argentina", fallo 6380, Buenos Aires, 1946) referente al art. 53 del Cód. de proc. de la provincia de Buenos Aires, y el art. 118 de la Ley de Matrimonio Civil. El último ejemplo es harto dudoso, puesto que dicho precepto supone una nueva edición oficial del C. C. que todavía no se ha llevado a efecto.

del mando por un nuevo gobernante no suple tal aviso. Las detenciones por conducta inmoral son las que contienen el primer aviso de considerar la ley como vigente. Su aplicación sin previo aviso a Claudio no deja de constituir una aplicación retroactiva de una ley penal, retroactividad injusta en cuanto se refiere al elemento humano de la ley[7].

La resucitación de una ley en desuso constituye un. problema más difícil en un Estado moderno en el que las formas de la legislación no se confunden con sencillas declaraciones del Gobierno. En esta hipótesis se plantea la pregunta de si la revigorización de la ley en desuso supone una ley en sentido formal o de si basta un simple aviso del gobernante. Creemos que, tratándose de una ley humana completa, es suficiente un mero aviso, puesto que no se ha de poner en marcha toda la ley habida cuenta de que sus principios, dimanantes de la Ley Natural, nunca perdieron su vigencia: lo único que es preciso es sacar a flote sus elementos privativamente humanos. Pensemos p. ej. en la impunidad de la que en muchos países disfrutan ciertos tipos de estafa de poca monta, cometidas en el comercio, puesto que infringen el mandamiento de que "no hurtarás" (Exodo, cap. 20, vers. 15)[8]. El desuso, en realidad, no ha derogado la ley sino que la ha solo paralizado.

b') La cuestión es diferente, si se tratara de una ley humana auxiliar, ya que tal ley, aunque se completa con otra basada en principios de la Ley Natural, es formada exclusivamente de elementos humanos. En éste supuesto haría falta un nuevo acto formal de legislación, puesto que ha habido una auténtica derogación. Aludimos de nuevo a una ley referente al registro de la propiedad. Aunque tal ley es complementaria de la legislación sustancial sobre la propiedad y aunque la propiedad es de la Ley Natural (Gen. 4, vers. 4; séptimo y décimo mandamiento del Decálogo en Exodo, 20, vers. 15 a 17),, la ley sobre el registro de la propiedad es puramente humana, y su derogación por el desuso solo podría ser remediada por una nueva ley.

II. *JUSTICIA INTRÍNSECA DE LA LEY APLICADA POR ANGELO.*

El segundo problema que la obra de Shakespeare plantea es él de la justicia intrínseca de la ley muerta y revitalizada o sea de la ley que aplica la pena de muerte a las relaciones sexuales fuera del matrimonio, inclusive no siendo adulterinas. Al efecto, de esta discusión suponemos que en la Viena del duque no exista ninguna pena más grave, p. ej. en atención al modo de ejecutar la pena capital. ¿Es justo castigar con la misma pena la inmoralidad que, digamos, el asesinato?

A fin de poder contestar a esta pregunta es menester distinguir la Ley Natural Teológica y la Ley Natural Social.

---

7 V. nuestro "Sistema y filosofía del Derecho Internacional Privado" (ed. segunda del primer tomo, Buenos Aires, Ediciones Jurídicas Europa América, 1952, p. 47).

8 V. una enumeración de estas estafas en nuestro "Derecho Penal, Parte General", (Madrid, 1949, p. 25).

1. *Ley Natural Teológica.*

La Ley Natural Teológica dimana indistintamente de dos fuentes: Por un lado de la recta razón, por el otro de la autoridad, es decir de la verdad revelada por la Sagrada Escritura interpretada auténticamente por la Iglesia. Las sanciones establecidas por la Ley Natural Teológica son sanciones teologales. El principio formal supremo de la Ley Natural Teológica exige de nosotros hacer lo bueno y abstenernos de hacer lo malo. El principio material supremo nos manda amar a Dios sobre todas las cosas y al prójimo como a nosotros mismos. Las conclusiones de este principio material supremo se hallan en las dos tablas de la Ley expresivas de los diez mandamientos que Moisés recibió de manos de Dios en el Monte de Sinaí.

La Ley Natural Teológica no establece en el Decálogo una jerarquía entre los diferentes mandamientos. Ella puede deducirse de la Sagrada Escritura (Jeremías, 7, 26; San Juan, 19, 11). Pero también cabe acudir a la razón natural del siguiente modo: "Guardada la debida proporción, puede decirse de las injurias de los hombres contra Dios lo que decimos de las injurias de los hijos contra sus padres, o de los súbditos contra sus príncipes; es así que éstas evidentemente difieren entre sí por razón de su gravedad; luego también aquellas"[9].

Los pecados pueden ser mortales o veniales. Pecado mortal es la transgresión de una ley que impone obligación grave, o una ofensa grave de Dios, que priva al alma de la amistad divina y de la gracia santificante y hace al pecador digno de castigo eterno. Pecado mortal no significa, por consiguiente, un pecado que merece la pena de muerte en esta tierra sino que hace al pecador acreedor del castigo eterno (1 Cor., 6, 9 y 10; San Juan en su Epístola 1ª cap. vers. 14; pero también San Pablo, Epíst. a los Romanos, cap. 1, vers. 32). Pecado venial es la transgresión de una ley que impone obligación leve, o una leve ofensa de Dios que ni priva de la amistad divina, ni de la gracia santificante, ni quita, por tanto, el derecho a la eterna bienaventuranza.

Es obvio, por ende, que genéricamente consideradas las infracciones del quinto y del sexto mandamiento son en su faceta teologal de igual gravedad.

2. *Ley Natural Social.*

La Ley Natural Social tiene por única fuente las reglas que la recta razón desprende de la naturaleza de las cosas, sobre todo de la naturaleza de la sociedad. La Ley Natural Social hace, por tanto, de la recta razón un uso más amplio que la Ley Natural Teológica. En efecto, la última no la emplea sino en cuanto confirma la verdad revelada; la primera acude también a ella en otros aspectos. Las sanciones establecidas por la Ley Natural Social son sanciones terrenales. El principio formal supremo de la Ley Natural Social exige de nosotros hacer lo bueno y abstenernos de hacer lo malo. El principio material supremo nos manda amar a Dios sobre todas las cosas y al prójimo como a

9 V. Ferreres, 1. c. núm. 28, p. 160.

nosotros mismos[10]. La misma recta razón deduce de este principio los diez mandamientos.

Pero la recta razón establece igualmente por medio de la conclusión una jerarquía entre las diversas infracciones. Un delito es tanto más grave cuanto pone en mayor peligro la subsistencia de la sociedad. A continuación la Ley Natural Social no suele fijar penas concretas. Ello se realiza más bien, normalmente, por cada legislador por medio de la determinación en la ley humana positiva. Al contrario, la misma Ley Natural Social estatuye un catálogo de penas graduadas entre sí en consonancia a la jerarquía de los delitos.

Desde el punto de vista mencionado ha de estimarse el homicidio, en todas sus formas, como más grave que las relaciones sexuales fuera del matrimonio[11] máxime no siendo adulterinas[12]. Todos los Códigos Penales del mundo castigan, en efecto, con mayor severidad los delitos contra la vida que los delitos contra la honestidad, sobre todo si no se complican con ataques contra la libertad (violación) o contra la familia (incesto, adulterio); y uno de ellos: el Código Penal italiano, ha sido adoptado por el Estado Vaticano (art. 4 Legge sulle Fonti del diritto del 7. VI. 1929, np 2). El mismo Codex luris Canonici gradúa la gravedad del delito en virtud de varias circunstancias (can. 2218) y pena con mayor rigor un delito contra la integridad corporal (can. 2343) que contra el patrimonio (cam. 2346). La Santa Sede consiente también que un individuo que hubiere cometido un delito en la Ciudad del Vaticano y se refugiase en territorio italiano, fuere perseguido con arreglo a las leyes italianas (art. 22 del Tratado Político Lateranense del 11 de febrero de 1929)[13].

Creemos, por consiguiente, que la ley, ni siquiera formalmente en vigor con respecto a Claudio, tampoco es justa intrínsecamente, puesto que infringe con su equiparación de la gravedad de los delitos contra la vida y contra

10 Pedro Lombardo, Sententiarum libri quatuor (Lugduni, Apud haeredes lacobi Iunctae, 1570, p. 282. L. III, dist.. 37, c. 5) afirma acertadamente que el principio: "Quod tibi non vis fieri aliis non feceris", está escrito en el corazón de los hombres; pero que ha sido luego repetido por el Decálogo y en otros pasajes de la Sagrada Escritura (Tobías, 4, 16; Mateo, 7, 12; Epístola a los Romanos, cap. 13, vers. 8 a 10) porque los hombres no leían en sus corazones.

11 V. Santo Tomás, S. Th., P IP, qu. 94, art. 2 y, sobre todo, qu. 96, art. 2. Ello no es obstáculo a que, teológicamente considerado, "peccatum intemperantiae est máxime exprobabile" por asemejarnos a los brutos y por apartar: nos de la luz de la razón (Santo Thomas, 1. c., II IIae, qu. 142, art. 4). Sobre la graduación de la gravedad de los pecados v. P IIae, qu. 73, siendo el homicidio más grave que al hurto (art. 3, respondeo) y siendo los pecados carnales menos graves que los espirituales (art. 5). En Inglaterra, en 1650, "the repeated set of keeping a brother or committing fornication, were (upon a second conviction) made felony vnthout beneñt of clergy" (Blackstone, Commentaries on the laws of England, ed. 15 por Edward Christian, London, Strahan, t. IV, 1809, p. 65), ley no renovada por la Restauración (v. Blackstone, 1. c.). "Without benefit clergy" significa "con la pena de muerte" (Blackstone, 1. c. p. 370, nota 2).

12 No quebrantan la justicia sino la castidad (Juan Carreras y Arañó, Presbítero: Filosofía de la Ley según Santo Tomás, Madrid, Reus, 1919, p. 24, citando a Cathrein).

13 En muchos lugares de la legislación positiva (v. p. ej. art. 110, inc. 9 Ley Orgánica del Poder Judicial de España) se distinguen verbigracia "vicios vergonzosos" de vicios que no lo son, distingo de la Ley Natural Social, pero no de la Ley Natural Teológica.

la honestidad la Ley Natural en su aspecto puramente social. Parece que el poeta opina de igual modo, ya que el duque indulta al final (V. 1) a todos los delincuentes de esta especie, tanto a Claudio como al mismo Angelo[14].

Como vimos que la Ley que Angelo aplica, carece de vigencia con respecto a Claudio, no hemos de entrar en el examen del problema de sí, y en caso afirmativo en qué casos, la injusticia intrínseca de una ley la priva de vigencia.

B) JUSTICIA DE LA SENTENCIA DICTADA Y CONFIRMADA POR ANGELO

También este segundo problema se desdobla en dos: En primer lugar investigaremos la repercusión que el pecado de Angelo tiene sobre la justicia de la sentencia por la cual condena a Claudio por haber cometido un pecado igual; en segundo lugar examinaremos los efectos del pacto celebrado entre Angelo e Isabel sobre la justicia de la confirmación de la condena pronunciada por Angelo en la madrugada después de haber disfrutado, según su opinión, de los favores de Isabel.

I. Efectos de su propio pecado.

Nuestro problema puede ser formulado del siguiente modo: ¿Puede, un juez condenar válidamente a una persona por un delito, habiendo él mismo perpetrado otro igual?

Shakespeare parece afirmar esta pregunta. En este sentido exclama Angelo (II, 1), por cierto antes de haber sido tentado por Isabel:

"What know the laws
That thieves do pass on thieves?
. . .You may not so extenúate his offence,
For I have such faults; but rather tell me,
When I, that censure him, do so offend,
Let mine own judgment. pattern ouí my death"[15]

Es verdad que después de la tentación Angelo afirma (II, 2):

"Thieves for their robbery ha ve authority
When judges steal themselves"[16]

---

14 La gracia ha de ser concedida por quien la confiere, por generosidad. La gracia decretada por Angelo habría sido viciada. En este sentido exclama el duque (IV, 2): "When Vice makes mercy, mercy's so extended, That for the fault's love is the offender friended" (Si el vicio indulta, la gracia es excesiva, puesto que el amor al vicio provoca el amor al delincuente).

15 ¡Qué le importa a la ley que ladrones condenen a ladrones!... No puedes disminuir su delito alegando que yo mismo pudiere cometerlo. Al contrario, si yo que le hago reproches, hiciere lo mismo que yo le reprocho, debieras pedir que la sentencia en la que condeno al otro, me sea modelo para sentenciarme a mí mismo.

16 Ladrones adquieren un derecho a robar, si los propios jueces roban.

Pero este cambio de pareser de Angelo se debe solo a un trastorno transitorio, puesto que después de caer, no indulta a Claudio sino que confirma su orden de ejecutarle (IV, 2).

1. *Doctrina cristiana.*

a) Sagrada Escritura

Parece que Jesús nos enseña que un pecador no puede ser juez. El Evangelio de San Juan (cap. 8, vers. 3 a 11) nos relata, en efecto, lo que sigue: "Entonces los escribas y los Fariseos le traen una mujer tomada en adulterio; y poniéndola en medio dícenle: Maestro, esta mujer ha sido tomada en el mismo hecho, adulterando; y en la ley Moisés nos mandó apedrear a las tales: tú, pues, ¿qué dices? Mas esto decían tentándole, para poder acusarle. Empero Jesús, inclinado hacia abajo, escribía en tierra con el dedo: Y como perseverasen preguntándole, enderezóse y díjoles: El que de vosotros esté sin pecado, arroje contra ella la piedra el primero. Y volviéndose a inclinar hacia abajo, escribía en tierra. Oyendo, pues, ellos, redargüidos de la conciencia, salíanse uno a uno, comenzando desde los más viejos hasta los postreros; y quedó solo Jesús, y la mujer que estaba en medio. Y enderezándose Jesús, y no viendo a nadie más que a la mujer, díjole: ¿Mujer, dónde están los que te acusaban? ¿Ninguno te ha condenado? Y ella dijo: Señor, ninguno. Entonces Jesús le dijo: Ni yo te condeno; véte y no peques más".

No obstante, sopesando cuidadosamente este texto, se comprende que Jesús no quiere emitir una tesis tan radical. La prueba está en que él mismo, libre de pecado, tampoco la condena. La verdadera razón del proceder del Señor en este caso está seguramente en que estima que el clima adecuado para hacer justicia falta en esta oportunidad, porque los escribas y Fariseos toman a la mujer como mero pretexto para poder perder, como ellos opinan, a Jesús y que esta ausencia completa de la manifestación de la voluntad de hacer justicia viciaría la sentencia. Seguramente por las razones expuestas los autores de la Edad Media, con pocas excepciones[17], no suelen citar el encuentro de Jesús can la adúltera, cuando tratan del problema del juez pecaminoso, aunque nos encontraríamos con lo que técnicamente se llama un juicio "perverso" (Santo Tomás, 1. c.IIa, IIae qu. 60, art 2, resp.).

b) La Escolástica

En la Edad Media el problema del juez pecaminoso era igualmente muy debatido. Soto[18] describe la situación del siguiente modo: "Mas, en esta respuesta primeramente se ha de notar que fue de Viclef (siglo XIV) y de sus seguidores, los cuales afirmaron, que por cualquier pecado mortal, juntamente con la gracia de Dios, piérdese también el dominio de las cosas y toda potes-

17 Pedro Lombardo (1. c. Lib. IV, dist. 19: qualis debet esse iudex eclesiasticus) cita aún el pasaje mencionado de San Juan.

18 Domingo Soto, Tratado de la justicia y el Derecho (trad. Castellana de Jaime Torrubiano Ripoll, Madrid, Reus, t. II, 1926, ps. 308, 309: Liber III, qu. 4, art. 2).

tad de juzgar, las cuales cosas se reciben por generosidad de Dios. Y, pasando por alto esta herejía, hubo y hay católicos que dicen que para aquel juez que se endurece en los delitos es crimen dar sentencia contra otro pecador; no solo si está en pecado público, por el escándalo, sino también si está en pecado oculto; porque no sigue a la justicia por el afecto de dicha virtud. Pues quien está en un delito está huérfano de todas las virtudes. Y, por consiguiente, carece del hábito de la justicia". El mismo Santo Tomás suscribió esta opinión en su comentario a las sentencias de Pedro Lombardo (Lib. IV. dist. 19, qu. 2)[19]. Esta tesis concuerda de cierto modo con la concepción que Santo Tomás recibe de Aristóteles[20] y a la que sigue fiel también en la Summa[21] con arreglo a la cual el juez es "iustitia animata".

No obstante, por lo demás Santo Tomás ha cambiado de parecer en la Sumina. En ella (IIa, IIae, qu. 60, art.) Santo Tomás formula tres requisitos para que el juicio sea justo: En primer lugar, el juez ha de proceder por inclinación hacia la justicia; en caso contrario, el juicio es perverso o injusto. En segundo lugar, al juez debe asistir la necesaria autoridad jurisdiccional; en caso contrario, el juicio es usurpado. En tercer lugar, el juez ha de observar la recta razón de la prudencia; en caso contrario, el juicio es sospechoso o temerario. El problema del juez pecaminoso se relaciona con él del sacerdote pecaminoso que administra los sacramentos[22].

Soto sigue en lo esencial a Santo Tomás y llega a la conclusión de que el juez que es pecador, puede, no obstante, condenar a pecadores, si su delito es oculto[23].

Ahora bien, en todo este cúmulo de problemas no se debe olvidar que los teólogos moralistas cuyas opiniones acabamos de exponer, no se preguntan por la validez de la sentencia del juez pecaminoso, sino que cuestionan de sí un juez pecaminoso peca o no al dictar sentencia. No obstante, entre ambos planteamientos existe una relación, puesto que si el juez peca al emitir sentencia, no actúa con la virtud de justicia, y esta deficiencia puede afectar a la justicia del acto o sea a la misma sentencia con virtiéndola en injusta[24].

2. *Solución jurídica.*

El Derecho distingue entre el juez-delincuente y la sentencia delictiva. No todo juez-delincuente dicta sentencias delictivas, aunque una sentencia delictiva siempre emana de un juez-delincuente.

---

19 Así lo recuerda Soto (1. c.) y Cayetano en su comentario a l Summa, IIa. IIae. qu. 60 ,art. 2.

20 Etica a Nicómaco (edición Bekker, Libro V, cap. 7, p. 1132, columna a, linea 23, 24).

21 IIa., IIae, qu 60, art. 1, resportdeo.

22 V. Santo Tomás, 1. c. IIIa., qu 64, art. 6: Utrum mali ministrantes sacramenta peccení.

23 Soto, 1. c. Lib. III, qu. 4, art. 2.

24 Creemos que Santo Tomás se atiene estrictamente al problema de si un juez pecaminoso peca al dictar sentencia. Soto, en cambio, trata también del problema de la validez de la sentencia al distinguir entre el juez que es pública u ocultamente pecador.

a) Juez-delincuente

En las reglamentaciones jurídicas de nuestro problema hay que distinguir la reglamentación del ingreso en la carrera y las causas de la destitución del cargo. En ambos supuestos se tiene en cuenta la vida entera del juez. Se anhela evitar que un delincuente público sea juez.

a') El art. 110 de la Ley Orgánica del Poder Judicial enumera una larga lista de causas que hacen imposible el nombramiento de un juez. No pueden llegar a ser jueces verbigracia los que estuvieren procesados por cualquier delito (inc. 2); los que estuvieren condenados a cualquier pena correccional o aflictiva, mientras que no la hayan sufrido u obtenido de ella indulto total (inc. 3); los que hubieren sufrido y cumplido cualquiera pena que los haga desmerecer en el concepto público (inc. 4); los que tuvieren vicios vergonzosos (inc. 9); los que hubieren ejecutado actos u omisiones que, aunque no penables, los hagan desmerecer en el concepto público (inc. 10).

b') Luego estatuye el art. 223 de la misma ley que procede de derecho la destitución por sentencia firme en que se imponga a un juez o magistrado pena correccional o aflictiva, las cuales llevarán siempre consigo la destitución (inc. 2). A continuación declara el art. 224[25]: Podrán los jueces y magistrados ser destituidos en virtud del real decreto acordado en Consejo de Ministros y refrendado por él de gracia y justicia, previa consulta del Consejo de Estado: l°) Cuando hubieren incurrido en alguno de los casos de incapacidad que establece el art. 110, a excepción del 2°. 2°) Cuando hubieren sido corregidos disciplinariamente por hechos graves que, sin constituir delitos, comprometen la dignidad de su ministerio o los hagan desmerecer en el concepto público... 5") Cuando por su conducta viciosa, por su comportamiento poco honroso o por su habitual negligencia no sean dignos de continuar ejerciendo funciones judiciales.

c') No resulta fácil explicar las razones que asisten a la ley para exigir del juez en general que no haya incurrido en. delitos o vicios. No se puede probar que un delincuente sea peor juez que un hombre recto. En primer lugar, no se debe olvidar que el vitalismo nos ha abierto los ojos para ver la fundamental diferencia; entre lo propio y lo ajeno. Por esta razón sería equivocado pensar que el juez-delíncuente-pecador se equiparare al acusado y que exteudiere a él su propio deseo de no sufrir pena por sus fechorías. Es mucho más probable que el juez pecaminoso se haya constituido una ideología a propósito para justificar sus propias hazañas, ideología que estará lejos de aplicar al acusado. En segundo lugar, preveis ámente por no haber vivido divorciado de la realidad, su comprensión del delito será más profunda y su sentencia más justa, por ser más humana que la de un juez que nunca ni siquiera ha paladeado la bebida embriagadora del vicio. —Traigo a capítulo las palabras del poeta boliviano-tucumano Ricardo Jaimes Freyre: "¡Pobre juez de la vida quien antes no fue reo!" (Los sueños son vida). La verdadera causa de la exigencia de pureza debe ser otra.

---

25 La Ley de 20.XII.1952 modifica esta disposición, pero sin alterar los puntos que a nosotros interesan (v. p. ej. "Información Jurídica", n° 117, p. 151).

¿Es posible mantener que la moralidad es una e indivisible y que, por ende, quien haya incurrido en cualquier falta, sea siempre sospechoso también de perpetrar delitos de cohecho o prevaricación? Semejante tesis sería atrevida, puesto que, si bien es cierto que quien cometa delitos de hurto o robo, también llevará a efecto un delito de cohecho, no lo es menos, que un delito pasional no evidencia una predisposición para los delitos referentes a la confección de una sentencia.

Creemos que se trata más bien de una consideración de justicia formal, o sea de la igualdad: Quien no respeta la ley, tampoco puede exigir que los demás le tributen respeto. Llegamos, pues, al siguiente resultado: El juez injusto no dicta siempre sentencia injusta; pero lo que siempre es injusto es que haga justicia.

b) Sentencia delictiva

a') Sólo un delito perpetrado por el juez referente a la confección de la sentencia misma podría dar lugar al juicio de revisión. En este sentido establece p. ej. el art. 1796 de la Ley de Enjuiciamiento civil española, que habrá lugar a la revisión de una sentencia firme. . . 49) Si la sentencia firme se hubiere ganado injustamente en virtud de cohecho, violencia u otra maquinación fraudulenta.

b') Lo que no requiere explicación es que se anule cualquier sentencia en cuya confección ha intervenido un delito del juez-cohecho (p. ej. arts. 256, 257, 259 Código Penal Argentino) o prevaricato (arts. 269, 270 Código Penal Argentino), —puesto que su justicia es más que dudosa. Tampoco es difícil justificar la inhabilitación absoluta, perpetua o temporaria, que en tales casos se produce (arts. 257, 256 y 259; 269, 270), ya que existe la fundada sospecha de que el juez falseará de nuevo la justicia.

Lo que tal vez requiera una meditación es el hecho de que ninguna clase de inmoralidad pública u oculta en la vida del juez afecta a la validez de sus sentencias, excepto los casos de delitos dirigidos directamente contra su justicia. Esta solución se debe al principio del fraccionamiento que opera en el amplio campo de la justicia en innumerables casos. La justicia alberga en su seno un afán incontenible de expansión: La justicia no queda satisfecha hasta que no se haya hecho justicia en todos los casos y en todos ellos justicia completa. Pero como no es posible satisfacer este anhelo de universalidad sin dejar de hacer justicia lo que a su vez constituye una injusticia, es fuerza fraccionar la materia y hacer justicia por partes. La justicia completa de un fallo requeriría que el mismo dimanare de un juez sin tacha por ser injusto que una persona injusta haga justicia. Pero como la búsqueda de tal juez paralizaría la marcha de la justicia, y como el descubrimiento de un delito del juez pondría en tela de juicio cuantas sentencias había dictado, nuestro afán de perfeccionar la justicia acarrearía su retraso y su inestabilidad: El remedio es, pues, peor que la enfermedad.

3. *Apéndice: Los criminales de guerra.*

Nuestro problema del juez pecaminoso ha sido vivamente discutido en la actualidad con motivo del proceso contra los criminales de guerra. Algunos autores mantienen la tesis de Angelo. "Si un hombre es acusado de asesinato, el hecho de que el juez pueda ser inculpado de otro asesinato cometido en otro tiempo y en otro lugar no tiene nada que ver con el proceso"[26]. Por el otro lado hay quienes alegan que "las naciones que se erigieron en jueces eran, en gran parte, por lo menos responsables de los mismos delitos por los cuales juzgaban al vencido"[27].

Hay que distinguir entre el legislador pecaminoso y el juez incurso en pecado. Ahora bien, como el legislador sometido a su propia ley mediante una autoobligación le está tan subordinado como el juez, la verdadera distinción ha de hacerse entre el legislador "legibus solutus" y legislador y juez a ellas sometidos.

a) El legislador pecaminoso

a') El legislador absoluto, es decir el legislador no sometido o no sometible a su propia ley, no debe en justicia castigar un delito que él mismo no es capaz de evitar. Con ello el legislador infringiría el principio de la igualdad: él se reserva el derecho a hacer lo que desea impedir que lo hagan los demás[28].

Shakespeare expresa esta opinión en su obra en tres oportunidades y siempre a través de la boca del duque. En el acto III, escena segunda, le hace decir:

He who the sword of heaven will bear
Should be as holy as severe;
Pattem in himself to know,
Grace to stand, and virtue go;
More nor less to others paying
Than to self-offences weighing.
Shame to him whose cruel striking
Kills for faults of his own liking![29]

26 Así "Nüremberg in retrospect" (en "Round Table", núm. 145, diciembre de 1946, ps. 22 a 28, artículo resumido en "Revista de Estudios Políticos", XVII, ps. 626 y ss. y citado por Truyol y Serra, Crímenes de guerra y Derecho Natural, en "Revista Española de Derecho Internacional", vol. I, núm. 1948, p. 59). La afirmación citada requiere una fundamentación más profunda; pero su crítica por Truyol también la necesita.

27 Así Philip, citado con arreglo a Truyol, 1. c. p. 67.

28 Sobre la sumisión del legislador a la fuerza directiva (no a la coactiva) de su propia ley v. Santo Tomás, S. Th., la. IIae., qu. 96, art. 5 ad 3.

29 Quien quiera blandir la espada del cielo, ha de tener tanta santidad como rigor; tesón para pararse, virtud para irse; que pene faltas ajenas igual a las propias, ¡Vergüenza sobre el que mate con cruel golpe por delitos que el mismo acaricia!.

Luego, en el acto IV, escena segunda, el duque proclama:

Were he meal'd
With that which he corrects, then were he tyrannous;
But this being so, he's just[30]

El último pasaje se encuentra en el acto V, escena primera:

Next, it imports no reason
That with such vehemency he should pursue
Faults proper to himself: if he had so offended,
He would have weigh'd thy brother by himself,
And no have cut hira off.[31]

b') La reglamentación de la criminalidad de guerra fue esbozada por ciertas naciones vencedoras: Inglaterra, Estados Unidos, Francia y Rusia[32]. En cuanto éstas se consideran "legibus solutae", infringen el principio de la igualdad: reservarse el derecho a hacer lo que desean impedir que los demás lo hagan.

La injusticia del acto de legislar no lleva aneja la injusticia de la ley si no se trata de una ley humana. En caso contrario, la justicia de la ley, por no dimanar de la voluntad viciada del legislador humano sino de la razón y voluntad divina, queda incólume.

La condena de la criminalidad de guerra procede, sin duda alguna, de la Ley Natural Teológica, enlazando sobre todo a los mandamientos que prohiben matar y hurtar[33].

La Ley Natural Social establece la necesidad de castigar estas infracciones severamente y, en casos de extrema gravedad, de punirlas con la pena capital[34]. Téngase en cuenta también las doctrinas escolásticas sobre el tiranicidio. Ninguna sociedad puede subsistir en la que no se castigue el homicidio y el hurto. Precisamente por no haber habido tales castigos hasta ahora, la sociedad internacional no ha llegado todavía a constituirse. El único problema que resta consiste, por ende, en saber si la Ley Natural Social exige la organización de la comunidad internacional. Hay que afirmar esta interrogante. La naturaleza sociable del hombre no se cumple, mientras que las diferentes naciones se enfrentan como lobos en la jungla. Además, si se negare esta cuestión, se

30 Si él mismo tomare los platos que a les demás prohibe, sería tiránico; en caso contrario no efe sino justo.

31 Sobre todo parece absurdo que él persiguiere con tamaña vehemencia faltas que él mismo posee. Si así fuese, habría pesado a tu hermano con la misma medida que se aplica a sí mismo y no le habría cortado el hilo de la vida.

32 V. el plan para el juzgamiento de los criminales de guerra (reproducido p. ej. en "Revista de Derecho Penal", Buenos Aires, Ediar, Año I, núm. 3, ps. 73 y ss.)

33 V. p. ej. Truyol, 1. c., ps. 48 a 52.

34 Sí la pena más grave en uso es la pena de muerte, la pena capitales la pena de muerte. Solo si se creyere que la pena de muerte es contraria a la Ley Natural ,1° que no sería exacto, sería ilícito emplearla (v. Santo Tomás, S. T., lia. II a e., q. 64, a. 2).

divorciaría la Ley Natural Teológica de la Ley Natural Social, puesto que la primera, sin duda alguna, se dirige al hombre sin limitación alguna. Si se acepta que la Ley Natural Social castiga la criminalidad de guerra al mayor con la pena de muerte, tampoco existe retroactividad de la ley penal, puesto que la reglamentación de las naciones vencedoras no hace sino confirmar la Ley Natural Social, prescindiendo por lo demás de los avisos que dichas naciones formularon durante la guerra.

B) EL JUEZ PECAMINOSO

En cuanto a los jueces hay que distinguir entre los países y los jueces que constituyen el tribunal. Estos magistrados están sometidos a la legislación establecida por las naciones vencedoras. Además, a ellos no se puede atribuir personalmente la perpetración de ninguno de los crímenes de guerra, de modo tal que con. respectos a ellos el problema del juez pecaminoso ni siquiera se suscita[35].

II. *EFECTOS DEL PACTO CELEBRADO CON ISABELA.*

El último problema que nos toca analizar es el de la justicia de la confirmación de la condena de Claudio de parte de Angelo en vista de su trato hecho con Isabel. A este efecto supongamos que Isabel hubiere cumplido su promesa, porque Angelo cree que así lo haya hecho y sobre todo porque, desde el punto de vista moral, lo mismo da de si la que se entrega a Angelo es Isabel o Mariana.

Si un pacto es inmoral, el pacto es nulo; y el Estado no concede acciones a ninguna de ambas partes para pedir su cumplimiento[36]. Por el otro lado, el Estado no se presta tampoco a que alguna de las partes recupere lo entregado. Por esta razón no se puede pedir la devolución de "*quod raeretrici datur*"[37]. Lo que en nuestro caso nos interesa saber es, si cumpliendo una de las partes lo prometido, la otra debe en justicia también cumplir o si debe, al contrarío, retener su prestación.

---

35 No entramos en otro problema distinto: él del juez que aparece igualmente como parte y él de la relación entre "partialidad" y parcialidad (v. nuestro trabajo: "La imparcialidad como principio básico del proceso", Publicaciones del Instinto Español de Derecho Procesal, Madrid, 1950)

36 La ley (demasiado) humana atribuye a veces validez a un pacto inmoral. La reglamentación estatal de la prostitución ha sido interpretada algunas veces como comprensiva de un derecho de la mujer a pedir, aun ante los tribunales, su precio (v, Thibaut, System des Pandekten-Rechts, ed. 9°, Jane, Mauke, t. I, 1846, § 555, ps. 464, 465). En este supuesto el Derecho positivo con sidera este contrato como válido —en contra de la Ley Natural Teológica—, aunque niegue la accionabilidad del derecho del cliente.

37 En contra Labeón y Marcelo en D. 12, 5, 4. V. Sohm, Instituciones de Der., Privado Romano (trad. esp. de Roces, Madrid, Editorial Rev. de Der. Priv., 1936, § 69, I, 3, p, 406).

1. Pacto inmoral por la conducía de una parte.

Puede ser que la inmoralidad del contrato, aunque siempre provoca su nulidad, se deba, no obstante, a la conducta de una sola de las partes. Piénsese p. ej. en el pacto de rescate entre el secuestrador y el familiar de la víctima. Este pacto es nulo. Ni el secuestrador puede pedir el dinero, ni el familiar la entrega de la víctima, ni la devolución del dinero pagado. Pero todo ello es así sólo con respecto al pacto como fundamento de dichos derechos. Acudiendo, en cambio, a la ley, claro está, que el familiar puede exigir la liberación de la persona secuestrada e igualmente la devolución del precio pagado mediante una "condictio sine causa". Cae de maduro que el secuestrador no puede pedir el pago del rescate, por ser nulo el pacto y porque la ley no le asiste. Ahora bien, una vez entregada a la persona secuestrada, el familiar no está obligado moralmente tampoco a pagar el rescate,

2. Pacto inmoral por la conducta de ambas partes.

En esta hipótesis hay que distinguir si de las dos prestaciones permutadas sólo una es intrínsecamente inmoral, siendo la otra de por sí indiferente, o si ambas pecan de inmoralidad.

a) Con sólo una prestación inmoral

Tenemos un ejemplo del primer supuesto en el pacto entre la mujer pública y el que solicita sus servicios contra precio. Si en este caso no fuere posible deshacer lo actuado, como en el supuesto de la ramera, de ninguna manera le es lícito a la otra parte retener su prestación, moralmente indiferente, y menos aún pedir su devolución habiéndola realizado. En algunos casos —sobornar al juez para que dicte una sentencia injusta—, el pago habrá de realizarse a una institución benéfica o a la parte perjudicada.

b) Con dos prestaciones inmorales

En el caso de Angelo, al contrario, ambas prestaciones son intrínsecamente inmorales: tanto lo es la de Isabel como lo es el indulto que Angelo promete, aunque tal vez la conducta del último sea más reprochable que la de la primera. En esta situación la persona que ha recibido ya su beneficio, tiene la obligación de no llevar a cabo la contraprestación prometida. Estimamos, por consiguiente, qué Angelo actúa bien, cuando, lejos de dictar el indulto prometido de Claudio, reitera su orden de llevar a cabo la decapitación del culpable. En esta materia rige, pues, el adagio romano: "In pari turpitudine melior est causa possidentis"[38].

38 El caso en el que ambas prestaciones son lícitas, siendo el engranaje inmoral -ejemplo: dádiva al juez para que dicte una sentencia justa son siempre supuestos en los que la inmoralidad recae sobre la conducta de una sola parte. Nadie da dinero a un juez para que dicte una sentencia justa, si no hay sospecha fundadísima que, no dándolo, no la dictaría. El impedir al dador la acción recuperatoria redunda solo en provecho de la inmoralidad

Hemos llegado al final de nuestro análisis de los problemas de justicia que la obra de Shakespeare: Medida por medida, suscita.

Creemos que sólo análisis de este tipo, análisis de problemas concretos de justicia, pueden abrir el camino hacia una renovación integral de nuestra concepción de la justicia, ideal, que, con arreglo a los hermosos versos de Eurípides (La sabia Menalipa), repetidos en la "Etica a Nicómaco", de Aristóteles[39], es más admirable que el "lucero del alba".

de los jueces y no de la moralidad del público expuesto indefenso a aquellos. No sería exacto opinar que el indulto con respecto a una ley injusta es justo. El indulto se basa o en la equidad, si el caso indultado es atípico, o en la gracia, si el caso indultado despierta compasión; pero siempre supone la justicia de la ley. Dejar de aplicar la ley penal por estimarla injusta, constituye un supuesto especial del principio general de que hemos de atenernos en todo momento (desde la condena hasta el final de su ejecución) a la ley penal más benigna.

39 A él cita Santo Tomás (S. Th., IIa. IIae., qu. 58, art. 12), y ya antes Plotino (Enneadas, I, 6, 4).

10) El estado de necesidad ante el derecho natural

SUMARIO: A) Planteamiento del problema. I. El caso de la Mignonnette y su enjuiciamiento por la justicia inglesa. II. El Derecho aplicable al caso.

1) Aplicabilidad del Derecho Penal Inglés, a) Teorías de la personalidad y de la territorialidad, b) Territorialidad del Derecho Penal Inglés, a') Extensión del territorio a la flota mercante, b') Carácter del bote de salvamento como pertenencia del barco y sus consecuencias, c') Resultado: Inaplicabilidad del Derecho Penal Inglés. 2) Aplicabilidad del Derecho Natural. — B) Aplicación del Derecho Natural al caso de la Mignonnette. I. Justicia o injusticia del sacrificio del grumete. 1) Competencia de quienes reparten, a) Tesis de la supervivencia de la comunidad originaria, a') Exposición. b') Crítica, b) Tesis del surgimiento de una nueva comunidad, a') Tipo de comunidad al que el grupo de náufragos pertenece, b') Reglas que se le aplican en cuanto a su gobierno. 2) Bienes y males repartibles.

a) Bienes repartidos, a') Fines, b') Medios, b) Males repartidos, a') Fines, b') Medios, a") Clases de canibalismo en atención a sus móviles, b") Formas de cometer actos de canibalismo, c") Consecuencias, c) Disponibilidad de bienes y males. 3) Criterios del reparto, a) Justificación del sacrificio de una persona cualquiera, a') En general: Teoría del valor preponderante, b') Su xnaplicabilidad al conflicto de vidas humanas, c') Explicación de casos aparentemente contrarios, d') Estado de necesidad como causa de excusación. b) Justificación del sacrificio de una persona determinada. II. Justicia o injusticia del castigo de los inmoladores. 1) Autoridad competente.

2) Bienes y males repartibles, a) Bienes repartibles, b) Males repartibles.

3) Criterios del reparto, a) Teorías referentes a la determinación de la pena.

b) Estado de necesidad como excusación, a') En general, b') En especia] en el caso de la Mignonnette.

Planteamiento del problema.

I. El caso de la mignonnette y su enjuiciamiento por la justicia inglesa

Quisiera analizar un caso de la jurisprudencia inglesa, bastante conocido, por dar lugar a algunas meditaciones que estimo de interés general.

Se trata del caso de la Mignonnette[1]:

"Era en el verano de 1884. El yate la Mignonnette había salido de Southampton el 14 de mayo con rumbo a Australia donde había sido alquilado para un viaje bastante largo. El equipaje se componía de cuatro hombres: el capitán Dudley, el piloto Stephens, el marinero Brookes y el grumete Parker, de 17 a 18 años de edad. El 5 de julio, a 1.600 millas, aproximadamente, del Cabo de Buena Esperanza, les sorprendió una violenta tempestad; apenas tuvieron tiempo de saltar a una chalupa, cuando el barco abandonado se hundió. Los cuatro hombres se encontraron solos en alta mar, a muchos centenares de leguas de la costa, en una pequeña embarcación, sin agua potable y sin más comestibles que algunas latas, conteniendo dos libras de conservas que el capitán había logrado salvar, exponiendo su vida. El cuarto día encontraron una pequeña tortuga. Con estos alimentos vivieron doce días: los dos siguientes pudieron engañar la sed con ayuda de algunas gotas de lluvia, recogidas en sus capas impermeables. Después, nada. El décimoctavo día, como sus sufrimientos se hicieron más atroces, los tres hombres deliberaron sobre el partido que se tomaría si no llegaba algún socorro, y hablaron de sacrificar a uno de ellos para prolongar la vida de los otros; el grumete Parker, enfermo por haber bebido agua de mar, yacía inerte en el fondo de la canoa y no tomó parte en las discusiones. El decimonoveno día el capitán Dudley propuso echar a suerte la víctima, pero Brookes se opuso, declarando que, así como él no deseaba ser muerto, tampoco quería que otro lo fuese Dudley y Stephens hicieron observar, entonces, que como ellos tenían mujer e hijos, era preferible sacrificar al muchacho, y Dudley decidió que al día siguiente se procedería a su ejecución si no estaba a la vista navio alguno. El grumete, casi sin conocimiento, nada habla oído. Y al siguiente día, como ningún barco apareciese, el capitán hizo comprender por señas a los dos hombres que el momento había llegado; solo Brookes hizo un gesto de desaprobación; Stephens indicó que aprobaba, pero no tenía valor de ejecutar la muerte. Entonces Dudley se aproximó al joven que yacía casi inanimado, en una debilidad extrema, y después de prepararle, con algunas palabras, para el fin que le esperaba, implorando para él el perdón de Dios, le hundió el cudhillo en la garganta. Los tres hombres se precipitaron sobre el cadáver, bebiendo con avidez la sangre caliente que se escapaba de sus heridas. El mismo Brookes, si bien no había tomado parte en el homicidio, la tuvo, por lo menos, en el horrible festín. Cuando llegaban al día veinticuatro del naufragio —sostenidos hasta entonces por la carne del grumete— un buque alemán les recogió en un estado de gran agotamiento.

En Falmouth desembarcaron, siendo sometidos a un primer interrogatorio. El jurado inglés se limitó a establecer, en un "veredicto especial", el estado de los hechos, dejando al Tribunal Superior de Londres (Queen's Bench División) el cuidado de resolver la cuestión de derecho. Éste, el año 1884, condenó a muerte a dos de los acusados (Dudley y Stephens), pena que la Reina conmutó por la de seis meses de prisión. El jurado, bastante más en lo cierto que

---

1 La exposición siguiente del caso es tomada de Luis Jiménez de Asúa, Tratado de Derecho Penal, t. IV: El delito. 2ª Parte: Las causas de justificación (Losada, Buenos Aires, 192, número 1376, ps. 430 a 434). Este estudio fue publicado en el n° 78 de la "Revista de Estudios Político" (ps. 57 y ss.).

el Tribunal de Derecho, añadió a la exposición de los hechos: que el grumete Parker estaba demasiado débil para intentar la resistencia; que, por otra parte, no había consentido en que se le diera muerte; que, según todas las posibilidades, los tres hombres no hubieran vivido hasta el día del salvamento si no se hubieran mantenido de su carne, y que el mismo grumete hubiera muerto antes que ellos; y, en fin, que en el momento de ejecutar el acto, ninguna vela estaba a la vista, ni se ofrecía a los acusados medio alguno de salvación.

El subido interés de esta sentencia nos inclina a transcribir textualmente sus más importantes párrafos:

"Proceso por el asesinato (murder) de Richard Parker, en alta mar, perteneciente a la jurisdicción del Almirantazgo.

En el juicio ante Huddelston, B., en el Tribunal de Devon y Comwall Winte el 7 de noviembre de 1884, el jurado, ateniéndose a lo dicho por el juez instructor, sentó los hechos del caso en un veredicto especial en el que se establece . . (cuanto en resumen y antecede, consignado al relatar el hecho por nosotros, en un extracto muy amplio y en algunas de sus partes textual).

Lo que nos interesa transcribir es la decisión del "Tribunal del Banco de la Reina", que después de copiar a la letra el referido veredicto, dice: "Lord Coleridge, J. C. Queda por considerar el verdadero problema en este caso: si esa muerte, en las circunstancias establecidas en el veredicto, es o no es asesinato (murder)".

La única verdadera autoridad de los antiguos tiempos es Lord Bacon, que en su comentario a la máxima *necessitas inducit privilegium que iura privata,* formula la ley como sigue: 'La necesidad lleva, en sí misma, un privilegio. La necesidad es de tres clases: necesidad de conservación de la vida, necesidad de la obediencia, y necesidad de la obra de Dios o de un extraño. En primer término, conservación de la vida: si un hombre se apodera de alimentos para satisfacer su hambre presente, ésto no es delito ni hurto. Del mismo modo, si varias personas están en peligro de ahogarse por el naufragio de un bote o barca, y una de ellas logra sobrenadar en el agua agarrada a una tabla o al borde del bote, y otro, para salvar su vida, le desaloja de allí, y por tanto se ahoga, no puede decirse que sea se *defendendo* ni por desgracia (misadventure); pero sí es justificable el hecho'. Sobre este punto se ha de notar que la opinión de Lord Bacon, de que la sustracción para satisfacer el hambre, no es hurto, es difícilmente aceptable para Staundforde, a quien él cita al respecto, y está expresamente combatida por Lord Hale, en el pasaje acabado de citar. Y en orden a la opinión sobre la tabla o el bote, se dice que deriva del canonista. En todo caso, no cita autoridad alguna sobre el asunto y debe ser creído por sí mismo. Lord Bacon fue grande también como abogado; pero está permitido a hombres mucho mas modestos, confiando en razones y en la autoridad de otros iguales y hasta superiores a Lord Bacon como abogados, poner en duda la validez de su criterio. Se conciben varias situaciones en las cuales es posible que sea cierto; pero si Lord Bacon quiere decir, en la amplia proporción antedicha, que un hombre puede salvar su vida matando, si es necesario, a un inocente o inofensivo prójimo, no hay derecho ciertamente a ello, en el día presente. Nos hallamos ante un caso de homicidio privado, no ante uno impuesto al hombre en servicio de su soberano y en defensa de su país.

Ahora se trata de que el homicidio deliberado de un inofensivo e inerme muchacho, es claramente un asesinato, a no ser que la muerte esté justificada por algo bueno: eximente reconocida por la ley. Debe considerarse, además, que no habría en este caso semejante eximente, excepto si la muerte era justificada por lo que se ha llamado 'necesidad'. Pero la motivación del acto que aquí existe, jamás será lo que la ley ha llamado necesidad. Esto no debe lamentarse. Aunque ley y moralidad no son lo mismo, y muchas cosas que pueden ser inmorales no son necesariamente ilegales, el absoluto divorcio entre ley y moralidad seria de consecuencia fatal, y semejante divorcio se produciría si el motivo de matar en este caso fuera aceptado en absoluto por la ley. Esto no es así. Preservar nuestra vida es, generalmente hablando, un deber; pero puede ser el más puro y alto deber sacrificarla. La guerra está llena de ejemplos en que el deber del hombre no es de vivir sino de morir... No es preciso señalar el tremendo peligro de admitir el principio que ha sido afirmado antes ¿Quién sería juez de esta clase de necesidad? ¿Con qué medida se mediría el valor comparativo de las vidas? ¿Sera ésto justo, o inteligente o qué? Claro es que ese principio le permite aprovecharse para determinar la necesidad que le justificaría privar a otro de la vida para salvar la propia. En este caso, el más débil, el más joven, el menos resistente sería la víctima. ¿Es más necesario matar a éste que a uno de los hombres fuertes o adultos? La respuesta debe ser: NO".

Todavía hay otros párrafos en la sentencia —que no se ha recogido en el extracto que da Harno—, en los que se insiste que "por muy horrorosa que haya sido la situación de los acusados, y aunque sus sufrimientos fueran de tal naturaleza que les hicieran caer en la tentación, no está menos probado que mataron a un débil muchacho que no les atacaba, para nutrirse de su carne, ciertos de quitarle así toda posibilidad de salvarse". (Y se añade): "Pretender que este acto pudiera ser cosa diferente a un asesinato nos pareció a todos tan nuevo y extraño, que interrumpirnos al 'attomey' general su demostración negativa, para escuchar lo que se pudiera decir en apoyo de una opinión que nos parecía a la vez peligrosa, inmoral e incompatible con todos los principios y las analogías del Derecho". La sentencia (como hemos visto) reconoce que conservar la propia vida es, generalmente, un deber, pero afirma que, a veces, lo es el sacrificarla, agregando: "Sin mencionar los numerosos pasajes en que los autores griegos y romanos hablan con entusiasmo del deber de morir por los demás, es suficiente, en un país cristiano, acordarse del nombre del Salvador".

El fallo termina: "Por ésto, debemos declarar que la acción de los detenidos fue, en este caso, un asesinato premeditado, que los hechos, tal y como figuran en el veredicto, no constituyen justificación legal del homicidio; y debemos decir que, en nuestra unánime opinión, los detenidos son, conforme a este veredicto especial, culpables de asesinato. La Corte procedió a dictar sentencia de muerte contra los acusados."

II. EL DERECHO APLICABLE AL CASO[2]

Cualquier tribunal nacional o internacional aplica dos clases de Derechos: conscientemente Derecho positivo, consciente o inconscientemente Derecho Natural. No podemos en este lugar demostrar la última parte de nuestra afirmación.

En la esfera del Derecho Civil un tribunal no aplica sólo el Derecho de su propio país, sino también en su caso el ordenamiento jurídico de otras naciones. La situación es diferente en la órbita del Derecho Penal: una corte o procede con arreglo a las normas del Estado al que pertenece o se abstiene de juzgar según Derecho positivo. Tampoco esta proposición puede ser probada en esta oportunidad y debe ser tomada al fiado.

Por consiguiente, el problema previo con el que tropezamos, consiste en saber, si el tribunal al que el equipaje del yate se halla sometido, aplicará Derecho penal inglés o Derecho Natural.

1) *APLICABILIDAD DEL DERECHO PENAL INGLÉS.*

a) Teorías de la personalidad y de la territorialidad.

Dos doctrinas luchan por el derecho a delimitar la esfera competencia! del Derecho Penal: la de la personalidad y la de la territorialidad. Con arreglo a la primera el Derecho Penal de un país es aplicable a todos aquellos casos en los que intervienen personas que a él pertenecen, ora en función de autores (teoría de la personalidad activa), ora como víctimas (teoría de la personalidad pasiva). En virtud de la segunda el Derecho Penal de un país se aplica a cuantos delitos se perpetren en su territorio, no importa la nacionalidad de los culpables y de sus victimas.

La teoría básica ha de ser la tesis de la territorialidad. A su favor milita, en primer lugar, un argumento de índole práctica. Normalmente se descubre un delito en el lugar donde se ha cometido; y en él también ha de llevarse a efecto la parte principal de la prueba. Las autoridades que realizarán las primeras medidas de aseguramiento de prueba y que luego la llevarán a cabo, son, pues, las del lugar de su perpetración Como, por el otro lado, como ya vimos, cualquier autoridad no aplica sino su propia ley penal, el Derecho penal aplicado por las autoridades locales a fin de saber cuáles son los hechos cuya prueba interesa, es el del lugar de la perpetración del delito. En segundo lugar, interviene una consideración de justicia que reclama que no se castigue a nadie con más severidad que con la imperante en el lugar de la comisión del delito. Se trata de un caso especial del adagio general: "In dubio pro reo". Contra la teoría de la territorialidad se aduce sólo el caso de un delito cometido en un lugar en el que no rige ningún Derecho Penal positivo, p.ej. en una isla desierta que no pertenece a ningún Estado.

2 V. con respecto al problema yusfilosófico del Derecho aplicable a actos cometidos en un lugar no sometido a la soberanía de ningún país: Stammler, La génesis del Derecho (Espasa-Calpe, Madrid, 2* ed., 1936, trad. por W. Roces, ps. 20 a 24, 30 a 41).

He aquí precisamente una razón favorable a la doctrina de la personalidad[3] a los ojos de los positivistas. Por lo demás esta doctrina tropieza con numerosos inconvenientes, puesto que muchas veces intervienen en un delito, sea en el lado activo, sea en el pasivo, varias personas de diferente nacionalidad, amén de los supuestos de apátridas y de personas de múltiple nacionalidad.

b) Territorialidad del Derecho Penal Inglés.

El Derecho Inglés, como la mayoría de los Derechos, comulga con la tesis de la territorialidad del Derecho Penal. Hay que ver, pues, si el delito se ha cometido en territorio inglés.

a') Extensión del territorio a la flota mercante

Los barcos que lleven el pabellón de un País forman parte de su territorio, mientras que están en alta mar. Con razón se castiga por ello en el Derecho inglés severamente a quienes saquean o hurtan a barcos naufragados ("statute 26 Geo. II, c. 19")[4].

b') Carácter del bote de salvamento como pertenencia del barco y sus consecuencias

Ahora bien, en el caso de la Mignonnette el delito no es perpetrado en un barco que tenga derecho a obtener el pabellón inglés sino en un bote de salvación perteneciente a tal barco. La ficción de que un barco forma parte del territorio del País cuyo pabellón ostenta, no se puede hacer extensiva a los botes de salvación después de la pérdida del barco al que pertenecen o a los maderos y vigas que flotan en el agua después del naufragio del barco[5]. En efecto, el derecho de un barco a ostentar el pabellón de un País determinado supone su inscripción en un registro especial llevado normalmente por las Comandancias de Marina; y ésta inscripción a su vez depende del cumplimiento de numerosos requisitos referentes a medidas mínimas, tonelaje, nacionalidad de los propietarios, etc., llevando el barco, lograda la inscripción, papeles a bordo que hacen posible su identificación. Un bote de salvamento

3 El Derecho Penal alemán castigaba ciertos delitos cometidos por alemanes en el extranjero, si resultaban igualmente punibles en el lugar de su perpetración. La doctrina alemana mantenía la punibilidad de estos delitos, perpetrados en territorio "nullius", prescindiendo sencillamente del requisito mencionado (v. Frank, *Das Strafgesetzbuch für das Deutsche Reich*, ed. 17, Mohr, Tübingen. 1926, § 5, III, 3, p. 38; Mezger, Strafrecht, Duncker und Humblot, 1931, §7, II, 2. p. 59). Un decreto del 6 de mayo de 1940 extiende expresamente el Derecho Penal alemán a ciertos delitos cometidos en territorio "nullius" por extranjeros, y a todos delitos cometidos en cualquier lugar por alemanes (§§ 4, 3 *Strafgesetzbuch*).

4 V. Blackstone, *Comentaries on the Laws of England*. (ed. 15, London, Strahan, t. IV, 1809, cap. 17, p. 234).

5 En contra Schönke, *Strafgesetzbuch* (ed. 4ª Biederstein, München und Berlín, 1949, § 5, II, ps. 53): Si un buque está naufragando, el Derecho Penal alemán se aplica también al buque naufragado, a los botes de salvación y a los maderos. Así también Rietzsch (v. Schonke, 1. c.).

por sí solo no es inscribible y, como secuela, tampoco es identificable. Mientras que acompaña el barco, puede, como pertenencia del mismo, ostentar su pabellón; pero desconectado del barco, éste derecho desaparece. La nacionalidad de la aeronave no se extiende tampoco al paracaídas.

c') Resultado: Inaplicabilidad del Derecho Penal Inglés

Llegamos, pues, al resultado de que el delito cometido por Dudley, Stephens y Brookes no se ha perpetrado en territorio inglés, y que, por ende, el Derecho Penal inglés es inaplicable.

2) *APLICABILIDAD DEL DERECHO NATURAL.*

La inaplicabilidad del Derecho Penal inglés no significa la inaplicabilidad de todo Derecho. En defecto de un Derecho positivo aplicable, acudiremos al Derecho Natural, base de todo Derecho positivo. La buena doctrina inglesa siempre ha reconocido ésta situación. En este sentido leemos en Blackstone[6]: "It is clear, that the right of punishing crimes against the law of na ture, as murder and the like, is in a State of mere na ture vested in every individual. For it must be vested in Somebody; otherwise the laws of nature would be vain and fruitless, if none were empowered to put them in execution; and if that power is vested in any one, it must also be vested in all mankind; since all are by nature equal. Whereof the first murderer Cain was so sensible, that we find him expressing his apprehensions, that whoever should find him would slay him".

Un jurista que niegue la aplicación del Derecho Natural opinando que le basta el Derecho positivo, se asemeja al morador de una vivienda quien repudie respirar aire de fuera creyendo que vive del aire de dentro: ambos ignorarían que el Derecho Natural cual el aire de la naturaleza penetra en los espacios cerrados por todos los intersticios y que los moradores de aquellos no viven sino gracias a esta invasión continua e incontenible. El Derecho Positivo forma por encima del Derecho Natural una delgada capa de hielo. El Derecho Positivo es Derecho Natural congelado; el último aparece así que el primero se quiebre o se derrita.

También se puede afirmar que los que amparándose en el Derecho positivo niegan la existencia del Derecho Natural son como los que viviendo en casas edificadas, negaran la existencia de la arquitectura. Este símil nos da, a la vez, la diferencia entre Derecho positivo y Derecho Natural. El primero es algo hecho, aunque también una casa hecha requiere continuos esfuerzos de conservarla y readaptarla; el segundo es el conjunto de reglas que nos indican cómo un Derecho positivo debe ser hecho.

El Derecho Natural es imprescindible aún dentro del espacio sosegado de un Derecho positivo. Cada vez que se haga una nueva ley, sus autores han de acudir al Derecho Natural. Por el otro lado, las innumerables veces que la aplicación de una ley sea dudosa* los jueces en él han de inspirarse. La necesidad del Derecho Natural se impone aún «¡al más ciego en los supuestos en los

6 Blackstone, 1. c. cap. 1, p. 7.

que ningún Derecho positivo existe. Estos casos ocurren tanto si un Estado se disuelve, p. ej. en situaciones de anarquía, revoluciones, guerras civiles, etc., como en la hipótesis de un territorio a nadie sometido sobre el que se encuentran hombres por casualidad.

Este es el caso de la Mignonnette. Habremos de intentar, por consiguiente, resolverlo por medio de las reglas del Derecha Natural.

B) APLICACIÓN DEL DERECHO NATURAL AL CASO DE LA MIGNONNETTE.

La justicia consiste siempre en el reharto de bienes y males por determinadas personas entre otras personas con arreglo a ciertos criterios. En el caso de autos presenciamos dos repartos. En el primero el capitán y el piloto distribuyen vida y cuerpo del grumete entre ellos mismos y el marinero, alegando el criterio racional de que el grumete necesita su vida menos que ellos por no tener mujer e hijos, y repudiando el criterio no racional de echar la cuestión a suerte. El segundo reparto es efectuado por la justicia inglesa al castigar a dos de los sobrevivientes del naufragio y al absolver al tercero.

Nos toca, pues, averiguar la competencia de quienes reparten, la disponibilidad de bienes y males repartidos y la justicia de los criterios con arreglo a los cuales se reparte.

I. JUSTICIA O INJUSTICIA DEL SACRIFICIO DEL GRUMETE

1) *Competencia de quienes reparten.*

El problema consiste en saber quién o quiénes son competentés de gobernar la comunidad de los cuatro hombres asentada sobre la chalupa de la Mignonnette. Ni que decir tiene que atribuir competencia a alguien para el gobierno no implica aprobar sus decisiones. Quien no es competente y ejerce el mando, es un tirano de origen. Quien ejerce el mando malamente, es un tirano en ejercicio. En este momento no nos interesa sino saber, si el capitán y el piloto son o no tiranos de origen.

Dos tesis radicales chocan en este asunto: La de la supervivencia de la comunidad primitiva y la del surgimiento de una comunidad nueva.

TESIS DE LA SUPERVIVENCIA DE LA COMUNIDAD ORIGINARIA

a') Exposición

La tesis de la supervivencia afirma que la Mignonnette pertenecía como yate de matrícula inglesa que era, al Estado inglés. La organización de la comunidad del barco se había hecho en virtud del Derecho inglés. Había a bordo una determinada jerarquía que culminaba en el capitán, al que seguía el piloto, continuando con el marinero y terminando con el grumete. Esta organización sobrevive las peripecias del viaje e inclusive la desaparición del mismo yate. Ella prosigue, por ende, en el bote de salvamento. También en él el capitán sigue siendo capitán, el piloto piloto, el marinero marinero y el grumete grumete. El capitán conserva su autoridad de mando, lo que, como ya dijimos, no implica que cuanto mande, sea justo y legítimo.

Esta tesis es la que generalmente se acepta. Cito al efecto el caso de William Brown[7]: "Fué un navio que en 1841 se fue de Liverpool a América. Tocó en un bando de hielo y se hundió. El equipaje y 23 pasajeros se metieron en una chalupa. Pero como la mar estaba gruesa y la embarcación amenazaba sumergirse a causa del exceso de carga, el teniente Holmes arrojó, tranquilamente, dieciséis personas al mar. Al día siguiente un buque los salvó. Acusado ante la Audiencia de Filadelfia, Holmes fue declarado, por el jurado, culpable de homicidio sin premeditación, hecho castigado con pena de 5 años de prisión. En el fallo se dice que la necesidad no tiene ley, que dar muerte a un inocente en estado de necesidad ni siquiera es inmoral. Pero se le reprochaba no haber sacrificado a los marinos (excepto los precisos para la maniobra) antes' que a los pasajeros". Parece que la Audiencia de Filadelfia sostiene que el teniente Holmes conserva en la chalupa su poder de mando y que los marineros siguen siendo marineros con el deber de sacrificarse a fin de salvar a los pasajeros.

Una consecuencia de la supervivencia de la comunidad originaria sería la extensión de su Derecho a la situación actual gracias a la cual el capitán sigue siendo capitán, el piloto piloto y así consecutivamente. Con ello ya hemos dado a entender que no compartimos la tesis de la supervivencia, ya que, en caso contrario, no deberíamos haber rechazado antes la aplicación del Derecho Penal inglés. En efecto, así es. Pero mientras que antes bastaba invocar como fundamento de nuestro repudio la doctrina técnico-jurídica de la territorialidad del Derecho Penal, en esta ocasión es fuerza hacer uso de la doctrina yusfilosófica de los supuestos implícitos de todo Derecho positivo.

b') Crítica

Cada Derecho positivo rige solo mientras que la comunidad que organiza, subsiste. He aquí una ampliación de la llamada "clausula rebus sic stantibus". El Derecho penal supone, por ej. una sociedad en estado normal. Por este motivo el Código penal resulta inaplicable a los hechos cometidos en el curso de una guerra civil. En otro orden de ideas el Estado organiza la navegación. Precisamente por esta razón el Derecho del Estado organizador se aplica a las naves. Esta consideración es el fundamento de la ficción de que las naves constituyen territorio flotante del Estado. Pero esta organización supone la existencia del barco. Mientras que el barco se defiende contra la tempestad, la organización se mantiene. Por esta razón creemos que el teniente Holmes en el caso mencionado poco ha, debiera haber impedido el ingreso de los marineros en la chalupa; pero una vez dentro, las anteriores diferenciaciones desaparecen. Naufragado el barco, la comunidad se deshace. Dos náufragos agarrados a un madero no son ya capitán y marinero sino dos hombres en estado de necesidad. La cuestión es diferente en empresas organizadas precisamente para estados de emergencia. Un grupo que escala el Himalaya, una

7 V. Jiménez de Asúa, 1. c. t. IV, núm. 1358, p. 361.

expedición al Polo Norte, tropas durante una guerra conservan su organización y jerarquía[8].

Con ello llegamos a una precisión de lo que antes sostuvimos: En un territorio no sometido a nadie puede aplicarse un Derecho positivo, si en él se encuentra un grupo de personas pertenecientes a un Estado determinado que cumplen en él una misión específica; poro si las personas se han congregado allí por casualidad, el Derecho aplicable es el Derecho Natural.

La idea de que en situación de anormalidad las jerarquías desaparecen y vuelve a surgir la igualdad primitiva, posee, de cierto ; modo, un antecedente en la doctrina de Covarrubias[9] y de Hugo Grocio[10] de que en la necesidad la propiedad particular desaparece a favor de la propiedad común primitiva. "Como lo natural es la propiedad común, es de suponer que la particular se aparta lo menos posible de la equidad natural. De ahí se sigue que en la necesidad gravísima revive aquel primitivo derecho de usar de las cosas como si quedasen comunes. De ahí aquello, que, si en una travesía por mar se acabasen los víveres, deben distribuirse en común, los que coda uno llevó"[11]. Al igual a que en el caso de Grocio la necesidad requiere la comunidad de bienes no pudiendo tolerarse que algunos monopolicen cosas a todos imprescindibles, en el supuesto de la Mignonnette la necesidad exige que el poder resida en todos no siendo posible que uno retenga la autoridad mediante la cual puede disponer en su propio interés de la vida de los demás.

De lo que antecede síguese que sí se podría defender la tesis de la .supervivencia para los asuntos meramente náuticos, p.ej. para la conducción del bote de salvamento, puesto que en esta materia no se puede sostener un cambio de la situación anterior tan radical que haga inaplicable la estructura establecida de la organización.

TESIS DEL SURGIMIENTO DE UNA NUEVA COMUNIDAD

a') Tipo de comunidad al que el grupo de náufragos pertenece

Estamos, por tanto, en presencia de una nueva comunidad. Sin entrar en dilatadas disquisiciones de qué tipo de comunidad se trata, salía a la vísta que no nos encontramos con una sociedad perfecta sino con una sociedad

8 Desde el punto de vista existencialista podríamos decir que las conductas de los náufragos crean un nuevo espacio jurídico (v. Carnelli, Tiempo y Derecho, Abeledo, Buenos Aires, 1952, ps. 105 a 120). Los náufragos no son equiparables a un gobierno en exilio (v. Mattern, Die Exüregierung, Mohr, Tübingen, 1953), puesto que en este último supuesto existe la esperanza razonable de recuperar el territorio.

9 1512 a 1577 (cap. Peccatum, II, 1, núm. 3), (cita según Pufendorf, De ture Naturae et Gentium, libri octo), (English translation of the edition of 1688, Oxford, Clarendon Press, 1934, Libro II, cap. 6, p. 306).

10 *Del Derecho de guerra y de la paz* (trad. de Jaime Torrubiano Ripoll, Reus, Madrid, t. I, 1925, Libro II, cap. 2, VI a VIII, ps. 292 a 295).

11 La propiedad privada es, sin embargo, también claramente conforme a la naturaleza (v. S. S. León XIII. en la Encíclica Rerum Novarum del 15 de mayo de 1891, números 16 y ss.).

imperfecta[12]. La primera es la sociedad estatal. La última se caracteriza negativamente por "non sibi sufficiens ad viíain transigeiidam" (Suárez).

Dentro del grupo de las comunidades imperfectas procede una sub-división en cuanto a su origen y otra con respecto a su funcionamiento. Desde el primer punto de vista encontramos comunidades necesarias, como p.ej. la familia, y comunidades contingentes. El grupo de náufragos en el bote de salvamento constituye indudablemente una comunidad contingente, una verdadera "communio incidens", producida por hechos casuales ajenos a la naturaleza forzosa de las cosas. En lo que atañe al funcionamiento, la comunidad imperfecta puede ser dependiente o independíente. No causará asombro que, siendo una comunidad imperfecta, normalmente resulte dependiente. La familia se halla p.ej. incorporada, al Estado. Sin embargo, aunque la comunidad imperfecta necesita siempre la ayuda de una comunidad perfecta, no siempre la tiene. Por esta razón puede haber comunidades imperfectas que transitoriamente más bien padecen que disfrutan de una independencia. He aquí el caso de nuestra comunidad de náufragos.

b') Reglas que se le aplican en cuanto a sil gobierno

La independencia de la comunidad de náufragos, lejos de ser perfección habida cuenta de que es causa del horripilante sacrificio del grumete, justifica, no obstante, que le apliquemos ciertas reglas correspondientes a*las comunidades perfectas. Sobre todo hemos de echar mano de la doctrina referente a la soberanía del pueblo. Tanto en las comunidades perfectas como en las imperfectas independientes el poder reside originariamente en todos y cada uno de los miembros de la comunidad. Tal es de consuno la doctrina escolástica[13] y la tesis de la democracia moderna[14], sin que haga falta acudir al pacto como origen histórico e idea justificativa del Estado. Por el otro costado, la semejanza entre la comunidad perfecta y la comunidad imperfecta, contingente e independiente en cuanto a la independencia en un momento dado, no nos debe engañar sobre la existencia de profundas diferencias estructurales en lo que atañe a su cohesión: la primera es estable por ser perfecta, la segunda es inestable por ser imperfecta y contingente. Por esta razón la comunidad de los náufragos no se endereza hacia un bien común (con arreglo a una terminología objetiva o una filosofía escolástica) ni tampoco está animada por una voluntad general (en virtud de una terminología subjetiva o la filosofía de

12 V. sobre ésta distinciones ontológicas de cuño aristotélico-tomista el libro de Heinrich Rommen, La teoría del Estado y de la comunidad internacional en Francisco Suárez (en "Colección de Obras Maestras de Derecho Internacional", vol. 1, Facultad de Derecho y Ciencias Sociales de Buenos Aires e Instituto Francisco de Vitoria de Madrid, 1951? Parte Fundamental, Sección segunda, los primeros dos capítulos, ps. 137 y ss.).

13 Santo Tomás (Summa Theologica, Ia IIae, qu. 90, art. 3, respondeo): "Respondeo dicendum quod le propie primo et principaliter respicit ordinem ad bonum commune, ordinare autem alíquid ni bonum commune est vel totius multitudinis, vel alicuius gerentis vicein totius multitudinis, et ideo condere legem vel pertinet ad totam rnultitiidmem, vel pertinet ad personam publicam, quae totius multitudinis curam habet, quia et in ómnibus aliis ordinare in finem est eius, cuius est propius ille finís".

14 La legislación corresponde a la voluntad general (Rousseau, El contrato social, II, 6).

Rousseau); en ella no existen sino bienes particulares, voluntades particulares y sus sumas: totalidad de los bienes y la voluntad de todos. Las consecuencias de esta afirmación son muy importantes: Cualquier resolución requiere unanimidad; la mayoría de voluntades no prevalece sobre la minoría porque no es indicio de apetecer el bien común y de constituir, por ende, la voluntad general. Llegamos luego a otro corolario de nuestro aserto consistente en que ningún peligro amenaza a la comunidad contingente como tal, sino que sólo afecta a cada uno de sus miembros aisladamente a diferencia de lo que ocurre con respecto a la comunidad perfecta y también con la comunidad imperfecta necesaria sobre las cuales puede cernirse un peligro común.

2) *Bienes y males repartibles.*

Una vez aclarado el problema de la autoridad competente, hemos de averiguar qué es lo que ella reparte.

Todo reparto realizado por la justicia distribuye bienes y males. Veremos, pues, cuáles son los bienes y los males adjudicados en el caso de la Mignonnette.

a) Bienes repartidos

Un análisis del bien nos muestra que su estructura consiste siempre en una relación de medio a fin. En efecto, ninguna cosa es un bien aisladamente considerado (adiáforon). Todo depende del fin para el cual uno la tiene. Un trozo de oro no es un bien en sí; pero puede ser medio para lograr adorno de la propia persona o para adquirir otra cosa deseada. No nos toca en esta oportunidad cuestionar ¿cómo será posible cortar el "regressus ad infinitum" que se vislumbra por poca perspicacia que se tenga? ni analizar el concepto del bien supremo que desempeña este papel. Hemos de preguntarnos, por consiguiente, cuáles son en nuestro caso los fines y cuáles los medios.

a') Fines

Parece a primera vista que el fin enfocado por el capitán y el piloto y al cual más tarde se adhiere el marinero, es el de salvar sus vidas. Pero este fin no recibe una forma concreta sino con respecto al peligro que les amenaza. Este peligro consiste en una muerte por inanición a causa de su abandono en alta mar. Este peligro no puede ser conjurado por la matanza y el engullimiento del grumete, puesto que estos actos sólo lo alejan. La verdadera finalidad de la conducta de los acusados consiste, por tanto, en un alejamiento o en una disminución del peligro de la muerte por inanición. Por regla general, y así también en nuestro caso, no nos enteramos sino de los supuestos en los que el sacrificio es coronado por el éxito. Pero en otros muchos, el peligro pasajeramente alejado, se cierre de nuevo sobre los protagonistas que en él perecen. Mencionamos el Canto XXXIII del Infierno de la "Divina Comedia" de Dante en el que el poeta nos narra la suerte del Conge Ugolino, que, puesto preso con sus hijos en una torre en Pisa por sus adversarios políticos, es abandonado al hambre. Sus hijos, antes de morir, le ofrecen sus cuerpos:

"Padre, menor será nuestra congoja
si comes nuestra carne; tú la hicistes:
lo que has vestido tú, tú lo despoja".

En efecto, Ugolino, rodeado de los cadáveres de sus hijos, resistiendo varios días, al final sucumbe a la truculenta tentación:

"Yo, dos más los llamé, ya ciego y mudo,
de uno en otro palpando sus despojos: luego...
más que el dolor el hambre pudo"[15]

El problema es diferente en el caso ya mencionado del teniente Holmes. En este caso el peligro consistía en el hundimiento de la chalupa por el excesivo peso que llevaba; y este peligro fue totalmente eliminado por medio del ahogamiento de 16 personas.

b') Medios

Es cierto que el medio al que los acusados acuden es el único que está a su alcance; en otras palabras: es el único que ellos pueden realizar espontáneamente. Pero ello no quiere decir que este medio sea el único que puede realizarse. Sabemos que ya en otra ocasión los náufragos habían encontrado una tortuga y habían recogido un poco de lluvia. Estos acontecimientos podrían haberse repetido. También podría haber llegado el barco tan ansiado por todos ellos.

De nuevo nos sirve el caso del barco "William Brown" y del teniente Holmes para enseñamos una situación bien diferente. La chalupa sobrecargada no pudo ser salvada sino a costa de la vida de algunos de los náufragos.

B) MALES REPARTIDOS

Siendo la estructura del bien teleológica, es de sospechar que también lo sea la del mal. Pero la diferencia general entre bien y mal provoca otra en este orden de ideas: el fin del bien es propuesto, el del mal impuesto. El mal devuelve la oración del bien por la pasiva.

a') Fines

El fin que el capitán y sus cómplices imponen al mal que producen al grumete consiste en que aleje para ellos el peligro de inanición en que se encuentran.

b') Medios

Los medios impuestos, al grumete para lograr este propósito son dos: dar la vida, y luego dar el cuerpo para que sirva de alimento a los demás. El sacri-

15 Cito según la traducción de Juan de la Pezuela, Conde de Cheste, Barcelona. Viuda de Luis Tasso, t. I, 1868, ps. 298, 299.

ficio de la vida es solo preparatorio para el empleo del cuerpo como alimento. Precisamente por esta razón, el delito cometido por los acusados no es un homicidio sino un acto de canibalismo.

Conviene dedicar algunas palabras al canibalismo, puesto que dogmáticamente ha sido apenas estudiado por haber desaparecido prácticamente de la vida de los pueblos civilizados al constituirse la ciencia dogmática del Derecho Penal y al elaborarse sus codificaciones. Precisamente por esta razón el enjuiciamiento del caso de la Mignonnette difiere considerablemente según que nos atengamos a un Drecho Penal positivo o al Derecho Natural.

a") Clases de canibalismo en atención a sus móviles.

El canibalismo puede practicarse por tradición, sea por motivos religiosos, sea por razones de alimentación.

Desde otro ángulo visual podemos hablar de un canibalismo erótico. Hallamos una descripción magistral del mismo en la obra "Penthesilea" de Kleist[16]. Transcribo, en lo que sigue, los pasajes más característicos:

22, Auftritt.
Die Amazone: Penthesilea,
Sie liegt, den grimm'gen Hunden beigesellt,
Sie, die ein Menschenschooss gebar, und reisst—
Die Glieder des Achills reisst sie in Stücken
Penthesilea:
—So war es ein Versehen. Küsse, Bisse,
Das reimt sic.h, und wer recht von Herzen liebt,
Kann schon das eine für das andre greifen.
Du Aermster aller Menschen, du vergiebst mir!
Ich habe mich, bei Diana! bloss vers pro chen,
Weil ich der raschen Lippe Herr nicht bin;
Doch jetzt sag ich dir deutiich, wie ichs meinte:
Diess: du Geliebter, wars, und weiter Nichts.
(Sie küsst ihn)[17].

---

16 En la "Etiopeida" de Aretino de Mileto se relata la lucha de Aquiles contra Pentesilea, reina de las Amazonas. Aquiles la mata, aunque está enamorado de ella. Kleist cambia el argumento y hace que Pentesilea mate a Aquiles (que, bien es cierto, antes la había vencido, y, en realidad, se deja vencer creyendo que Pentesilea así se le iba a entregar) en una mezcla de amor, despecho, soberbia y locura.

17 Escena 22.
La amazona: Pentesilea,
Yace, al lado de feroces mastines,
A pesar de llevar semblante humano,
Y despedaza a Mordiscos los miembros de Aquiles.
Pentesilea:
—Fué una equivocación. Mordiscos y "besiscos"
Se riman, y quien ama de corazón Puede tomar lo uno en lugar de lo otro.
¡Perdóname, més pobre de todos los mortales!
No me salió, ¡o Diana!, la palabra justa,
Por no ser dueña de mi veloz boca.

En último lugar cabe hablar de un canibalismo famélico o sea de un acto de canibalismo realizado a causa del hambre. Se desprende, pues, de lo que antecede que no todo canibalismo es famélico. Por la otra vertiente, téngase en cuenta que no todo homicidio famélico constituye un acto de canibalismo En otros casos de extrema necesidad personas hambrientas matan a sus compañeros de desgracia, no para comerlos sino a fin de evitar que ellos coman parte de los alimentos insuficientes para la totalidad de los necesitados.

Así ocurrió en el caso Medusa[18] "Hubo un naufragio en 1816. De los 28 náufragos sólo 15 podrían resistir unos días más. Los demás estaban llenos de heridas y habían perdido la razón totalmente. Sin embargo, tomaban parte en las distribuciones y podrían antes de morir consumir 40 botellas de vino. Hubo consejo: poner los enfermos a media ración, era acelerar su muerte; dejarlos sin víveres, era dársela inmediatamente. Después de una larga deliberación se decidió que se les arrojaría al mar. Así se hizo. Se proporcionaba a los supervivientes seis días de vida. El sacrificio salvó a los quince que quedaron. No fueron sometidos a la justicia". Como es sabido aplicó el Tercer Reich durante la Segunda Guerra Mundial este método en medida gigantesca, matando en los establecimientos de enajenados a todos los enfermos a fin de ahorrar raciones alimenticias (la llamada "Anstaltstotung")[19].

b") Formas de cometer actos de canibalismo.

El canibalismo como extrema necesidad siempre ha sido considerado como un acto espantoso. Moisés amenaza con el canibalismo en son de maldición (Libro V, Deuteronomio, cap. 28, Vers. 63). El canibalismo figura en las Lamentaciones de Jeremías (cap. 2, vers. 20; cap. 4, vers. 10) En el Segundo Libro de los Reyes (cap. 6, vers. 28, 29), por último, nos narran que durante el sitio de Samaría por los sirios dos mujeres estipularon comer un día el hijo de una y el próximo el de la otra; pero después de haber cumplido la primera madre, la segunda escondió a su hijo.

El delito del canibalismo puede ser perpetrado por un solo acto consistente en que el delincuente engulle a su víctima viva o por medio de dos de los cuales el primero se reduce a matar a la víctima con el propósito de comérsela, mientras que el segundo es constituido por el engullimiento de la víctima muerta. En ambos supuestos nos encontramos con un delito auténtico de antropofagia. La situación es diferente si una persona se nutre de otra muerta que no ha sido matada con este fin. He aquí la hipótesis de la necrofagia con la que tropezamos por ejemplo en el caso del conde Ugolino.

Pero ahora te aclararé lo que decir quería:
Fué eso, amado y nada más que eso.
(Le besa).

18 V. Jiménez de Asúa, 1. c. IV, número 1358, p. 361.

19 Asúa (1. c. t. IV, número 1358, p. 363) alude a estas prácticas.

c") Consecuencias.

El tribunal inglés, encerrado en el duro caparazón del Derecho Penal Inglés positivo, sostiene que el delito cometido es un delito de homicidio. Esta concepción es de suma importancia para el enjuiciamiento del marinero. En efecto, si se tratara de un homicidio, el marinero no sería coautor sino a lo sumo encubridor, prescindiendo de la posibilidad de que fuere coautor de otro delito posterior de profanación de cadáveres. Pero como en realidad se trata de un delito de canibalismo, aunque no consiente el primer acto en el momento de realizarse, sí participa en el segundo con lo cual ratifica tácitamente el primero y resulta coautor de la totalidad del delito de canibalismo[20]. Por idéntica razón el marinero no comete un delito de necrofagia sino que es, lo repetimos, coautor del delito de canibalismo.

c) DISPONIBILIDAD DE BIENES Y MALES

No cabe duda alguna de que el alejamiento del peligro de la inanición es un bien absolutamente lícito. Si el mal hubiere consistido en el sacrificio de la vida, tampoco habría dudas de la disponibilidad de este mal, sin que con ello lo hubiéramos justificado en un caso concreto. En efecto, la vida es sacrificada en muchas ocasiones: en la guerra, en actos de servicio policiales, en la pena de muerte, etc. Él aspecto cambia tratándose de actos de canibalismo. ¿No cabría sostener que tales actos nunca y en ninguna circunstancia resultan tolerables? Desde el punto de vista del Derecho Natural Teológico[21] se puede llegar a la absoluta prohibición del canibalismo por destruir el cuerpo y obstar de esta suerte a la resurrección de la carne. Desde el ángulo visual del Derecho Natural Social no se puede sostener que el empleo del cuerpo del prójimo de alimento es más grave que la destrucción de su vida[22].

---

20 V. Blackstone, 1. c. Book IV, chapíer 3, I, p. 34 sobre la distinción entre autor de primer y de segundo grado. "A principal, in the first degree, is he that is the actor, or absolute perpetrator of crime: and, in the second degree, he is -who is present, aiding, and abetting the fact to be done", 1. c. II, 3, ps. 37, 38, Blackstone analiza el "accesory after the fací", "where a person, knowing a felony to have been committed, receives, relieves, comforts or assists the felón".

21 Sobre la diferencia entre Derecho Natural Teológico y Social ver nuestro estudio: "Problemas de justicia en Medida por Medida de Shakespeare", en "Revista de Estudios Políticos", t. 72, ps. 8, 9.

22 La pena capital no pertenece a este orden de ideas, si se comulga con una teoría absoluta de las penas, puesto que en tal supuesto no se trata de sacrificar la vida de una persona en provecho de otras sino, al revés, de dignificar al culpable. En esta hipótesis la pena es un bien. La pena es un mal aún en la nueva doctrina de U. Stock, Die Strafe ais Lsistung (en "Armales Universitatis Saraviensis", t. I, núm. 2, 1952, ps. 97 a 110) que afirma que la producción de dolor no es esencial a la misma y que lo que sí lo es, es la realización de una actividad social útil y compensatoria del daño producido por el delito. En efecto, el mal consiste en la imposición del deber de realizar esta actividad, en el "aumento de deberes" (Sauer) por el que la pena se caracteriza en dicha concepción. Stock admite, por lo demás, que su teoría fracasa con respecto a la pena capital o, al revés, que la pena capital se estrella contra su tesis. La pena capital entra, en cambio, en nuestro panorama si seguimos a

3) *CRITERIOS DEL REPARTO.*

Después de haber examinado quiénes reparten y qué es lo que reparten, nos toca investigar cómo reparten Aunque ya sabemos que los sobrevivientes son tiranos de origen, por no haber tenido derecho a proceder sin el consentimiento real o presunto del grumete, nos queda aún por saber si también son o no tiranos en ejercicio. A este efecto, hay que cuestionar, primero, si el sacrificio de una persona era justificado, y, segundo, si era justo sacrificar precisamente al grumete.

JUSTIFICACIÓN DEL SACRIFICIO DE UNA PERSONA CUALQUIERA

a') En general: Teoría del valor preponderante

La única causa de justificación discutible es en nuestro caso la que reside en la necesidad de los náufragos. Ahora bien, la necesidad, aunque a veces excusa, no siempre justifica la conducta necesaria. La justificación supone que el valor del bien que se salva sea superior al valor del bien que se sacrifica o sea del mal que se supone necesario infligir. El caso clásico en que se salvan bienes de valor superior a costa de bienes de valor inferior es la avería gruesa de antiquísima tradición (Lex Rhodia de jactu; Consulado del Mar), la cual abarca todos los daños y gastos que se causen deliberadamente para salvar el buque, su cargamento, o ambas cosas a la vez, de un riesgo conocido y efectivo. El supuesto típico én el que se salva la vida a costa de bienes es el llamado hurto famélico: una persona en peligro de morir de hambre, puede tomar alimentos sin la voluntad de sus dueños; y, siendo ello así, también los puede tomar contra esta voluntad, con lo cual se llega a la justificación del robo famélico[23]. En la hipótesis de la avería gruesa se trata realmente de comparación de valores y precios; en el hurto famélico postulamos, en cambio, la falta de valor de cualquier bien en comparación con la vida humana, base imprescindible de todas las valoraciones económicas.

Lo que en el caso de la Mignonnette nos interesa saber es, si el sacrificio de una vida es justificado, si este sacrificio salva varias vidas humanas, descuidando en este momento el hecho, antes puesto de relieve, de que la auténtica finalidad del sacrificio de la vida del grumete no consistía en la salvación de

---

las teorías relativas de la pena, ya que en este supuesto la pena es un mal que se impone a fin de hacer un bien a otras personas.

23 Blackstone (1. c. Book IV, chapter 2nd., VI, 4, ps. 31,32) niega por lo menos para Inglaterra la necesidad, y con ello la impunidad, del hurto famélico. Los necesitados son asistidos "by the power of the civil magistrate". Por este motivo rechaza Blackstone la doctrina que atribuye a Grocio y a Pufendorf de la vuelta a la comunidad de bienes. En realidad, Pufendorf (1. c., ps. 304, 305: Libro II, cap. 6, 6) rechaza la doctrina de Grocio y enseña que En hombre pudiente está constreñido por una obligación imperfecta de socorrer a una persona que sin culpa propia se encuentra en un estado de necesidad. Pufendorf desea eliminar el caso de necesidad culpable, quiere permitir al dueño de los medios de hacer mérito de cumplir voluntariamente con su deber, y anhela también obligar al necesitado a restituir los bienes recibidos. Hegel (*Grundlinien der Philosophie des Reckts*, § 127) admite la necesidad como eximente del hurto, puesto que en caso contrario se llegaría a la negación de la libertad.

la vida de los inmoladores sino en el mero alejamiento de la inanición por algunos días y en el correlativo aumento de probabilidad de una salvación definitiva. En otras palabras: ¿Es posible mantener que x vidas valen más que x-1 vidas ?[24] No se puede negar que desde determinados puntos de vista un número mayor de personas vale más que un número menor por el mero hecho de la superioridad numérica. Así p.ej. desde el punto de vista del valor combativo un ejército numeroso vale más, en igualdad de condiciones, que un ejército pequeño; desde el punto de vista del poderío económico e industrial una población de cuarenta millones vale más, en igualdad de condiciones, que una de veinte; desde el punto de vista de acertar en una investigación el refrán afirma que "cuatro ojos ven más que dos". Pero estando en tela de juicio el sacrificio de la vida, no nos incumbe fijar su utilidad desde un punto de vista relativo, sino determinar su valor en forma absoluta. Ahora bien, la valoración absoluta de algo supone su fungibilidad, puesto que sólo en este supuesto el bien sacrificado es sustituible por su valor. Inclusive en el reino de las cosas hallamos bienes no fungibles, como la Venus de Milo, la Olimpia de Manet y que, por ende, no pueden ser evaluados de modo absoluto. Con mayor razón se oponen a tal empresa las vidas humanas. Varias vidas humanas no valen más que una; y una vida humana determinada no vale menos que otra. Las vidas humanas son inconmensurables. Precisamente por esta razón protesta Goethe (Conversación con Eckerman del 28 de marzo de 1827) contra el argumento de Antígona, tomado por Sófocles de Herodoto (III, 119), de que el hermano vale más que el marido o el hijo, puesto que los últimos dos son sustituibles, mientras que el primero no lo es después de la muerte de los padres.

b') Su inaplicabilidad al conflicto de vidas humanas

Sin embargo, hay casos que poseen indudable valor convincente, en los que algunos son sacrificados a favor de la población. ¿No era licito sacrificar en el estrecho de los Termopilas (480 a J. C.) en la guerra contra los persas a los 300 espartanos bajo el mando de Leónidas? Pero la contradicción con nuestra tesis de la inconmensurabilidad de las vidas humanas es solo aparente. En los supuestos mencionados la justificación del sacrificio no se deriva de una comparación numérica de los sacrificados y de las personas a salvar, sino de la naturaleza de la comunidad perfecta. Si un peligro amenaza a una comunidad perfecta como tal, la comunidad amenazada organiza su defensa; y la organización de la defensa puede exponer a partes de ella al peligro y cobijar del mismo a otras. Una guerra amenaza a toda la comunidad y toda la comunidad se defiende según las instrucciones de los que tienen el mando sobre ella. No se sacrifica a algunos para salvar a otros sino que la misma comunidad se sacrifica sacrificando a partes suyas.

---

24 He aquí el principio "farisáico" (Kant, *Metaphysische Anfangsgründe der Rechtslehre,* Akad. Ausg., ps. 331, 332) de Caifás de que nos conviene que tm hombre muera por ei pueblo y no que toda la nación se pierda (Ev. de San Juan, 11,50 y 18, 14).

c') Explicación de casos aparentemente contrarios

En una "communio incidens" no se puede dar esta situación. Con respecto a ella el peligro nunca la amenaza como tal sino que ataca a cada uno de sus miembros aisladamente. Ello es así no sólo en los casos en los cuales el peligro afecta realmente a cada cual con independencia de sus compañeros —el hambre a los náufragos, si no hay víveres de ninguna clase; los lobos que persiguen el trineo—, sino también, si el peligro es inherente a la acumulación, como p.ej. en el caso del bote con exceso de tripulación, los náufragos con víveres insuficientes dado su número, etc.

d') Estado de necesidad como causa de excusación

Llegamos, pues, al resultado de que el sacrificio del grumete no resulta justificado a fuer de necesidad. Otra cosa diferente es si el sacrificio es excusado de suerte que no procede el castigo de los acusados. Una doctrina moderna, llamada "la teoría diferencial del estado de necesidad"[25], distingue, en efecto, entre el estado de necesidad como causa de justificación, caso que supone la salvación de un bien de valor superior a costa de un bien de valor inferior, y el estado de necesidad como causa de excusación, hipótesis que implica la presión de un móvil irresistible y cuya realización clásica se da en el caso de la tabla del Carnéades o sea del madero al que dos náufragos se agarran y que, no obstante, sólo soporta a uno de ellos. En realidad, esta doctrina de la diferenciación del estado de necesidad ha sido vislumbrada con frecuencia)[26]. Volveremos sobre ella al examinar la justicia del castigo de los acusados. En este lugar nos basta con negar la justicia del sacrificio del grumete.

---

25 V. p.ej. Mezger, 1. c. § 31, ps. 231 y ss.

26 Pufendorf (1. c. Libro II, capítulo 6, 7, ps. 306, 307) menciona la doctrina de Antonio Matthaeus (Digest., 47, i, 7) que sostuvo que en el caso de necesidad se perpetraba el delito, pero que no era justo castigar al delincuente. Aunque la crítica de Pufendorf es acertada con respecto a los detalles de dicha doctrina, no se puede negar que en su fondo palpita una distinción muy razonable. Comp. luego Blackstone (1. c. Book IV, chapter 14, II, 2, p. 185): "there is one species of homicide 'se deíendendo', where the party slain is equally innocent as he who occasions his death and yet this homicide is also excusable from the great universal principie of self-preservation, which prompts every man to save his own life preferable to that of another, where one of them must inevitably perish. As, among others, in the case mentioned by Lord Bacon, where two persons, being shipwrecked, and getting on the same plank, but finding it not able to save them both, one of them thrusts the other from it, whereby he is drowned. He who tlius preserves his own life at the expense of another mans is excusable through unavoidable necessity, and the principie of selidefence: since their both remaining on the same weak plank is a mutual, thougli innocent attempt upon, and an endangering of, each other's life".

V. finalmente Kant, Die Metaphysik der Sitten, Erster Teil, Einleitung in die Rechtslclire, Anhang, II: "Also ist die Tat der gewalttatigen Selbsterhaltung nicht etwa ais unstraflich (inculpabile), sondern nur ais unstrafbar (impunible) zu beurteilen, und diese subjektive Straflosigkeit wird durch eine wunderliche Verwechslung von den Rechtslehrern für eine objektive (Gesetzmassigkeit) gehalten".

B) JUSTIFICACIÓN DEL SACRIFICIO DE UNA PERSONA DETERMINADA

Aunque hemos negado la justicia del sacrificio de una persona en el caso de la Mignonnette, no carece de importancia investigar la justicia de la elección del grumete como objeto de la inmolación, puesto que la cantidad y la calidad de las injusticias cometidas repercute sobre la determinación de la pena.

Los inmoladores escogen al grumete porque no tiene mujer e hijos a sostener. ¿Justifica esta razón la elección del grumete como víctima del sacrificio? Por regla general el reparto justiciero[27], conforme a la naturaleza racional del hombre, procede con arreglo a razones. Pero hay ciertos supuestos en los cuales la justicia distributiva ha de atenerse a la sinrazón y debe acudir al sorteo. Un primer grupo abarca aquellos casos en los cuales no existe ninguna razón pronunciadamente preponderante a favor de alguna de las diversas posibilidades (p.ej. echar a suerte el tema que el alumno en un examen habrá de desarrollar). En un segundo grupo de casos no se puede negar la existencia de razones; lo que pasa es que las autoridades encargadas a repartir bienes y males resultan incapaces por consideraciones meramente técnicas de examinarlas (p.ej. sorteo de ciudadanos para el servicio militar). En un último conjunto de supuestos no sólo existen razones sino que también se da la posibilidad práctica de analizarlas; mas lo que falta es un juez que no sea a la par protagonista y por ende parte en el suceso. El caso de la Mignonnette pertenece a este último grupo. Ninguno de los náufragos es apto para sopesar las razones. Por consiguiente, deben acudir al sorteo como criterio no racional, pero sí razonable de individualizar a la víctima. En otros casos análogos los náufragos escogieron, con seguro tacto jurídico, este proceder. Hacia 1640 siete marineros ingleses de la isla Saint Christophe fueron sorprendidos por mía tempestad y estuvieron errantes 17 días sobre el Océano Indico antes de poder reconquistar la tierra. Uno de ellos propuso echar a suertes quién debía ser comido, y le tocó a él mismo. Los otros seis le estrangularon y se nutrieron de su cuerpo. Fueron absueltos en vista de la necesidad[28].

II. JUSTICIA O INJUSTICIA DEL CASTIGO DE LOS INMOLADORES

Como el sacrificio del grumete no resulta justo, hemos de enfrentarnos con el problema del castigo de los inmoladores.

A este efecto conviene resumir las diferentes infracciones en las que han incurrido. En primer lugar, el capitán y el piloto no tenían autoridad alguna para resolver sobre la vida y muerte de los náufragos. En segundo lugar, el sacrificio no se hace para salvarlos de un peligro de muerte sino meramente para alejar este peligro. En tercer lugar, el sacrificio no es el único medio (aunque sí constituye el único medio por ellos realizable) para tal alejamiento. En cuarto lugar, en la situación de "communio íncidens" en la que se encuentran, no se justifica matar a uno a fin de salvar a varios. En quinto y último lugar, el método de designar al grumete como víctima, es vicioso, puesto que ninguno de los náufragos es juez idóneo en esta controversia. Aunque los autores de

27 Véase a lo siguiente nuestro estudio Justicia y suerte, en "Sarmiento", Tucumán, III, número 30, junio de 1954, ps. 1 a 4.

28 V. Jiménez de Asúa, I. c. t. IV, núm. 1375, p. 429.

las cinco infracciones son el capitán y el piloto, como se trata de un delito de canibalismo que se ejecuta mientras que se emplea a la víctima de alimento, también el marinero participa en él, si bien con menos gravedad que los demás.

Habiendo, pues, actos de indudable justicia, tócanos analizar el problema de si es justo castigar a los inmoladores, puesto que no todo acto de injusticia se castiga criminalmente.

Se colige de lo dicho una diferencia entre la sistemática del Derecho Penal en el Derecho Positivo y en el Derecho Natural. El Derecho Positivo establece qué conductas son punibles. Por esta razón se puede constituir el concepto de la conducta punible que comprende la suma de los requisitos de la punibilidad de una conducta, como p.ej. antijuricidad, ausencia de causas de justificación, culpabilidad, ausencia de causas de excusación, etc. El Derecho Natural, al contrario, no posee un concepto determinado de la conducta punible, puesto que el mismo siempre depende en parte de circunstancias contingentes. Por consiguiente, el Derecho Natural examinará, en primer lugar, la justicia de la conducta acriminada; y luego, en segundo lugar, caso que ella resultare injusta, la justicia de su castigo. De este modo emigran algunas de las cualidades que el Derecho Positivo incluye en el concepto del crimen al problema de la justicia del castigo, como p.ej. la existencia y la ausencia de causas de excusación, ya que, en efecto, su existencia no elimina la injusticia de la conducta, pero sí la justicia de su castigo. Lo contingente del Derecho Positivo aparece en la característica de la tipicidad de la conducta.

1) AUTORIDAD COMPETENTE.

Los jueces ingleses son competentes para enjuiciar el caso, habida cuenta de los numerosos contactos que el mismo tiene en Inglaterra. No nos incumbe contestar a la interrogante de si también los jueces de otro país, p.ej. del país donde el barco salvador hubiere hecho su primera escala, poseerían jurisdicción concurrente. Mencionemos a título de curiosidad las dificultades que se planteaban en el antiguo Derecho procesal inglés. Como en él se declaraba competente al magistrado del Condado en el cual se había perpetrado el delito, no dejaba de haber dificultades con respecto a la alta mar que no estaba comprendida en la jurisdicción de ningún condado; y el solo medio de someter los delitos en ella cometidos a juicio era el de utilizar ficciones tan piadosas como la de que la parte oriental del mar Caribe estaba en la demarcación de Santa María de la Cinta, en Cheapside en el condado de Middlesex[29]. Actualmente la Corte del Almirantazgo se ocupa precisamente de todos los delitos cometidos en alta mar[30].

29 V. Edward Jenks, El Derecho Inglés, trad. esp. por José Paniagua Porras, Reus, Madrid, 1930, p. 81.

30 V. Blackstone, 1. c. cap. 19, p. 268.

2) BIENES Y MALES REPARTIBLES.

a) Bienes repartibles

El castigo aspira hacia la depuración del alma del delincuente por medio de la expiación del delito.

Otros desean asegurar tranquilidad y paz a la comunidad; y anhelan lograrla mediante la prevención de delitos, sea reincidencias del mismo delincuente, sea imitaciones por otros delincuentes.

b) Males repartibles

Se impone al delincuente la pena de muerte o se le priva durante cierto tiempo de su libertad a fin de conseguir los bienes antes apuntados.

3) CRITERIOS DEL REPARTO.

a) Teorías referentes a la determinación de la pena

Algunos sostienen que la pena debe corresponder en su cantidad y calidad al delito, serle igual (ley del talión); ojo por ojo : y diente por diente, o serle al menos equivalente. Otros mantienen que la pena debe determinarse con miras a la prevención.

Todos coinciden en que hay supuestos en los que los bienes apetecidos por la pena se han realizado ya, sin que su ejecución sea necesaria. He aquí la hipótesis de las causas de excusación.

ESTADO DE NECESIDAD COMO EXCUSACIÓN

a') En general

En este orden de ideas se nos presenta el estado de necesidad como causa de excusación y, por consiguiente, como causa de impunición. Si una persona viola una ley en una situación tal que ninguna persona normal hubiere tenido la fortaleza de observarla, el acto, sin dejar de ser injusto, no merece castigo. En el ya mencionado caso de la tabla de Carnéades el náufrago que empuja al compañero para disfrutar solo del madero, no debe ser punido. No hay nada que expiar ni nada que prevenir.

b') En especial en el caso de la Mignonnette

En el caso de la Mignonnette la presión de la necesidad no era irresistible a punto tal que habían de cometerse tantas infracciones graves de los principios de justicia. Es cierto que "resulta fácil para una persona no constreñida por la necesidad de dar rienda suelta a filosofemas especiosos"[31], pero no lo es me-

31 V. Pufendorf, 1. c. Libro II, cap. 6, 1, p. 307.

nos que el ejemplo del marinero prueba que la resistencia era posible, puesto que resiste a la tención hasta que la vida del grumete ya ha sido inmolada.

Además, de ninguna manera se excusa la omisión de no haber echado la cuestión a suertes de modo que cada uno de ellos, aunque no se contaba con el consentimiento del grumete, habría tenido la misma posibilidad de ser sacrificado o de lograr el alejamiento del peligro. Por lo demás, hay una notable diferencia entre el capitán y el piloto, por un lado, y el marinero, por el otro. La conducta del último no es justificada, pero sí excusada, puesto que interviene cuando el grumete ya era muerto. El capitán y el piloto, en cambio, merecen un castigo. La pena de seis meses de prisión que les fui infligida, es adecuada. Se ve que el Derecho Positivo que el tribunal inglés estimó aplicable, no llega al resultado justo sino a través del derecho de gracia de la Reina, mientras que el Derecho Natural llega a él por el camino recto[32].

32 Una exposición magnifica de las teorías de la pena se encuentra en James Goldschmidt, *Problemas jurídicos y políticos del proceso penal* (Bosch, Barcelona, 1935, ps. 9 y ss.)Sobre la relación entre la finalidad de la pena y la sistemática del Derecho Penal compárese Wilhelm Gallas, *Kriminalpolitik und Strafrechtssystematik unter besonderer Barücksichtigung des sowjetrussischen Rechís (Gruyter, Berlín, Ábkandlungen des kriminalistischen Instituís an der ,Universität Berlín*, 4, Folge, 2, Band, 1. Heft, 1931).

11) Explicación de la teoría de la situación jurídica[1]

Introducción

No hay interpretación autentica de una doctrina científica

Conste antes que nada que no existe en la órbita de la ciencia nada comparable a la interpretación auténtica de la ley. Ocurre a veces que un autor explique una teoría suya, después de haberla ya expuesto públicamente. En este supuesto o repite la doctrina antigua o enuncia una tesis nueva consistente en una modificación de la antigua. Si ni siquiera el propio autor de una teoría posee el derecho a interpretarla auténticamente, mucho menos puede esgrimirlo cualquier otra persona por muy relacionada o aún emparentada que fuere con el autor de la tesis controvertida. Hecha ésta salvedad procederé a una exposición de lo que yo estimo los rasgos característicos de la teoría de la situación jurídica, debida, como es sabido, a mi inolvidable padre.

No es posible indicar la esencia del proceso sin haber esbozado previamente las características del Derecho, de su interpretación y de su aplicación. Por último daremos una explicación de la resistencia con la que la tesis de la situación jurídica ha tropezado.

I. El derecho

El Derecho es un conjunto de conductas. Las conductas pueden ser de diversas clases. Pueden consistir en emitir órdenes, sea órdenes generales como el legislador, sea individuales como el funcionario administrativo, judicial, marido y padre. Las conductas pueden también consistir en un comportamiento obediente a dichos mandamientos generales o individuales. Puede tratarse igualmente de conductas que sientan un precedente. Lo común a todas estas conductas que o prescriben ejemplos o los dan, es su función directiva. Por esta razón el Derecho es un conjunto de conductas directivas. Como tal el Derecho pertenece a la realidad cultural.

La captación lógica del Derecho reviste igualmente diversas formas. He aquí las principales: La orden se concibe como fundada por su dador y su destinatario en la forma lógica del imperativo, y por los terceros en la de la norma. El hecho de que alguien ha emitido una orden sin considerarla como

1 Clase explicada en la Universidad de Valencia el 17 de febrero de 1953, en la cátedra de Derecho Procesal del Profesor Dr. Víctor Fairén Guillén y publicada en "Juris" (Rosario), nos. 396 a 398, t. m, ps. 475 y ss. y en "Revista de Derecho Procesal", Madrid, 1953, ps. 353 y ss.

legítima es aprehendido por medio de un juicio enunciativo. Todas las formas lógicas, y también, por ende, las enumeradas, pertenecen a la esfera ideal.

II. LA INTERPRETACIÓN DEL DERECHO

1) *CONCEPTO.*

La interpretación del Derecho incumbe al teórico del Derecho. El teórico lo concibe como un conjunto de normas, puesto que se enfrenta con él como un tercero. Interpretar una norma consiste en averiguar su sentido. Pero a fin de comprender bien el alcance de esta definición tradicional conviene destacar lo esencial de la interpretación, analizar sus diversas fases y poner de relieve los diferentes ángulos desde los que es posible enfocarla.

a) *Lo esencial de la interpretación*: Lo esencial de la interpretación es su resultado. En efecto, la interpretación, aún emprendida por el teórico del Derecho, se encamina hacia la práctica. No interesa, por tanto, el camino por el cual el intérprete llega a su resultado, ni los medios cognitivos que emplea, ni tampoco el orden lógico o temporal en el que los maneja. Todo ello puede poseer importancia para dar a la interpretación valor convincente. Pero desde un punto de vista estrictamente jurídico lo único que interesa es el resultado de la interpretación, es decir la tesis de que ésta norma jurídica tiene éste determinado sentido.

b) *Fases de la interpretación-*. Lo primero que el intérprete de la norma ha de hacer es aprehender la estructura de la norma como una concatenación de un tipo legal y de una consecuencia jurídica y comprender el carácter genérico de la norma y de cada uno de sus elementos. Una norma estatuye p. ej. lo que sigue: "Podrá decretarse el depósito de mujer casada que se proponga intentar, o haya intentado, demanda de divorcio; para decretar el depósito deberá preceder solicitud por escrito de la mujer, o de otra persona a su ruego". El tipo legal de esta norma contempla el caso genérico de cualquier mujer casada que directa o indirectamente solicita por escrito el depósito proponiéndose intentar o habiéndose intentado ya demanda de divorcio. La consecuencia jurídica de esta norma dispone genéricamente que se decrete en este supuesto el depósito. Ni el tipo legal ni la consecuencia jurídica hablan de un caso determinado o de número de casos determinados de mujeres reales con respecto a las que ha de decretarse el depósito: ambos hablan de géneros de hechos y de géneros de medidas.

La segunda fase de la labor del intérprete consiste en examinar el sentido de la norma. A este efecto investigará contenido y extensión de los conceptos empleados en la norma, sobre todo inclusión o exclusión en ellos de subgéneros de hechos y medidas. Así puede p. ej. con respecto al tipo legal excluir el caso genérico de la mera proposición de la demanda de divorcio e incluir el caso igualmente genérico de la demanda de nulidad; y puede p. ej. con respecto a la consecuencia jurídica excluir el caso genérico del depósito de los hijos e incluir el caso igualmente genérico de la entrega de cama y ropa a la mujer. La interpretación se inspira en la opinión de los autores de las normas y de los que con su incesante esfuerzo las mantienen vivas —funcionarios, sobre todo jueces, y ciudadanos—, puesto que también el Derecho es un plebiscito que diariamente ha de repetirse.

c) Ángulos *de la interpretación*: La interpretación puede ser contemplada durante su realización y después de ser realizada. Ya dijimos antes (II, 1, a) que desde el punto de vista jurídico sólo la interpretación realizada interesa. Conviene aclarar brevemente esta afirmación. La interpretación del Derecho constituye una actividad científica. En la vida jurídica no aparece nunca la interpretación aisladamente sino siempre amalgamada con la aplicación del Derecho. En esta amalgama aparece la interpretación como la aclaración del sentido de una norma. La actividad que ha dado lugar a la interpretación es cosa aparte. Desde el punto de vista lógico nos encontramos con una concatenación de razones que constituye el tema de la investigación científica. Desde el ángulo visual psicológico tropezamos con una retahila de móviles que inclusive caen fuera del ámbito de la ciencia del Derecho.

2) *Inventario de los elementos de interpretación.*

Si hacemos el inventario de la interpretación, hallamos géneros de hechos, géneros de derechos y obligaciones, sea de particulares, sea de funcionarios, enlazados los últimos a los primeros. La categoría mediante la cual pensamos el lazo entre éstos géneros de hechos y géneros de derechos y obligaciones es la de la relación jurídica. Pero en la órbita de la interpretación también la relación jurídica aparece siempre en forma genérica.

III. Aplicación del derecho

1) *Concepto.*

La aplicación del Derecho consiste en la realización de la consecuencia jurídica de una norma con respecto a hechos concretos que encajan en su tipo legal con arreglo a la concepción de los autores y de los defensores actuales del ordenamiento jurídico. La aplicación se distingue, pues, de la interpretación en que la última consiste, en su esencia, en un pensamiento, siendo la actividad de la interpretación su mero sustentáculo como siempre lo es el pensar con respecto a su pensamiento, mientras que la aplicación consiste en una actividad que, como toda actividad, opera en la esfera de lo real, si bien extrae sus fundamentos, que psíquicamente se traducen en móviles, de la esfera ideal de la interpretación.

a) *Lo esencial-*. Hay que distinguir el acto de la aplicación y su resultado: la aplicación hecha. Lo único que jurídicamente posee trascendencia es la aplicación hecha. Existe una excepción de la que hablaremos más tarde (IV). En otras palabras: El Derecho no reglamenta el acto de aplicar las normas, no reglamenta su propia aplicación. Solo después de realizada, la aplicación es sometida frecuentemente a un examen jurídico,

b) *Fases de la aplicación del Derecho*: Como nos ha enseñado la teoría egológica, es el acto de aplicación del Derecho un complejo movimiento circular que va de la norma a los hechos y de los hechos a la norma, enriqueciendo su contenido progresivamente. Si por consiguiente distinguimos en lo que sigue entre dos fases: la averiguación de hechos y la búsqueda del Derecho, no se trata de fases rigurosamente separadas ni tampoco de fases que en cada acto de aplicación aparecen una sola vez.

La averiguación de los hechos constituye el quehacer del que aplica una norma que la distingue del intérprete. El intérprete vive en el mundo etéreo de los entes ideales: su pensamiento vaga libremente entre géneros y subgéneros de hechos. El que aplica una norma vegeta apegado al mundo pesado de la realidad: sus sentidos buscan fatigosamente hechos.

A la vez hay que hallar la norma en cuyo tipo legal, rectamente interpretado, estos hechos han de incluirse.

Luego es menester realizar la consecuencia jurídica enlazada a aquel tipo legal. A este efecto es preciso individualizarla para que se adapte al caso particular y llevarla a cabo en esta forma individualizada.

c) *Angulos de la aplicación*: Una vez en presencia del resultado de la aplicación del Derecho hemos de valorarlo con frecuencia jurídicamente. Una persona que se ha defendido en legítima defensa, al actuar así lleva a cabo una aplicación del Derecho que en un proceso penal puede llegar a ser objeto de nuestro enjuiciamiento. Un inquilino que, por desperfectos de la casa que el arrendador se niega a arreglar, omite el pago de la renta, aplica Derecho, y ésta su conducta constitutiva de la aplicación del Derecho puede formar parte del objeto de un proceso civil. Una sentencia contiene el ejemplo más perfecto de la aplicación del Derecho. Si contra ella se recurre, el tribunal superior examinará su exactitud.

Ni qué decir tiene que antes de llegar al resultado de la aplicación del Derecho es fuerza atravesar una etapa en la que se desarrolla propiamente el acto de la aplicación. Pero prescindiendo del ejemplo de la sentencia sobre el que volveremos más tarde (IV), en los demás supuestos esta etapa carece de interés jurídico. Lo único que importa es si la persona que creía actuar en legítima defensa, realmente actuó amparada por esta causa de justificación; o si el inquilino que retuvo el pago, tenía derecho a retenerlo. En algunos casos el error en la aplicación del Derecho puede revestir importancia jurídica. Pero en esta hipótesis el error no legitima la equivocada aplicación del Derecho que, muy al contrario, habida cuenta del error queda definitivamente desautorizada. Lo que pasa es que el error entra a formar parte de una nueva conducta, distinta de la de aplicar Derecho, a la que el juzgador aplica a su vez determinadas normas benévolas con el que yerra. Si verbigracia una persona cree equivocadamente actuar en legítima defensa, su aplicación de Derecho como tal se volatiliza a causa de un error y se convierte en una conducta delictiva. Ahora bien., el error de aplicar Derecho puede ser estimado por el Juez del futuro proceso penal como causa de excusación.

Lo dicho acerca de la única importancia jurídica del resultado de la aplicación del Derecho y de la intrascendencia del acto de aplicar el Derecho conserva su valor aún con respecto a los supuestos especiales de aplicaciones limitadas de Derecho. Hay, en efecto, casos en los que la aplicación se ciñe a la comprobación de los hechos o a la búsqueda de la norma referente a hechos ya comprobados. Los particulares pueden p. ej. someterse al juicio de unos técnicos sobre la existencia o inexistencia de determinados hechos (llamado arbitraje pericial); y pueden igualmente obligarse a respetar el dictamen de un jurisconsulto al que proporcionan previamente los hechos relevantes.

2) *Inventario de los elementos de la aplicación.*

Inventariando los elementos de la aplicación del Derecho nos encontramos con hechos, derechos y obligaciones engarzados por medio de la relación jurídica.

IV. El proceso

1) *Concepto.*

a) *Lo esencial*: El proceso en sentido formal es la aplicación reglamentada del Derecho. Prescindimos en este lugar del proceso en sentido material que se relaciona con el fenómeno de la controversia. Siendo, pues, el proceso en sentido formal la aplicación reglamentada del Derecho, se comprende que en el proceso y sólo en él, el acto de aplicar Derecho reviste trascendencia jurídica.

En el proceso se aplica con arreglo al Derecho Procesal tanto el Derecho Material como el Derecho Procesal mismo. Mejor dicho: el proceso constituye esta aplicación. Las personas que llevan a cabo la aplicación reglamentada del Derecho son los jueces, las partes y los terceros que intervienen en el proceso (fiscal, testigos, peritos, etc.). Interesando el acto de aplicación del Derecho no deja de interesar también su resultado. Este resultado plasma en la resolución que normalmente termina el proceso. Las terminaciones anormales del proceso, constituyan o no un acto procesal, muestran su anormalidad precisamente en no brindar el resultado de la aplicación del Derecho.

b) *Las fases del proceso*: Siendo el proceso aplicación del Derecho, sus fases son, como las de la aplicación, la averiguación de los hechos y la búsqueda del Derecho. Pero mientras que en la aplicación no interesa sino el hecho averiguado y la norma hallada, en el proceso, consistente en la reglamentación del acto de aplicar, lo que importa es el acto de averiguar los hechos así como la manera de encontrar el Derecho.

El acto de averiguar un hecho empieza con la afirmación de que un hecho se ha realizado. Esta afirmación puede ser contenida en una denuncia, una querella, una demanda, una contestación a la demanda, una reconvención, etcétera. Esta afirmación es tramitada. El adversario puede admitirla, dar la callada por respuesta o negarla. En el caso en el que el acuerdo entre los interesados no existe o no reviste importancia jurídica, el tribunal lleva a cabo una práctica de prueba, también detalladamente reglamentada. El resultado de la averiguación de los hechos se encuentra en los resultandos de la sentencia definitiva. La etapa de la averiguación de los hechos puede faltar en el proceso, si los hechos, necesarios a la búsqueda del Derecho, constan ya a los efectos procesales, como p. ej. en el supuesto del acuerdo de las partes dentro del ámbito del principio dispositivo o en la casación. No obstante, la averiguación de los hechos nunca falta por completo, puesto que siempre quedan por averiguar ciertos hechos procesales, p. ej. referentes a la incoación de la demanda, del recurso de casación, etc.

También la búsqueda del Derecho posee su tramitación. En los diversos escritos las partes formulan peticiones de derechos y alegan sus fundamentos. Por el otro lado en estos mismos escritos las partes niegan los derechos de la parte contraria, aducen excepciones y alegan hechos impeditivos o extintivos. En el proceso penal la materia experimenta ya una elaboración jurídica en el auto de procesamiento y en el de conclusión del sumario, elaboración luego continuada por las alegaciones del representante del Ministerio Fiscal y del abogado defensor. ¡Piénsese sobre todo en el escrito de calificación! Los considerandos de la sentencia contienen las normas aplicables.

La parte dispositiva de la sentencia, por último, constituye en las sentencias declarativas y constitutivas la realización de la consecuencia jurídica. En las sentencias de condena la parte dispositiva no contiene sino el proyecto de realización; la ejecución forzosa es una manera de llevarla a cabo.

c) Ángulos *del proceso*: El único ángulo adecuado de la contemplación del proceso es enfocarle durante su curso con vistas a la resolución judicial que le termina. He aquí la profunda diferencia entre la interpretación y la aplicación del Derecho, por una vertiente, que jurídicamente no son sino "facta", y el proceso que jurídicamente no es sino un "fieri". La tesis establecida es evidente para la primera instancia antes de llegar a la primera sentencia definitiva. Pero meditándola bien no deja de ser menos evidente para las sucesivas instancias, puesto que en ellas el "factum" de la sentencia recurrida se disuelve de nuevo en el "fieri" de la instancia superior.

Cuanto en el proceso ocurre ha de concebirse, por consiguiente, en vista a la sentencia que le pone coto; y como el contenido de esta sentencia como cualquier hecho real es inseguro, también en las categorías procesales entra el factor de la incertidumbre. Así cabe hablar de posibilidades procesales entendiendo por ellas la situación de obtener por medio de un acto procesal la expectativa de una ventaja procesal, en último término de una sentencia fa -vorable. Esta expectativa de una ventaja procesal, en último término de una sentencia favorable, es otro de los "derechos" procesales. La tercera y última categoría de los "derechos" procesales es la de la liberación de una carga procesal la cual se da en una situación en la que la parte puede omitir un acto procesal sin que esta omisión le acarreara una desventaja procesal, en último término una sentencia desfavorable. Con ello llegamos a la "obligación" procesal, denominada la "carga procesal". Tal carga consiste en una situación en la que resulta preciso llevar a cabo un acto procesal so pena de incurrir en una desventaja procesal, en último término en una sentencia desfavorable.

Para una concepción extraprocesal el proceso concluso puede convertirse en una sencilla aplicación del Derecho. Este es el punto de vista de los comentaristas de jurisprudencia en Revistas técnicas. Ellos parten de los hechos estimados ciertos en la sentencia sin tener en cuenta el proceso a tráves del cual el tribunal ha llegado a su criterio. Luego examinan el acierto del tribunal de incluir estos hechos en una norma determinada, o, lo que es lo mismo, de reconocer a una parte determinados derechos y de atribuir a otra determinadas obligaciones.

2) *Inventario de los elementos del proceso.*

El inventario de los elementos del proceso resulta mucho más variado que el de la interpretación o de la aplicación del Derecho.

En lugar de simples hechos nos encontramos con afirmaciones, negaciones, proposiciones y prácticas de prueba. En lugar de derechos y obligaciones tenemos peticiones y excepciones. En otras palabras: los hechos, derechos y obligaciones del Derecho Material se traducen en actos procesales.

Además, enjuiciamos las situaciones procesales a través de las categorías de la posibilidad, de la expectativa y de la liberación de una carga, en el lado activo, y de la carga, en el lado pasivo. La categoría fundamental es la de la situación jurídica que contempla la expectativa, jurídicamente fundada de una sentencia favorable o desfavorable, es decir de la validez judicial de la pretensión actuada como fundada o infundada en virtud del Derecho,

Los actos procesales constituyen, modifican o extinguen situaciones procesales.

V. Explicación de la resistencia con la que la teoría de la situación jurídica ha tropezado

La tesis de la situación jurídica no ha tenido el éxito al que es acreedora. Tener éxito, en efecto, no significa ser arrastrada como un miembro paralizado por todos los manuales de Derecho Procesal en forma de mención honorífica, sino formar parte viva del pensamiento científico, ser miembro sobre el que el cuerpo se apoya y con cuya ayuda anda. En este sentido la concepción del proceso como situación jurídica —lo repetimos— no ha tenido éxito hasta ahora.

El éxito le ha sido negado por los teóricos del Derecho; y a ellos, a su vez, incumbe el deber de conferírsele. Nos proponemos demostrar en esta última parte que las actividades habituales de los teóricos forzosamente habían de dificultarles la recta comprensión de la teoría de la situación jurídica, mientras que una consagración a sus auténticos quehaceres les habría abierto el campo visual adecuadamente.

1) *Actividades habituales del teórico.*

El teórico del Derecho se dedica principalmente a la interpretación de las normas. Hemos analizado antes (II) las características sobresalientes de la interpretación. No tenemos que volver sobre ellas. Lo que sí hemos de poner de relieve, aunque también ya lo mencionamos antes (II, 1, b), por constituir en este lugar el punto esencial, es que entre la interpretación del Derecho Material y la del Derecho Procesal no hay la más mínima diferencia. Ambas clases de normas manejan géneros de hechos, géneros de derechos y obligaciones, y géneros de relaciones jurídicas. Con respecto a ambas clases de normas la labor del intérprete consiste en examinar la inclusión de subgéneros en los tipos legales y en las consecuencias jurídicas. No hay, pues, ningún inconveniente en declarar que si todos los hechos previstos por la norma se dan, la mujer tiene un derecho a que la depositen y que el juez tiene el deber de proceder al depósito así como finalmente que el marido tiene la obligación de respetarlo. Lo que pasa es que los hechos solo "se dan" en la esfera ficticia de las suposiciones; en el proceso al que el teórico no baja, no "se dan" los hechos sino afirmaciones y negaciones referentes a ellos por cuya razón tampoco existen derechos y deberes sino sólo expectativas de resoluciones judiciales.

Otra actividad del teórico consiste en el análisis de sentencias. Ya dijimos antes (IV, 1, c, último párrafo) que el examen extraprocesal de una sentencia, es decir, cualquier examen que no se haga en una instancia superior a base de un recurso, es el examen del resultado de una aplicación del Derecho. El comentarista ha de considerar como ciertos los hechos reputados ciertos a los efectos procesales por el tribunal. Es verdad que el comentarista puede opinar que el tribunal incurrió en un error y que puede considerar como ciertos hechos diferentes. Lo que importa es que el comentarista siempre ha de partir de hechos, cualesquiera que sean, como ciertos. Luego investiga si el tribunal acertó al incluirlos en determinada norma. La inseguridad reinante en el curso del proceso a causa de los pareceres contrarios de las partes ha desaparecido. No se trata del proceso de aplicar Derecho sino del examen de una aplicación ya hecha. Por esta razón nuestro teórico, en el papel de comentarista de jurisprudencia, no tropieza con el mundo procesal sino con los elementos de cualquier aplicación hecha, es decir con hechos, derechos, obligaciones y relaciones jurídicas.

2) *Auténtica actividad del teórico del Derecho.*

El Derecho es cotí arreglo a lo que ya antes dijimos (I) un conjunto de conductas. El 'teórico del Derecho no debe, por consiguiente, contentarse con la interpretación del Derecho y el examen de sus aplicaciones. Su tarea más noble, conforme nos ha enseñado la "Escuela: Egológica" del ínclito iusfilósofo Carlos Cossio, consistirá en investigar aquella clase de conductas que componen la disciplina jurídica a la que se consagra.

Ahora bien, las conductas contempladas por el Derecho Material son distintas de las conductas enfocadas por el Derecho Procesal. El Derecho Material trata a veces de conductas que constituyen infracciones del Derecho. Otras veces, y por cierto con más frecuencia, se ocupa de conductas lícitas. Algunas se llevan a cabo en el ejercicio de mía facultad. Otras constituyen aplicaciones del Derecho propiamente dichas. Todos los deudores que pagan aplican Derecho. Pero en todos estos casos nunca interesa el acto de la aplicación; lo único que importa es la aplicación hecha. En la órbita del Derecho Procesal, al contrario, se aprehende el conjunto de conductas que forman el proceso; y estas conductas constituyen el acto de aplicación del Derecho. Sólo el estudio del proceso puede aclararnos la peculiaridad de las categorías procesales.

En resumidas cuentas: así que la teoría del Derecho Procesal cese de dejar absorberse por la interpretación de las normas procesales y por el examen de la jurisprudencia (aplicación hecha del Derecho) y empiece el análisis de las conductas procesales, comprenderá el acierto de la tesis de la situación jurídica.

12) La mision del abogado[1]

Indice de materias

Introducción

Todas las instituciones humanas pueden revestir una forma ideal o una forma pervertida. Así nos lo enseña ya Aristóteles (Política; XIX, 7; IV, 2) con respecto a los regímenes políticos. La monarquía, la aristocracia y la "politeia" constituyen las formas ideales de las constituciones, la tiranía, la oligarquía y la democracia las formas pervertidas.

Idéntico fenómeno se da en las profesiones. Un sacerdote puede ser un San Francisco de Asís; pero también puede asemejarse a un Tartuffe. Un maestro puede ser un Alma fuerte; pero también puede ser un Albarenque, conforme lo describe Manuel Gálvez en "La maestra normal". Un médico puede

1 Este estudio fue publicado en "Juris" (Rosario), t. IV, ps. 527 y se. y en Pretor Madrid), III, 18, ps. 67 y ss.

igualarse a Ignaz Semmelweis o imitar los nefandos ejemplos que Van der Meersch nos transmite en su celebrada novela "Cuerpos y almas". Un juez puede ser un verdadero Salomón o puede asemejarse al que José Hernández, en su "Martín Fierro" (nros. 725 a 732), hace nombrar tutor al viejo Vizcacha. Un ahogado, por último, puede ser un héroe que desprecia insultos y peligros como Jorge Clémenceau en su defensa de Dreyfus, o puede ser semejante a los tipos que Dickens describe en "Bleak House" o al Urias Heep en su "David Copperfield", o al Lobel Pinkus en la novela "Deber y haber", de Gustavo Freytag.

El hecho, pues, de que un abogado puede constituir un tipo ideal o pervertido, no posee ninguna importancia. En cambio sí la posee el hecho de que muchos de los ataques que suelen dirigirse contra esta profesión en el fondo no apuntan al tipo pervertido del abogado sino a la abogacía como tal. Entre los dibujos mordaces que el gran satírico francés Honoré Daumier dedica a la justicia, se halla uno en el cual se ve a dos abogados poniéndose sus togas antes de empezar sus tareas. En esta oportunidad dialogan del siguiente modo: "El primero: Hoy tenemos un caso igual al que tuvimos otro día. Pero sepa que hoy mantendré el punto de vista contrario. El segundo: Yo haré otro tanto. Si quiere, podemos ayudarnos mutuamente como apuntadores" (v. Les gens de justice. 1845 a 1848, también en "Daumier und die Justiz", Paul List Verlag, Leipzig, herausgegeben von Hans Rothe, sin fecha, hoja 18). ¿Evidencia este diálogo falta de ética profesional? Y, caso de una contestación negativa, ¿cuál es la verdadera misión del abogado que haga comprensible e inclusive justifique tal actitud?

PARTE PRINCIPAL EL DILEMA DEL ABOGADO Y SU EXPLICACIÓN

I

EL DILEMA DEL ABOGADO.

1) LA REFERENCIA PROCESAL DE LA ACTIVIDAD DEL ABOGADO.

Aunque para la opinión pública el abogado ejerce su actividad en los tribunales, en realidad su campo de acciones es mucho más amplio. El abogado aconseja al cliente con respecto a sus actividades económicas y oficiales. El abogado le ayuda a redactar contratos, estatutos y, en general, toda clase de negocio jurídico.

Y aun ante la amenaza del proceso o durante su curso el abogado intenta lograr una transacción con el adversario. No obstante, la opinión pública no anda tan equivocada en su creencia de inordinar al abogado siempre al engranaje procesal. En efecto, el valor de todos los consejos del abogado depende de su eficacia en un posible proceso, de modo similar a como el valor de un militar depende de su utilidad en una posible guerra. Por esta razón el abogado, al aconsejar a su cliente, siempre piensa en el éxito o el perjuicio del consejo en un futuro o actual proceso. Es, por ello, lícito identificar a los efectos de nuestra investigación la actividad del abogado a su actividad dentro del proceso.

2) *LA FUNCIÓN DEL ABOGADO EN EL PROCESO.*

a) Función de los defensores directos de la justicia.

En el proceso intervienen ciertas personas cuya única función consiste en defender la justicia. Ni qué decir tiene que ésta es la función del juez. Pero también lo es la del fiscal. El representante del ministerio fiscal —auténtico "promotor justitiae"—tiene la tarea de amparar la justicia. Si cree que el acusado es culpable, ha de impedir su condena. Si opina que es inocente, debe militar a favor de su absolución. El fiscal esclarecerá los hechos e interpretará el Derecho sin preocuparse de sus consecuencias ventajosas o perjudiciales para el acusado: el fiscal tiene como el juez el deber de la imparcialidad (v. James Goldschmidt, Der Prozess ais Rechtslage, Springer, Berlín, 1925, p. 127, nota 702, nota 1565, p. 448).

b) Función del defensor indirecto de la justicia.

Al abogado le incumben dos tareas: Por un lado es su deber tutelar a su parte; por el otro, ha de abroquelar la justicia.

a') líe aquí el dilema del abogado. ¿Es posible compaginar estas dos funciones sin que ninguna de ellas sufra merma? ¿Es posible defender a una parte y a la vez servir a la justicia? ¿No se aplican al abogado las palabras de Goethe:

"Der zweener Herren Diener ist,

Die árgre Feinde sind ais Mammonas und Crist[2]

¿No parecen de cierto modo justificados los ataques hechos por amplios sectores de la opinión pública contra la abogacía como institución?

Antes de emprender la tarea de demostrar que ambas funciones no sólo son compatibles sino inclusive necesaria mente combinadas[3], echemos una ojeada a la historia de la abogacía que nos enseñará que casi siempre el Estado y su Derecho han atribuido al abogado la doble misión mencionada: servir a la justicia defendiendo a una sola de las partes.

b') La persistencia del dilema en la Historia.

a") Roma.[4]

Hay que distinguir entre "jurisconsulti" y "juris periti". La función de los "juriconsulti" o prudentes, se concretaba en emitir dictámenes sobre las cues-

2 Quien es servidor de dos señores que entre sí son más implacables enemigos que el becerro de oro y nuestro Señor (In das Stammbuch Johann Peter do Reyniers).

3 Nuestra defensa de la abogacía es una consecuencia de la teoría de James Goldschmidt del proceso como situación jurídica. V. nuestra "Explicación de la teoría de la situación jurídica" (en "Revista de Derecho Procesal", Madrid. 1953 y en "Juris", Rosario, Nos. 396 a 398, noviembre de 1953).

4 V. a lo que sigue Ursicino Alvarez Suárez, Curso de Derecho Romano, Fascículo II (Instituto de Estudios Políticos, Madrid, § 80, ps. 198 a 201).

tiones jurídicas que se planteaban por las partes (respondere) que redactaban en cartas dirigidas al juez, o exponían verbalmente al que las consultaba, el cual los recogía por escrito en un documento autorizado por testigos. Estos "dictámenes" pesaban considerablemente en el ánimo del magistrado y del juez, no sólo por la fuerza intrínseca de los razonamientos que contuvieran, sino también por el prestigio que poseyera el jurisconsulto que los emitía (juris peritorum auctoritas). En la época del principado, los dictámenes de los jurisconsultos a quienes se había otorgado lo facultad de emitirlos en nombre del príncipe (ius respondendi ex auctoritate principis), llegaron a obtener fuerza de obligar para el juez. El "ius respondendi" desapareció a partir de Diocleciano. Como se ve, los jurisconsultos ayudan directamente a la justicia, aunque sea con ocasión del cliente. Ni siquiera la función, llamada "agere", en cuyo ejercicio los jurisconsultos ayudaban a las partes facilitándoles los términos precisos en que habían de plantear el litigio en las acciones de ley, o suministrándoles un borrador de la fórmula que debía redactarse en el procedimiento formulario, obsta a lo dicho.

Al contrario, los ayudantes de las partes eran: l°) los encargados de hablar en su nombre en los debates (oratio, postulatio), personas elegidas por sus cualidades oratorias (oratores) o por su elevada posición social (patroni); 29) los abogados (advocati), peritos en cuestiones jurídicas o personas de gran prestigio personal que acompañaban a las partes en el proceso, confortándolas con su presencia y con sus «consejos. Más tarde, cuando el procedimiento es complejo, la distinción entre "orator" y "advocatus" desaparece, pues resultaba difícil que un mero orador, sin conocimientos jurídicos, pudiera desarrollar una labor eficaz en el proceso.

a"') La función de estos "advocati,, patroni, oratores, causidici, iurisperiti, scholastici, togati" (como indistintamente se Haman), es la de ayudar a las partes. Consecuencia de ello es la remuneración que de ellas reciben: "honorarium", en oposición a "salarium". Aunque la Lex Cincia de muneribus, de 253 a C, la prohíbe, el emperador Claudio no ve más remedio que el de admitirla.

b"') El hecho de que los abogados, aún sirviendo a la parte, en fin de cuentas se enderezan hacia la justicia, se evidencia en la prohibición de ciertos pactos-, el pactum de quota litis, por el cual se conviene pagar al abogado un tanto por ciento del resultado del litigio; el polmarium, cuando se concierta pagar al abogado tan solo en el caso de eme se obtenga una sentencia favorable; y el pacto de redemptio litis por el cual el abogado sustituía al cliente en el resultado del litigio, de tal modo que si lo ganaba, percibía el contenido económico de la sentencia, y si lo perdía, afrontaba. personalmente la condena.

b") Santo Tomás (Summa Theologica, Ha IIae, qu. 71)

a'") Muy acertadamente sostiene Santo Tomás la distinción entre el juez y el testigo, por una vertiente, que contemplan ambos directamente la justicia y la verdad, y el abogado, por la otra, que inmediatamente enfoca a la parte, justificando así el derecho del abogado a pedir honorarios. En el art. 4 que pregunta si el abogado puede tomar emolumentos, Santo Tomás dice lo que sigue: "ad tertium dicendum, quod iudex et testis communes sunt utrique parti: quia iudex tenetur iustam sententiam daré et testis tenetur verum testimonium dicere, Iustitiam autem et veritas non declinan! in una parte magis quam in aliam. . . Sed advocatus alteram partem tantum defendit. Et ideo licite potest pretium accipere a parte quam adiuvat".

b" ') Por el otro lado, el abogado busca la justicia. Por ello los injustos no deben serlo (art. 2). "Non enim decet, ul alterius iustitiae patronus existat quia in se ipso iustitiam contempsit. Et ideo infames, infideles et damnati gravibus criminibus non decenter sunt advocati". Por esta misma razón el abogado no debe defender una causa injusta; ha de convencer a la parte que deje el asunto y pague a la otra así que descubra en el curso del proceso la injusticia de la causa (art. 3).

c") La Novísima Recopilación, 1805 (L. 5, T. 22)[5]

a" ') El abogado está al servicio de la parte. Recibe un salario que no puede exceder de la vigésima parte del valor del pleito (L. 18) y no le puede reportar nunca más de 30.000 maravedís (1. c. y L. 20). Los abogados están obligados al pago de daños y perjuicios causados a las partes por su culpa, negligencia o impericia (L. 9); están obligados a ver de por sí los originales y concertar las relaciones (L. 8); incurren en pena si descubren el secreto de su parte)L. 12); no pueden defender a una parte en primera instancia y a la otra en la segunda (L. 17), etc.

b" ') El abogado defiende la justicia. Anualmente ha de prestar juramento (L. 3) que no ayudará a causas desesperadas en que sepa y conozca que sus partes no tienen justicia-, y que si hubiere comenzado a ayudar en algunos pleitos en cualquiera estado de ellos que supiere y le constare que su parte no tiene justicia, que luego los avisará de ello y lo dirá que se deje de los tales pleitos; y que dichos abogados en tal caso luego se desistan y aparten de ayudar en los tales pleitos lo mejor y más sin daño de las partes que puedan. No pueden ser abogados los jueces, regidores y escribanos en los pleitos que ante ellos pendieron (L. 6), ni pueden serlo en causa en que fuere juez su padre, hijo, yerno o suegro, hermano y cuñado (L. 7). También se prohíbe a los abogados hacer igualas con las partes por razón de ganar el pleito, ni de seguirlo a su costa (L. 22)[6].

d") Intentos de escamotear el dilema.

Es cierto que no faltan tentativas de convertir el abogado en un funcionario a imagen y semejanza del fiscal e inclusive de eliminarle dentro de lo posible. Pero siempre fracasaron ruidosamente después de poco tiempo. Menciona-

5 Como es sabido se aplicaba la Novísima Recopilación también en la Argentina aunque este punto no es del todo aclarado (v. Borda, Parte General, Derecho Civil, Perrot, Buenos Aires, t. I 1953, n. 92).

6 V. sobre la historia de la abogacía el excelente libro de Francisco E. Padilla, "Etica y cultura forense" (Tucumán, Talleres Gráficos de la Cárcel Penitenciaria, Universidad N. de Tucumán, ps. 17 y ss.).

mos el Edicto de Cocceji, de 1739, sobre el proceso de mínima cuantía (Bagatellveríahren) que prohíbe radicalmente la intervención de los abogados en asuntos de ; un valor inferior a 50 talers. El "Corpus Inris Fridericianum" del 26/IV/1781, de von Carmer y Cari Gottlieb Suárez, suprime la abogacía: cada parte es defendida por un consejero-ayudante (Assistenzrat) designado por el Tribunal. Pero ya la Ley Orgánica General de los Tribunales de los Territorios Prusianos (Allgemeine Gerichtsordnung für die Preussischen Staaten), del 6/VII/1793 sustituye el "Assistenzrat" por un comisario de justicia (Justizkommissar) elegido por las partes.

II

SOLUCIÓN DEL DILEMA

Hay que perfilar la posición del abogado con respecto a las diferentes actividades jurídicas.

1) *LA INTERPRETACIÓN DEL DERECHO.*

Interpretar un precepto consiste, según la definición consagrada, en averiguar su sentido. A fin de comprender bien esta definición, hace falta saber lo que es un precepto y lo que es la averiguación de su sentido. La disposición referente al hurto declara p. ej. que incurre en determinada pena quien sustrajere una cosa mueble sin la voluntad de su dueño. Esta norma supone, por consiguiente, que se ha realizado un ejemplar cualquiera de un género determinado de actividad, decretando luego un ejemplar cualquiera de un género determinado de pena. ¿Cómo averiguamos el sentido de esta norma? A este efecto suponemos ejemplares cualesquiera de géneros determinados de actividad, y examinamos si éstos han de incluirse como subgéneros en, los géneros mencionados en la norma o si han de excluirse de ellos como géneros independientes. Podemos p. ej. plantear el supuesto de la sustracción de corriente eléctrica e incluirlo o excluirlo del supuesto de la norma a interpretar.

a) La interpretación trabaja, por tanto, con meras suposiciones de hechos. Por ello no existen partes, ni dudas de hechos, ni posibilidad de la intervención de un abogado.

b) La situación es algo más complicada en el aspecto jurídico. Evidentemente puede haber dudas de interpretación. Es más: los intérpretes no se ocupan sino de interpretaciones dudosas. Cabría, por ende, organizar el proceso de conocimiento en forma de disputación en cuyo curso cada tesis fuere sostenida por un intérprete resolviendo al final de ella un tribunal de otros intérpretes sobre la interpretación acertada. Pero aunque tal disputación fuere un expediente pedagógicamente eficaz para llegar a un resultado fundado, jurídicamente lo único que interesa es el resultado que el intérprete alcanza. Además, la intervención del abogado no se haría en su función de abogado por no haber parte alguna, sino como intérprete de Derecho, actividad a la que cualquier jurista puede dedicarse. No olvídese, por último, que se trata de dudas abstractas de interpretación.

c) En resumidas cuentas: En la interpretación no existen dudas de hecho, por no existir hechos. Por ello tampoco existen partes. La solución de las dudas abstractas de Derecho no se halla jurídicamente organizada. Por todas estas razones los abogados no intervienen en la interpretación como tales. En efecto, no cabe ni la defensa de la parte ni la de la justicia concreta.

2) *APLICACIÓN EXTRAPROCESAL DEL DERECHO.*

En la aplicación del Derecho se incluye un hecho real en el supuesto de la norma, concretándose luego la medida genéricamente prevista en ella. Supongamos p. ej. que un policía de tráfico descubre un coche estacionado en un lugar prohibido. Lo primero que hace es subsumir este hecho real (y por ello concreto) en la norma correspondiente del Código de Circulación. Luego —y he aquí lo segundo que debe hacer—, determina la multa prevista en dicho código e intenta cobrarla del propietario del coche.

a) En este caso, que, a diferencia de la hipótesis de la interpretación, se desarrolla en la realidad, puede haber dudas de hecho. El policía puede albergar dudas de si se trata de un estacionamiento propiamente dicho o sólo de una parada transitoria; también puede albergar dudas de si este lugar realmente no está autorizado para este fin. De todos modos lo que jurídicamente interesa no es el método por medio del cual se resuelven estas dudas, sino meramente la misma solución.

b) En la esfera jurídica ocurre otro tanto. Supóngase p. ej. que el coche pertenezca a un cónsul o a un embajador extranjero. ¿Procede imponerle la multa? De nuevo lo único jurídicamente trascendente es el resultado al que el policía llega; en cambio, no interesa la forma en la que disipa las dudas que en el caso de la aplicación son concretas.

c) Ahora bien, si el interesado, en nuestro caso el propietario del coche, no protesta, no hay intervención posible del abogado. Hechos y fundamentos de Derecho se consideran definitivamente como ciertos.

La situación camina así que el interesado proteste, afirmando p. ej. que no era su coche que estaba estacionado en aquel lugar, o que él disfruta de privilegios diplomáticos y que no es lícito imponerle multa alguna. El interesado se convierte en parte y se enfrenta con otra contraria.

3) APLICACIÓN PROCESAL DEL DERECHO.

El proceso en sentido formal es la aplicación reglamentada del Derecho. El acto de aplicar Derecho reviste en el proceso trascendencia jurídica.

a) Dudas de hecho.

Sería completamente erróneo partir de una narración de hechos. He aquí el final del proceso conforme plasma en los resultandos de una sentencia. Pero el proceso empieza con afirmaciones de hechos, casi siempre afirmaciones contradictorias de las partes. Luego se practica la prueba en la que aparecen de nuevo afirmaciones de testigos, dictámenes de peritos, documentos, etc. Todo está envuelto en una nube de dudas. Los testigos y los peritos pueden equivocarse o mentir, los documentos pueden ser falsos o contener: errores.

El tipo literario que mejor reproduce la verdad en este aspecto es la novela policial en la cual no sabemos la realidad hasta el último momento. Pero aún así la novela policial la falsifica por no haber en la realidad una última página sino sólo verdad procesal por decreto arbitrario de la cosa juzgada.

Todas las exigencias de que el abogado sólo debe encargarse de causas justas trastruecan, al menos en cuanto a la esfera de hechos, el reino de la luz y el de las tinieblas. Los hechos no constan hasta el fin del proceso. Inclusive una confesión puede ser falsa por un sinnúmero de motivos[7].

b) Dudas de Derecho.

En la esfera jurídica la situación no es más clara.

a') Insuficiencia del Derecho Positivo[8]

Ello se debe a la insuficiencia del Derecho Positivo.

En algunos casos el Derecho Positivo posee lagunas. Así p. ej. no existe en el Derecho Internacional Público una norma sobre el uso de las armas atómicas. Norteamérica hubo de buscar la solución, pues, en el Derecho Superpositivo cuando se resolvió utilizarlas al final de la Segunda Guerra Mundial en su lucha contra el Japón.

En otros supuestos el Derecho Positivo es ambiguo. Ya mencionamos antes el problema de si la sustracción de corriente eléctrica ha de considerarse o no como hurto a los efectos del Código Penal.

En otros casos, finalmente, el Derecho Positivo es injusto en cuyo caso procede corregirlo. El art. 184 del Código de Comercio establece p. ej. la responsabilidad de las empresas ferroviarias por la muerte o las lesiones de los pasajeros, sufridos durante el transporte. Esta disposición resulta hoy en día injusta, aunque naturalmente no lo era el día de su promulgación, por no imponer igual responsabilidad a las empresas de aviación. Recientemente la C. N. Especial (Topolevsley, Moisés c. Alfa, en "La Ley", de 28/X/1953; v. ya jurisprudencia en J. A., t. 64, p. 1009), aplica esta disposición también al transporte aéreo.

b') Diversas posibilidades de determinar el Derecho Superpositivo.

Si en todos estos casos hay que recurrir al Derecho Superpositivo, también en su esfera surgen dudas, puesto que el mismo no se compone de

7 Goethe (Zur Naturwissenschaft, Weimarer Ausg, II. 11, 1893, p. 138, citado por arreglo a Eugen Wohlhaupter, Dichterjuristen, Mohr, Tübingen, t. I, 1953, p. 173) afirma que "un abogado eficaz en un asunto justo y un matemático penetrante ante el cielo estrellado se asemejan ambos a Dios". Pero aunque Goethe era abogado, confunde a Dios que es omniscio, con el abogado que necesariamente ignora la verdad al empezar el proceso, aunque sí puede ser que la sospeche.

8 V. nuestro trabajo'. Iusnaturalismo contra positivismo jurídico (en "Revista General de Derecho", Valencia, Año IX, Nos. 106-107, julio-agosto, 1953, ps. 349 a 355).

disposiciones acabadas sino de meros principios susceptibles de diversas determinaciones.

Intervención del abogado.

a') En materia de hechos.

a") La función del abogado consiste en la esfera de los hechos en buscar todos los hechos favorables a su parte y todos los que debiliten la posición del adversario.

b") Santo Tomás (1 c. art. 3), sostiene que el abogado que defiende una causa justa, como un príncipe que hace una guerra justa, puede ocultar algo para ganar, pero que no le es lícito realizar falsedades positivas, puesto que aún al enemigo hay que guardar la fe (Cicerón). Ahora bien, en el concepto de la Escolástica la guerra justa constituye la ejecución de una sentencia que el príncipe agraviado pronuncia con anterioridad, siendo la guerra, pues, parte de un proceso en sentido amplio: ejecución forzosa[9]. No se ve con claridad si Santo Tomás equipara el proceso por completo a la guerra en cuyo caso habría de suponer que el abogado antes de su principio tuviera que decidir sobre su justicia: todo proceso cognitivo sería entonces ejecución de una sentencia previa al proceso y dictada por el abogado de la causa justa. Está construcción sería radicalmente errónea. En un proceso nadie de los que desempeñan papeles jurídicos —juez, fiscal, abogado, sabe a quien corresponde la razón. Sólo la sentencia firme contiene la verdad procesal. Por este motivo poseen ambos abogados el derecho a utilizar estratagemas como p. ej. el de interrogar a un testigo con astucia a fin de deshacer una mentira. Pero nunca se permite la perfidia o sea cualquier acto ilícito como p. ej. soborno de testigos, falsificación de documentos, etc. Nuestra concepción del proceso no prejuzga en absoluto la concepción de la guerra, ya que, si bien el proceso puede sustituir la guerra, trátase de instituciones muy diferentes: el proceso es un acto cognitivo, mientras que la guerra es un acto práctico. Por ello compartimos la concepción escolástica de la guerra justa y rechazamos la positivista que construye la guerra como un proceso por lo cual concede consecuentemente a ambos contendientes el derecho a usar estratagemas (v. Oppenheini- Lauterpacht, International Law, A Treatise, vol. II, ed. 6a, Longmans Green and Co., London, 1944, §§ 163 a 165, ps. 334 a 336). Repudiamos, pues, tanto la tesis del proceso como guerra justa, como la de la guerra como proceso[10]. Con la primera confundiríamos actos teóricos y actos prácticos, con la segunda comulgaríamos con el positivismo.

9 V. nuestro trabajo: Controversias y soluciones: guerra, duelo y proceso (en "Revista de Estudios Político", vol. 34, n. 54, ps. 77 a 93).

10 La literatura nos relata preferentemente estratagemas de jueces. Pero como ellos pudieran proceder también de abogados, recordamos el célebre juicio de Salomón (I, Reyes, 3, vers. 25) o la administración de la Isla Barataría por Sancho Panza.

b') En materia de Derecho.

a") El abogado ha de sostener la tesis jurídica favorable a su cliente. A este efecto ha de escoger de entre las diversas construcciones jurídicas serias, mantenidas por algún sector de la jurisprudencia o autores de solvencia científica, o inclusive de entre posibles enfoques serios, aunque nunca todavía hubiesen sido alegados, aquella construcción que más ventajas ofrece a los intereses de su cliente. Por el otro lado el abogado aducirá cuantos argumentos serios hubiere en contra de la tesis adversaria. Las llamadas teorías jurídicas, aunque elaboradas para alcanzar la justicia de suerte tal que entre diferentes doctrinas referentes al tema una de ellas es forzosamente la mejor, constituyen para el abogado, dado el estado de incertidumbre con respecto a cuál de ellas posee dicho privilegio, diferentes armas de las cuales ha de escoger la más eficaz para el proceso pendiente. Nada obsta, por ende, a que en otro proceso el mismo abogado reúna todos los argumentos serios a favor de otra teoría seria. Todo ello no es sólo lícito sino que es su deber. El dibujo mordaz de Daumier no flagela, por tanto, un tipo pervertido de abogado sino que enaltece el tipo ideal.

b") También en este campo caben estratagemas, y también en él se prohibe la perfidia.

La ley alemana rechaza verbigracia la pignoración de una cosa mueble sin la entrega de la posesión al acreedor a fin de impedir engaños de los terceros con respecto a la situación económica del deudor. Pero como por el otro lado en numerosos casos lo único que el deudor pudiera empeñar son sus instrumentos de trabajo de cuya posesión no puede deshacerse, cosa que ni siquiera al acreedor interesa que, muy al contrario, desea que el deudor siga 'trabajando para poder cancelar así su deuda, la práctica alemana, guiada por consejos de inteligentes ahogados, ha acudido a la figura jurídica de la transmisión fiduciaria de la propiedad que, a diferencia de la pignoración, no exige la entrega de la posesión por admitir su sustitución por el "constitutum possessorium". La jurisprudencia de los tribunales alemanes ha admitido la validez de estas maniobras, aunque impiden la realización de uno de los deseos del legislador por hacerlo en holocausto a un fin más importante.

Otro caso, que dió lugar a una sentencia del Tribunal Supremo de España, del 4/1V/1942 (Revista Crítica de Derecho Inmobiliario, n. 169, ps. 414 y ss.), nos hará ver un caso ilícito de maniobra y otro, a mi modo de ver, lícito. Una señora sin heredero forzoso tenía pensado dejar su cuantiosa fortuna a un sobrino político. A fin de ahorrar los impuestos sucesorios vendió ante notario la finca, parte principal de su patrimonio, al sobrino declarando haber recibido previamente el precio estipulado lo que, huelga decirlo, no era cierto. Con anterioridad y con la finalidad de ir sobre seguro, se había hecho dar por el sobrino un documento privado que llevaba una fecha adelantada posterior a la en la que pensaban firmar, y firmaron, el documento público de la venta, mediante el cual el sobrino le revendía la finca declarando también haber recibido ya el precio lo que era igualmente falso. Esta maniobra destinada a perjudicar al fisco y a sustraerle un impuesto, no puede ser considerada legítima[11]. La situación cambia en la segunda parte de nuestra historia. Tía y sobrino rompieron sus relaciones. Deseosa, pues, la primera de recuperar la finca acudió a los tribunales reivindicándola a base del documento privado de reventa. Ahora bien, según la L. E. C. (art. 504), deberá acompañarse a toda demanda el documento en que la actora interesada funde su derecho. Por el otro lado, la tía temía que el sobrino pudiere lograr la destrucción, inutilización o pérdida del documento durante el prolongado tiempo de la pendencia del proceso. Por esta razón protocolizó el documento cinco días antes de la presentación de la demanda en una Notaría (v. actualmente art. 215, Reglamento de la Ley Orgánica del Notariado, del 2/V1/1944), y acompañó a la demanda un testimonio o una copia —no importa en este lugar la diferencia (v. art. 246 del Reglamento)—, del documento que es lo que en tal supuesto prescribe el mismo art. 504 de la L. E. C. Las sentencias del juzgado de primera instancia y de la audiencia de Santa Cruz de Tenerife, aprobaron la conducta de la actora; el Tribunal Supremo, en cambio, la consideró fraudulenta y rechazó la demanda por no haber acompañado a ella el tantas veces mencionado documento privado.

Un último ejemplo bastante dudoso que engendró igualmente un fallo del Supremo Tribunal de España: S. del 8/IV/1942 (R. C. D. I., n. 172, ps. 605, y ss.). Con respecto a él el Tribunal declara que si la ley 2; del título 39, libro 3" de la Novísima Recopilación de Navarra concede exclusivamente a los hijos o nietos del vendedor, y no a éste, derecho a recuperar los bienes raíces por el mismo vendidos, en fraude de ella no amparable se procede cuando aquél, pesaroso o arrepentido de la venta que por su voluntad se concertó, proporcione a su hija menor de edad, para que ejercite la acción de retracto, los medios (dinero por donación) y capacidad de obrar mediante su emancipación, sin los que no le sería posible contraer ni cumplir las obligaciones impuestas a todo retrayente, porque, haciéndolo así, es su propia voluntad la que quiere y hace posible : que el comprador quede privado de los derechos que le había transmitido. También en este caso la sentencia del Tribunal Supremo revoca, al menos, la de la Audiencia de Pamplona. El asunto es dudoso, porque no se debe olvidar que la finca no vuelve a las manos del vendedor sino a las de su hija que tampoco durante varios años puede transmitirla a su padre. Por esta razón hay que negar la existencia de un fraude en sentido objetivo, aunque tal conducta en sentido subjetivo existía. Por el otro lado, parécenos que lo que en el ámbito del Derecho Privado interesa es el fraude contra la finalidad de la ley, es decir el fraude en sentido objetivo, y no cualquier conducta, aún inspirada en una intención fraudulenta, que deje incólume dicha finalidad lo que constituye el fraude en sentido subjetivo.

4) Conclusiones.

Vemos, pues, como la interpretación y la aplicación extraprocesal del Derecho o no plantean dudas concretas o suscitan dudas cuya solución, empero,

11 La doctrina moral católica admite ocultaciones, si el impuesto as excesivo con tal que se limiten a reducirlo a su justa extensión. V. Joaquín A Tipia zu. "La moral del hombre de negocios" (Razón y Fe, Madrid, 1944, ps. 642, 643).

carece de organización jurídica por no ofrecer trascendencia en la esfera del Derecho. Las dudas de hecho y ele Derecho no son temáticas en la interpretación y en la aplicación extraprocesal del Derecho. La aplicación procesal del Derecho, al contrario, se mueve en un mundo de problemas. Parece, por ende, como si la ausencia de abogados creare un reino de luz, mientras que su intervención provocare el reino de las tinieblas.

Pero en rigor ello no es así. En primer lugar, la intervención de los abogados se debe precisamente a la existencia de las tinieblas: parafraseando una célebre afirmación de Hegel se puede mantener que con el incipiente crepúsculo levantan los buhos de la justicia su vuelo; mas el buho no produce el crepúsculo. En segundo lucrar, la luz de la interpretación es luz artificial por ser la interpretación una actividad meramente preparatoria; y la luz de la aplicación extraprocesal es un mero rayo fugaz, puesto que ella no es sino un remedio rudimentario, una contracción simplificada del proceso: es el reconocimiento de impresión a diferencia del reconocimiento a fondo con investigaciones complementarias. Sólo el proceso nos proporciona la luz solar en su plenitud. Por esta razón impone el Estado coactivamente la búsqueda de la justicia en forma procesal en los casos en los cuales ella le interesa, como p. ej. en asuntos penales.

III

EL PROCESO EN SENTIDO LATO

El proceso de justicia no es sino un caso especial del proceso de conocimiento en general.

1) El proceso de conocimiento.

Llegamos ahora a las raíces más profundas de nuestro problema[12]

a) Exposición.

En todo proceso de conocimiento el punto de partida es una tesis dudosa que sigue siendo dudosa hasta el final. El resultado de la investigación puede ser puesto en tela de juicio de nuevo, siempre que ¡no se oponga alguna institución especial como la de la cosa juzgada en la esfera del Derecho. El proceso de conocimiento termina con la verificación de la tesis afirmada o con su fracaso. En realidad existen, pues, en todo proceso dos tesis: una afirmativa y otra negativa, ambas posibles, más o menos probables, de las que una sale triunfante.

12 Sobre las relaciones entre proceso de conocimiento en general y proceso de justicia Werner Goldschmidt, Der Linguismus und die Erkenntnistheorie der Verweisungen, Verlag für Recbt und Gesellscbaft, Zürich.-Leipzig, 1936, número 115, ps. 89, 90.

b) Historia.

No nos debe, por tanto, causar extrañeza el hecho de que muchas veces se ha concebido y aún organizado el proceso de conocimiento a imagen y semejanza del proceso de justicia.

a') El método antitético procede ya de Protágoras (Diog. Laertius, IX, 51). También su amigo Eurípides afirma en su obra "Antíope", que siempre es posible mantener con visos de probabilidad tesis opuestas, lo que no quiere decir que ambas sean verdaderas (v. Gomperz, Griechische Denber, I, Leipzig, 1903, p. 370 y nota reí. a, p. 468). Eran Pirrón y Arcesilaos que mantenían este último punto de vista.

El carácter procesal del conocimiento late luego en los diálogos de Platón (algunas veces diálogos entre abogados sin juez), y en la aporética de Aristóteles.

Procedente de Aristóteles hallamos esta misma concepción en la Escolástica. Menciono el libro: "Sic et non", de Abelardo, cuyo método determina toda la manera de pensar de los sucesores, empezando con su discípulo Pedro Lombardo y pasando por la Summa Theologica, de Santo Tomás.

b') Pero lo más importante es que toda la enseñanza escolástica a base de disputaciones en cuyo curso diferentes personas mantenían las diversas teorías, se inspira en el caracter procesal del conocimiento. Estas disputaciones podían ser extraordinarias —dos veces al año; antes de Navidad y de Pascua de Resurrección—: Disputationes de quodlibet (Quodlibetalia); u ordinarias, cada ocho o quince días: Disputaciones ordinarias.

2) *El proceso de justicia y la inordinación forzosa del abogado al mismo.*

El proceso es, por consiguiente, la única manera segura de acercarse a la verdad y a la justicia dentro de las posibilidades humanas. Esta afirmación se aplica por igual al proceso de conocimiento como al proceso de justicia, especie especial del primero. El proceso, lejos de ser un fenómeno patológico, es, por ende, la manifestación más acabada del Derecho, aunque se prescinde de ella, dentro de lo posible, por motivos económicos. Los organizadores del Proceso de Nüremberg tuvieron, pues, certera intuición jurídica. Todo proceso supone dos tesis opuestas y un juez que con imparcialidad dicte el fallo. Pero —y he aquí el punto trascendental de nuestro tema—, la única garantía del acierto del juez consiste en que cada una de las tesis es defendida por una persona entendida, por un abogado en el proceso de justicia, cuya única función consiste en cimentar su tesis. La imparcialidad del juez sólo prospera a base de la unilateralidad de los representantes de las partes[13]. El adagio ro-

13 Como las funciones de juez y de abogado son ambas necesarias al éxito de la justicia, la costumbre inglesa de nombrar jueces a prestigiosos abogados y a encomendar a abogados simultáneamente funciones judiciales, nos parece razonable y aumenta, desde luego, el prestigio de la abogacía (v. Ernst J. Cohn Das Reich des Anwalts, Anwaltsberuf und Anwaltsstand in England, Schriften der Süddeutsdien Juristen-Zeitung, Heft 7, Heidelberg, 1949). De lo dicho en el texto se desprende la superioridad del proceso de acusación sobre el proceso inquisitivo.

mano: Audiatur et altera pars; o el brocardo germánico: "Eines Mannes Rede —Ist temes Mannes Rede; — Man solí sie billig horen beede", arraiga en esta misma situación.

Quien desea justicia sin abogados se asemeja a quien pide un arco sin las dos columnas que necesariamente le soportan o a quien clama por agua sin hidrógeno y oxígeno. Si el juez es el fiel de la balanza, las tesis en pugna son los dos platillos y los abogados las personas encargadas cada una a buscar las pesas y a colocarlas sobre cada uno de ellos. Los dos abogados despliegan el lienzo del proceso, sosteniéndolo cada uno por su lado, para que el juez pueda contemplarlo en su verdadera perspectiva.

La imparcialidad del juez es la resultante de las parcialidades de los abogados [14] [15].

---

14 La posición del abogado es legalmente la de "parcialidad" sin "partialidad".

15 Este estudio nuestro ha sido publicado en "Juris" (Rosario), en los números 510 a 513, y dedicado al gran procesalista uruguayo Eduardo Couture como homenaje coa motivo de su 50 aniversario el 24 de mayo de 1954. Couture dio a la luz sobre nuestro tema un luminoso trabajo: "El deber de las partes de decir la vendad" (en "Estudios de Derecho Procesal Civil", Buenos Aires, Ediar, í. ni. 1950, número 7, ps. 233 a 258). Por lo demás compárese Catalina Grossman, El deber de veracidad de las partes litigantes (en "Jurisprudencia Argentina". 1949. t. 71, sec. doctr., p. 9) y Giorgio del Vecchio, La verità nella morale e rtel diritto (Editrice, Studium, Roma. 1954). Nuestro articulo ha sido publicado tnmbién, por lo demás, en "Pretor", Madrid, III, 18, febrero de 1954, ps. 67 a 82.

Conducta y norma de Werner Goldschmidt se imprimió
en la República Argentina en junio de 2019.

Made in the USA
Monee, IL
21 October 2026

66393202R00125